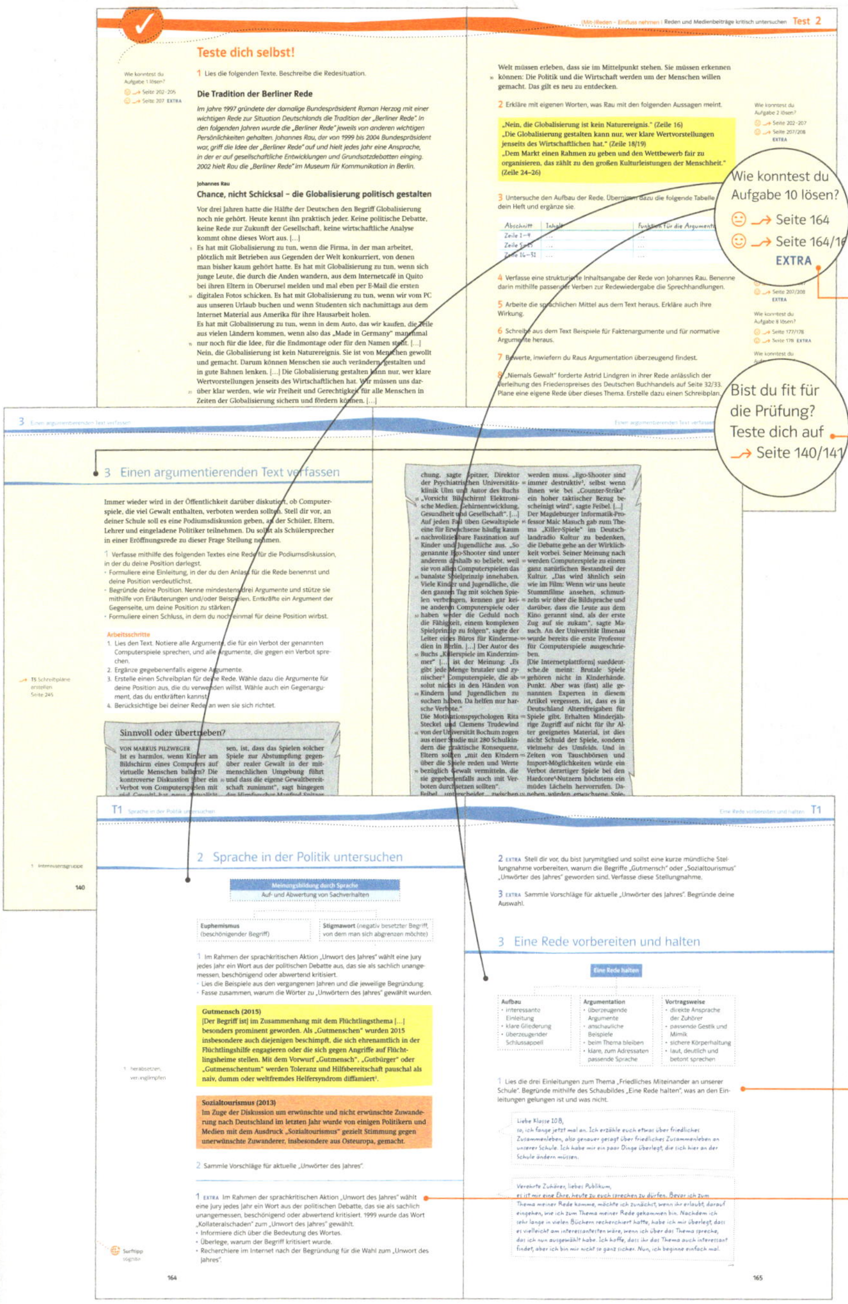

Teste-dich-selbst-Seiten

… diese Seiten findet ihr am Ende jedes Kapitels. Hier könnt ihr testen, was gelernt habt. Mithilfe der Lösungen im Anhang könnt ihr eure Ergebnisse überprüfen.

… die Verweise mit den Smileys zeigen euch, wo ihr in den Trainingsstationen weiterüben könnt.

… dieser Verweis zeigt euch, wo ihr für Klassenarbeiten und Abschlussprüfungen üben könnt.

Prüfungstraining

… mithilfe dieser Seiten könnt ihr euch auf Klassenarbeiten, aber vor allem auch auf die Abschlussprüfungen vorbereiten.

Trainingsstationen

… konntet ihr die Aufgaben im Kapitel oder auf der Teste-dich-selbst-Seite noch nicht so gut lösen, bearbeitet die hellblauen Aufgaben.

… konntet ihr die Aufgaben im Kapitel oder auf der Teste-dich-selbst-Seite gut lösen, bearbeitet die dunkelblauen Extra-Aufgaben.

Material
8gi9tb

Auf einigen Seiten im Buch findet ihr deutsch.punkt-Codes.
Diese führen euch zu Hörtexten, weiteren Informationen und Materialien im Internet.
Gebt dazu den Code einfach in das Suchfeld auf www.klett.de ein.

○ Diese Aufgaben wendet ihr bei gelerntem und bereits geübtem Wissen an. Dabei gebt ihr bekannte Begriffe und Sachverhalte wieder.

◒ Diese Aufgaben bearbeitet ihr selbstständig, indem ihr euer Wissen auf neue Themen und Fragestellungen übertragt.

● Diese Aufgaben bieten euch komplexere Themen.
Ihr erarbeitet dafür selbstständig Lösungen, Begründungen, Folgerungen und Wertungen.

Kapitel 4: schriftlicher Aufgabentyp 2 – einen informativen Text verfassen

Kapitel 5: schriftlicher Aufgabentyp 4a – einen literarischen Text analysieren und interpretieren; schriftlicher Aufgabentyp 6 – produktionsorientiert zu Texten schreiben (mit Reflexionsaufgabe)

schriftlicher Aufgabentyp 4b aus kontinuierlichen und diskontinuierlichen Texten Informationen ermitteln und vergleichen, Textaussagen deuten und abschließend reflektieren und bewerten

Prüfungstraining

1

Von Generation zu Generation

Lyrische Texte analysieren und interpretieren

Johann Gottfried Herder

Die Lebensalter

Kindlein, Du genießest noch,
Und weißt nicht.
Jüngling, und Du hoffest doch,
Und hast nicht.
Aber, Greis, was soll Dein Streben,
Bangen und Beben,
Ewig zu leben?

Detlev von Liliencron

Alt geworden

Unvergessen bleibt der Garten,
Der des Kindes Welt enthielt.
Ob in seinen engen Wegen
Noch ein Kindeshändchen spielt?

Und wie tief die Waldesschatten,
Junger Liebe erstes Jahr.
Ob die Bäume wohl noch leben,
Ob sie scheitelt noch ihr Haar?

Regen rauschte viel hernieder,
Viele Jahre rauschten hin.
Waldesschatten, kleiner Garten
Grauer Bart umwächst das Kinn.

1 Sammelt in einem Blitzlicht alle Gedanken, die euch zu dem Begriff „Generationen“ einfallen. Notiert eure Gedanken in einem Cluster.

2 Beschreibt, was auf dem Bild von Gustav Klimt zu sehen ist.

3 Erklärt, was das Bild mit der Thematik „Von Generation zu Generation“ zu tun hat.

4 Lest die Gedichte. Erklärt mit eigenen Worten, worum es darin geht.

5 Ergänzt das Cluster aus Aufgabe 1 zum Thema „Generationen" mit weiteren Stichpunkten zu dem Bild und zu den Gedichten.

Jetzt lernt ihr, ...

... Sprecher und Adressat eines Gedichtes zu erschließen.

... den Inhalt und die Form von Gedichten zu erfassen.

... das Metrum in lyrischen Texten zu untersuchen.

... Motive und sprachliche Mittel zu deuten.

... einen lyrischen Text zu analysieren und interpretieren.

... eine Gesamtinterpretation eines Gedichtes zu erstellen.

Generationskonflikte

Sprecher und Adressat in Gedichten erschließen

T3 Umgang mit literarischen Texten Seite 198–200

T5 Lesepartitur Seite 239

1 Bereitet das Gedicht „my own song" von Ernst Jandl für einen Vortrag vor. Legt dazu eine Lesepartitur an.

Ernst Jandl

my own song[1]

ich will nicht sein
so wie ihr mich wollt
ich will nicht ihr sein
so wie ihr mich wollt
ich will nicht sein wie ihr
so wie ihr mich wollt
ich will nicht sein wie ihr seid
so wie ihr mich wollt
ich will nicht sein wie ihr sein wollt
so wie ihr mich wollt

nicht wie ihr mich wollt
wie ich sein will will ich sein
nicht wie ihr mich wollt
wie ich bin will ich sein
nicht wie ihr mich wollt
wie ich will ich sein
nicht wie ihr mich wollt
ich will ich sein
nicht wie ihr mich wollt will ich sein
ich will sein.

1 Mein eigenes Lied

T5 Feedback geben Seite 236

2 Präsentiert der Klasse eure Gedichtvorträge. Gebt nach jedem Lesedurchgang ein Feedback zur Vortragsweise.

3 Stellt Vermutungen an, wer in dem Gedicht zu wem spricht.

4 Beschreibt, in welchem Verhältnis das lyrische Ich und der Adressat zueinander stehen. Überlegt, wer für „ich" und wer für „ihr" steht.

5 Gebt in eigenen Worten wieder, was das lyrische Ich ausdrückt.

Merke

Das **lyrische Ich** ist **die Stimme oder der Sprecher** des Gedichtes. Es ist **nicht** mit dem Autor identisch, sondern ist eine **fiktive (erfundene, erdachte) Figur**. Oft wird in Gedichten in der 1. Person Singular gesprochen. Dadurch werden dem Leser **Gedanken, Gefühle und Beobachtungen** des lyrischen Ichs mitgeteilt. In manchen Gedichten heißt es auch „wir" oder das Geschehen wird aus der Perspektive eines außenstehenden Betrachters geschildert.

Das lyrische Ich spricht zu einem **Adressaten**. Dies können eine konkrete Person, eine bestimmte Gruppe oder aber auch alle Menschen sein. In den meisten Gedichten ist deutlich, in welchem Verhältnis das lyrische Ich und der Adressat zueinander stehen.

Surftipp
c5ap4j

6 Lest den Songtext „Junge" oder hört ihn euch an. Sammelt erste Eindrücke.

Die Ärzte

Junge

Junge, warum hast du nichts
gelernt?
Guck dir den Dieter an, der hat sogar
ein Auto.
Warum gehst du nicht zu Onkel
Werner in die Werkstatt?
Der gibt dir ne Festanstellung, wenn
du ihn darum bittest.
Junge …

Refrain:
Und wie du wieder aussiehst, Löcher
in der Hose
und ständig dieser Lärm
(Was solln die Nachbarn sagen?)
Und dann noch deine Haare, da
fehlen mir die Worte
Musst du die denn färben?
(Was solln die Nachbarn sagen?)
Nie kommst du nach Hause, wir
wissen nicht mehr weiter

Junge, brich deiner Mutter nicht das
Herz
Es ist noch nicht zu spät, dich an der
Uni einzuschreiben
Du hast dich doch früher so für Tiere
interessiert,
wäre das nichts für dich, eine eigene
Praxis?
Junge …

Refrain:
Und wie du wieder aussiehst, Löcher
in der Nase
und ständig dieser Lärm
(Was solln die Nachbarn sagen?)
Elektrische Gitarren und immer
diese Texte
Das will doch keiner hörn
(Was solln die Nachbarn sagen?)
Nie kommst du nach Hause, so viel
schlechter Umgang
Wir werden dich enterben
(Was soll das Finanzamt sagen?)
Wo soll das alles enden, wir machen
uns doch Sorgen …
(Und du warst so ein süßes Kind)

Und immer deine Freunde, ihr
nehmt doch alle Drogen
Und ständig dieser Lärm
(Was solln die Nachbarn sagen?)
Denk an deine Zukunft, denk an
deine Eltern
Willst du dass wir sterben?

7 Erklärt, wer in dem Song zu wem spricht. In welchem Verhältnis stehen Sprecher und Adressat zueinander?

8 Lest den Songtext ein weiteres Mal. Notiert in Stichpunkten, welche Werte der Sprecher für erstrebenswert hält, z. B.: *Festanstellung bei Onkel Werner, …*

9 Besprecht, was die Ärzte mit ihrem Song „Junge“ zum Ausdruck bringen wollen.

10 Beurteilt die Wertvorstellungen, die ihr in Aufgabe 8 notiert habt. Welche Forderungen findet ihr sinnvoll und welche sind eurer Meinung nach übertrieben?

11 EXTRA Stellt euch vor, der Sohn schreibt am Abend einen Brief an seine Eltern, in dem er zu den Vorwürfen Stellung nimmt und seine Sichtweise und Erwartungen darstellt. Verfasst diesen Brief.

T3 Umgang mit literarischen Texten Seite 198–201

Kindheitserinnerungen

Inhalt und äußere Form von Gedichten erfassen

1 Beschreibt die Bilder. Tauscht euch darüber aus, welche Aspekte der Kindheit dargestellt werden.

Franz von Defregger: Spielende Kinder

Albert Anker: Schlafender Knabe im Heu

2 Lest das folgende Gedicht. Vergleicht, wie das Thema „Kindheit“ in den Bildern und im Gedicht dargestellt wird.

Notizen zur Form

- besteht aus zwei Strophen
- abab/cdcd → Kreuzreim

→ Wer spricht? – lyrisches Ich

→ Wann? – Vergleich Kinheit und Erwachsenalter (heut)

→ Wo? – auf der Straße

Joachim Ringelnatz

Die sonnige Kinderstraße

Meine frühe Kindheit hat
Auf sonniger Straße getollt;
Hat nur ein Steinchen, ein Blatt
Zum Glücklichsein gewollt.

Jahre verschwelgten. Ich suche matt
Jene sonnige Straße heut,
Wieder zu lernen, wie man am Blatt,
Wie man am Steinchen sich freut.

Notizen zum Inhalt

1. Strophe
- lyr. Ich beschreibt, wie es als Kind auf sonniger Straße spielt
- erfreut sich an jedem Stein und Blatt, ist glücklich

2. Strophe
- lyr. Ich spricht über vergangene Zeit
- Suche nach den sonnigen Straßen der Kindheit → Bezug Überschrift

Wunsch: will wieder lernen, sich an Kleinigkeiten zu erfreuen, Wiederholung
Dinge aus der Natur: Blatt und Stein

3 Seht euch an, wie ein Schüler die Form und den Inhalt des Gedichtes erschlossen hat. Erklärt, wie er vorgegangen ist.

4 Verfasst einen Text zur Form und zum Inhalt des Gedichtes „Die sonnige Kinderstraße". Nutzt dazu eure Ergebnisse aus Aufgabe 2 und 3 sowie die Formulierungshilfen.

Sieh dir auch das Schaubild zu Form und Inhalt auf Seite 198 an.

Formulierungshilfen Form und Inhalt

Einleitung
- In dem Gedicht von dem Autor … mit dem Titel … geht es um …
- Der Autor … beschreibt in seinem Gedicht „…"
- In dem Gedicht „…" von dem Autor … spricht ein lyrisches Ich über …

Form
- Das Gedicht besteht aus … Strophen, die jeweils in … Verse eingeteilt sind.
- Im Gedicht wird folgendes Reimschema verwendet …

Inhalt
- In der ersten Strophe beschreibt der Autor/das lyrische Ich …
- Die zweite Strophe handelt von …

5 Wählt eines der folgenden Gedichte aus. Untersucht die Form und den Inhalt. Fertigt Textmarkierungen und Randnotizen an.

Ihr könnt den Online-Code nutzen.

Material 8v3a99

Emanuel Geibel

Mittagszauber

Im Garten wandelt hohe Mittagszeit,
der Rasen glänzt, die Wipfel schatten breit;
von oben sieht, getaucht in Sonnenschein
und leuchtend Blau, der alte Dom herein.

Am Birnbaum sitzt mein Töchterlein im Gras;
die Märchen liest sie, die als Kind ich las;
ihr Antlitz glüht, es ziehn durch ihren Sinn
Schneewittchen, Däumling, Schlangenkönigin.

Kein Laut von außen stört; 's ist Feiertag –
nur dann und wann vom Turm ein Glockenschlag!
Nur dann und wann der mattgedämpfte Schall
im hohen Gras von eines Apfels Fall!

Da kommt auf mich ein Dämmern wunderbar,
gleich wie im Traum verschmilzt, was ist und war:
die Seele löst sich und verliert sich weit
im Märchenreich der eignen Kinderzeit.

Klaus Groth

Heimweh II

O wüßt ich doch den Weg zurück,
den lieben Weg zum Kinderland!
O warum sucht' ich nach dem Glück
und ließ der Mutter Hand?

O wie mich sehnet auszuruhn,
von keinem Streben aufgeweckt,
die müden Augen zuzutun,
von Liebe sanft bedeckt!

Und nichts zu forschen, nichts zu spähn,
und nur zu träumen leicht und lind;
der Zeiten Wandel nicht zu sehn,
zum zweitenmal ein Kind!

O zeig mir doch den Weg zurück,
den lieben Weg zum Kinderland!
Vergebens such ich nach dem Glück,
Ringsum ist öder Strand!

6 Verfasst mithilfe eurer Ergebnisse aus Aufgabe 5 einen zusammenhängenden Text zu Form und Inhalt des Gedichtes.

→ T4 Inhaltsangaben Seite 213

Kindertage

T3 Umgang mit literarischen Texten Seite 198–201

Das Metrum von Gedichten untersuchen

1 Lest die Abzählverse laut vor. Erklärt, was euch bei der Betonung der einzelnen Silben auffällt.

Ene, mene, muh,
raus bist du.
Raus bist du noch lange nicht,
sag mir erst, wie alt du bist.

Ich und du,
Müllers Kuh,
Müllers Esel,
der bist du.

Eine kleine Haselmaus
zog sich mal die Hose aus,
zog sie wieder an
und du bist dran.

2 Seht euch die betonten und unbetonten Silben des Abzählverses „Ene, mene, muh" an. Erläutert die Abfolge.

3 Schreibt die beiden anderen Abzählverse ab. Bestimmt die betonten und unbetonten Silben. Orientiert euch am ersten Abzählvers.

4 Untersucht die Abfolge betonter und unbetonter Silben in den vier folgenden Gedichtanfängen.
- Sprecht euch die Gedichte halblaut und leiernd vor.
- Klopft oder klatscht beim Lesen leise mit, um die betonten Silben herauszufinden.
- Notiert die Gedichtanfänge im Heft. Kennzeichnet die betonten Silben mit einem Strich und die unbetonten mit einem Punkt.

Julius Karl Reinhold Sturm

Ohne Titel

Oft stellt sich jene Zeit mir dar,
wo ich ein frohes Kind noch war
und oft am knisternden Kamin
mich wiegte auf des Vaters Knien.

Und wenn der Abend still genaht,
die Mutter um ein Märchlein bat,
wo sie dann freundlich ausgestellt
vor meinem Blick die Zauberwelt.
[…]

Hans Adolf Halbey

Trotzdem

Wenn die Mama morgens schreit:
Aufstehn, Kinder, höchste Zeit! –
sagt ein richtig braves Kind:
Die spinnt!

Zähneputzen, frische Socken
und zum Frühstück Haferflocken,
Vaters Sprüche: Das macht stark!
alles Quark!
[…]

Ernst August Friedrich Klingemann

An der Wiege

Schlummre!
Schlummere und träume von kommender Zeit,
Die sich dir bald muss entfalten,
Träume, mein Kind, von Freud' und Leid,
Träume von lieben Gestalten.
Mögen auch viele dir kommen und geh'n,
Müssen dir neue doch wieder ersteh'n.
Bleibe nur fein geduldig.
[…]

August Heinrich Hoffmann von Fallersleben

Wie mein Kind sich freuen kann!

Wie mein Kind sich freuen kann!
Sieht es nur ein Licht,
Sieht es nur ein Blümchen an,
Lächelt sein Gesicht.

Welche Freude wird es sein,
Wenn's im Frühlingsfeld
Laufen kann im Sonnenschein
Durch die Blumenwelt!
[…]

5 Bestimmt mithilfe eurer Ergebnisse aus Aufgabe 4 und des Merke-Kastens das Versmaß der vier Gedichtanfänge.

Merke

Häufig bestehen Verse aus einer rhythmischen **Abfolge betonter und unbetonter Silben**. Dies bezeichnet man als **Metrum (Versmaß)**. Eine Einheit von zwei oder drei Silben, von denen eine betont ist, nennt man **Versfuß**. Man unterscheidet folgende Versfüße:
Jambus: unbetont – betonte Silbe: *„Der Mond ist aufgegangen"*
Trochäus: betonte – unbetonte Silbe: *„Frühling lässt sein blaues Band"*
Anapäst: zwei unbetonte Silben – eine betonte Silbe: *„Und es wallet und siedet und brauset und zischt, / Wie wenn Wasser und Feuer sich mengt.*
Daktylus: eine betonte – zwei unbetonte Silben: *„Ehret die Frauen! sie flechten und weben / Himmlische Rosen ins irdische Leben"*
Bei einem Gedicht kann man das Metrum durch lautes, leierndes Sprechen oder Klatschen herausbekommen. Man nennt dies das **taktmäßige Sprechen**.
Das Metrum wird eingesetzt, um die Wirkung des Gedichtinhalts zu verstärken.

6 Beschreibt die Wirkung, die bei den vier Gedichtanfängen durch das Versmaß erzielt wird. Nutzt dafür die folgenden Adjektive und Formulierungshilfen.

Orientiert euch auch am Inhalt der Gedichte.

beschwingt | bedächtig | ruhig | dynamisch | traurig | schnell | fröhlich | feierlich | heiter | leicht

Formulierungshilfen für das Metrum

- Das Gedicht entfaltet mit seinem … Versmaß eine … Wirkung.
- Der lyrische Text wirkt …, wie auch der Inhalt des Gedichtes …
- Das Versmaß betont die … Stimmung, die auch durch den Gedichtinhalt deutlich wird.

Blühende Zeiten

Motive und sprachliche Bilder deuten

T3 Umgang mit literarischen Texten Seite 198–200

Hörverstehen 62mt37

Hörverstehen p2cb5i

1 Lest die Gedichte oder hört sie euch an. Sammelt erste Eindrücke. Beschreibt, welche Stimmung von den beiden Gedichten ausgeht.

Elisabeth Kreisl

Frühling ist wie Jugendzeit

Frühling ist wie Jugendzeit,
ist frischer Blumenduft,
Lebensfreude und Schönheit,
die seidenweiche Luft.

Frühling ist die Blütezeit,
ist farbenschöne Welt,
ist die grüne Heiterkeit
in Auen[1], Wald und Feld.

Frühling ist die Maienzeit,
ist der Reiz der Liebe,
ist der Hauch der Sinnlichkeit
erster zarter Triebe.

Mathilde von Bayern

Jugend

Mit dem Strohhut in der Hand,
war es mir, als trügen Flügel
durch den Wald mich, übers Land,
über bunte Frühlingshügel.

Auf den heißen Wangen glühten
mir die Rosen maienwahr[2],
und die weißen Kirschenblüten
flocht ich mir ins dunkle Haar –

Meine Jugend ist vergangen
wie ein lindes Frühlingswehn.
Habe mir kein Glück erfangen,
hab's im Traume nur gesehn!

1 flaches Wiesengelände
2 sprachliches Bild: Bezug zum Monat Mai

2 Belegt mithilfe von Textstellen aus den beiden Gedichten, dass der Frühling für die Jugend steht.

Merke

In vielen Gedichten gibt es **Motive**, d. h. **thematische Elemente**, die immer wiederkehren. Typisch lyrische Motive sind:
- Gegenstände, Orte, Personen, Handlungen oder Gefühle (Liebe)
- Tages- oder Jahreszeiten: Frühling, Sommer, Herbst und Winter
- Naturphänomene: Tag und Nacht, Mond und Sterne, Baum oder Fluss

3 Vergleicht, wie das Motiv „Frühling" in den beiden Gedichten dargestellt wird. Übertragt dazu die Tabelle in euer Heft und ergänzt sie.

	Elisabeth Kreisl „Frühling ist wie Jugendzeit"	Mathilde von Bayern „Jugend"
Situation des lyrischen Ichs	außenstehender Betrachter spricht über Jugend ...	...
Darstellung des Frühlings	...	lyrisches Ich wandert durch Wald und über Hügel ...
Lebensgefühl	...	...

4 Arbeitet die sprachlichen Bilder, die die Stimmung und das Lebensgefühl veranschaulichen, aus dem Gedicht „Frühling ist wie Jugendzeit" heraus, z. B.:
„Frühling ist wie Jugendzeit (Vers 1) → Vergleich, …

→ Sprachliche Mittel Seite 260/261

Merke

Gedichte wirken vor allem durch ihre **sprachlichen Bilder**, die **Empfindungen wecken** und die **Fantasie anregen**. Sie sind jedoch nicht wörtlich zu nehmen, sondern müssen im **übertragenen Sinn** verstanden und gedeutet werden.
Metapher: bildlicher Ausdruck, bei dem die Bedeutung auf einen anderen Bereich übertragen wird: *gebrochenes Herz*
Vergleich: Verbindung zweier Bedeutungsbereiche mit „wie", „als ob" oder „so wie": *Frühling ist wie Jugendzeit*
Personifikation: Darstellung von Dingen oder Erscheinungen wie Lebewesen: *die Sonne lacht*
Symbol: in einem Kulturkreis festgelegtes Zeichen oder Wort, das auf etwas Allgemeines verweist: *Rose für Liebe, Taube für Frieden, Kreuz für Christentum*

5 Eine Schülerin hat die sprachlichen Bilder des Gedichtes „Frühling ist wie Jugendzeit" analysiert und die folgenden Notizen dazu angefertigt. Führt die Analyse fort. Formuliert dazu die folgenden Stichpunkte aus.

Stichpunkte für eine Gedichtanalyse zu sprachlichen Bildern

- Vergleich im Titel und im ersten Vers „Frühling ist wie Jugendzeit"
  → veranschaulicht Thematik des Gedichtes
- Frühling: Zeit des Erwachens und Erblühens der Natur = Lebensabschnitt Jugend durch Blüte, Lebensfreude und starke Gefühle geprägt
- Intensität der Gefühle durch zahlreiche Metaphern verdeutlicht, z. B.:
  – Unter „Frühling ist […] frischer Blumenduft" (Vers 2) versteht man, dass …
  – Die Metapher „seidenweiche Luft" (Vers 4) steht bildlich für …
  – „Farbenschöne Welt" (Vers 6) meint im übertragenen Sinne …
  – „Grüne Heiterkeit" (Vers 8) veranschaulicht, dass …
  – Mit der Metapher „Hauch der Sinnlichkeit erster zarter Triebe" (Vers 11–12) verbindet sich die Vorstellung von …

6 Untersucht die sprachlichen Bilder in dem Gedicht „Jugend". Übertragt dazu die Verse mit jeweils einer leeren Zeile dazwischen in euer Heft.
- Unterstreicht alle sprachlichen Bilder und notiert den passenden Fachbegriff.
- Formuliert in Stichpunkten Deutungsansätze zu den sprachlichen Bildern.

7 EXTRA Verfasst zu einem der beiden Gedichte einen zusammenhängenden Text zu Form, Inhalt und sprachlichen Bildern.

○ Aufgabe 1, 2 ◒ Aufgabe 3, 4, 5, 6 ● Aufgabe 7 EXTRA

Lied des Lebens ...

Sprachliche Auffälligkeiten untersuchen

→ T3 Umgang mit literarischen Texten Seite 198–200

1 Lest das Gedicht. Tauscht euch mündlich über das Thema, die Grundstimmung und den Inhalt aus.

Johann Gottfried Herder

Lied des Lebens

Flüchtiger als Wind und Welle
Flieht die Zeit; was hält sie auf?
Sie genießen auf der Stelle,
Sie ergreifen schnell im Lauf;
Das, ihr Brüder, hält ihr Schweben,
Hält die Flucht der Tage ein.
Schneller Gang ist unser Leben,
Lasst uns Rosen auf ihn streun.

Rosen; denn die Tage sinken
In des Winters Nebelmeer.
Rosen; denn sie blühn und blinken
Links und rechts noch um uns her.
Rosen stehn auf jedem Zweige
Jeder schönen Jugendtat.
Wohl ihm, der bis auf die Neige
Rein[1] gelebt sein Leben hat.

Tage, werdet uns zum Kranze
Der des Greises Schläf' umzieht
Und um sie in frischem Glanze
Wie ein Traum der Jugend blüht.
Auch die dunkeln Blumen kühlen
Uns mit Ruhe, doppelt-süß;
Und die lauen Lüfte spielen
Freundlich uns ins Paradies.

1 nicht anders, ohne Ausnahme

2 Benennt die sprachlichen Auffälligkeiten. Überlegt, was sie bedeuten, z. B.: *Wind und Welle: veranschaulicht, wie die Zeit vergeht; ...*

→ Sprachliche Mittel Seite 260/261

3 Lest die folgenden sprachlichen Mittel und ihre Erklärungen. Ordnet sie den unterstrichenen Beispielen im Gedicht zu, z. B.: *Alliteration: gleichlautender Anlaut benachbarter Wörter → Wind und Welle (Vers 1); ...*

Personifikation: Gegenständen oder Naturerscheinungen werden menschliche Eigenschaften oder Handlungen zugesprochen.

Metapher: Wörter oder Wortverbindungen werden nicht in einer wortwörtlichen, sondern in einer übertragenen Bedeutung verwendet.

Symbol: in einem Kulturkreis festgelegtes Zeichen/Wort, das auf etwas Allgemeines verweist.

Alliteration: gleichlautender Anlaut benachbarter Wörter.

Rhetorische Frage: Scheinfrage, um einer Aussage Nachdruck zu verleihen. Die Frage verlangt keine Antwort.

Apostrophe: Anrede an das Publikum; auch direkte Anrede von Dingen.

Enjambement (Zeilensprung): Ein Vers geht über eine Zeile hinaus.

Vergleich: Zwischen zwei Dingen oder Bereichen wird durch ein Vergleichswort („wie", „als ob", „gleich") eine Verbindung hergestellt.

Anapher: Wiederholung eines Wortes oder einer Wortgruppe am Vers- oder Strophenanfang.

4 Seht euch die Vorarbeiten für eine Gedichtanalyse an. Erklärt, wie dabei vorgegangen wurde.

Johann Gottfried Herder

Lied des Lebens

Flüchtiger als Wind und Welle
Flieht die Zeit; was hält sie auf?
Sie genießen auf der Stelle,
Sie ergreifen schnell im Lauf;
Das, ihr Brüder, hält ihr Schweben,
Hält die Flucht der Tage ein.
Schneller Gang ist unser Leben,
Lasst uns Rosen auf ihn streun.
[…]

- anfängliche Feststellung: Zeit vergeht → Verwendung Adjektiv „flüchtig", Verb „flieht", Nomen/Substantiv „Flucht"
- Vergleich mit Naturerscheinungen z. B. Wind oder Wellen, die auch schnell vorbeiziehen → durch Alliteration verstärkt
- Personifikation der verstreichenden Zeit
- rhetorische Frage veranschaulicht, dass der Lauf der Zeit nicht aufgehalten werden kann
- Antwort in Form von Anaphern, …
- Apostrophe direkte Anrede, persönlicher Aspekt der Verwandtschaft
- Personifikation des Lebens zeigt dessen Schnelllebigkeit
- Imperativ → Aufforderung

5 Setzt die Vorarbeiten für die Gedichtanalyse fort. Legt dazu eine Folie über den Text oder nutzt den Online-Code.

Material 7x39me

6 Vergleicht eure Ergebnisse aus Aufgabe 5 mit einer Partnerin oder einem Partner. Verbessert und ergänzt gegebenenfalls eure Ergebnisse.

7 Verfasst mithilfe der Vorarbeiten einen zusammenhängenden Text. Fasst dabei eure Ergebnisse der Gedichtanalyse zusammen.

○ Aufgabe 1 ◒ Aufgabe 2, 3, 4, 5 ● Aufgabe 6, 7

Alt und Jung

Eine Gedichtinterpretation planen

T2 Schreiben Seite 186/187

Das Gedicht stammt aus dem Jahr 1811.

1 Lest das Gedicht. Erklärt, wie der Titel „Winter" zu verstehen ist.

Adelbert von Chamisso

Winter

In den jungen Tagen
Hatt' ich frischen Mut,
In der Sonne Strahlen
War ich stark und gut.

Liebe, Lebenswogen,
Sterne, Blumenlust!
Wie so stark die Sehnen!
Wie so voll die Brust!

Und es ist zerronnen[1],
Was ein Traum nur war;
Winter ist gekommen,
Bleichend mir das Haar.

Bin so alt geworden,
Alt und schwach und blind,
Ach! verweht das Leben,
Wie ein Nebelwind!

1 fort

Material 6ei3ki

2 Seht euch den angefangenen Schreibplan für eine Interpretation des Gedichtes „Winter" an. Beschreibt den Aufbau und die Kriterien, die darin notiert wurden.

Schreibplan: Gedichtinterpretation

Aufbau	Planungsnotizen/Formulierungshilfen
Einleitung • Autor, Titel, Textsorte, Erscheinungsjahr, Thema	lyrisches Ich stellt seine schöne, kraftvolle Jugend im Vergleich zum beschwerlichen, durch Verfall geprägten Alter dar Titel „Winter" verweist darauf, dass Sprecher nun alt geworden ist; …
Hauptteil a) Inhalt:	
• Strophe 1 und 2:	vergangene Jugend war voller Lebendigkeit und Kraft lyrisches Ich beschreibt die eigene körperliche Stärke, positives Lebensgefühl; findet Ausdruck in körperlicher Stärke und Liebesempfinden; …
• Strophe 3 und 4:	…
b) Form	
• Aufbau	vier Strophen, je vier Verse
• Reimschema	Vers 1+3 und Vers 2+4 bilden Kreuzreime, z. T. sind diese unrein[2]; …
• Metrum	…
c) Deutungsansätze	1. Strophe: • Erinnerung an Jugendzeit wird durch die Anfangsworte „In den jungen Tagen" (Vers 1) veranschaulicht …

2 Wörter, die sich nur annähernd reimen, z. B. Tagen – Strahlen

• Aussageabsicht, Stimmung und sprachliche Mittel:	• Beschreibung der Jugendzeit durch: Personifikation „frischer Mut" (Vers 2) Alliteration „Sonne Strahlen" (Vers 3) Adjektive „stark und gut" → Bezug warme Jahreszeit ... Metapher „Lebenswogen" (Vers 5) ...
Schluss	lyrisches Ich bedauert Flüchtigkeit des Lebens ... Kraft und positives Lebensgefühl der Jugend sind vergänglich ...

3 Ergänzt den Schreibplan in Aufgabe 2. Beachtet dazu auch die Kriterien in der folgenden Checkliste.

Material
8mu2wu

Checkliste: Eine Gedichtinterpretation schreiben	☺	☹	Verbesserungs-vorschläge
Einleitung • Autor, Titel, Textart, Erscheinungsjahr (wenn bekannt) und Thema werden benannt.			...
Hauptteil • Der Inhalt wird Strophe für Strophe in eigenen Worten wiedergegeben. • Das Gedicht wird formal beschrieben: Strophe, Vers, Reimschema und Metrum. • Es werden Deutungsansätze zu Sprech-situation, Aussageabsicht, Stimmung und sprachlichen Mitteln entwickelt.			...
Schluss • Wichtige Ergebnisse werden zusammen-gefasst. • Die Gesamtaussageabsicht wird dargestellt.			...
Formales • Wichtige Aussagen werden mit Zitaten belegt. • Der Text ist deutlich in Einleitung, Hauptteil und Schluss gegliedert.			...

4 Formuliert mithilfe des Schreibplans eine eigene Einleitung zu dem Gedicht.

5 Vergleicht eure Einleitungen in Gruppen. Überprüft, ob alle wichtigen Angaben in der Einleitung enthalten sind. Überarbeitet eure Texte gegebenenfalls.

○ Aufgabe 1, 2 ◒ Aufgabe 3, 4 ● Aufgabe 5

Verrückte Jugend?

Eine Gedichtinterpretation schreiben und überarbeiten

→ **PT** Ein Gedicht analysieren und interpretieren Seite 150–152

→ **T2** Schreiben Seite 186/187

1 Lest die Ausschnitte aus den Hauptteilen der zwei folgenden Interpretationen zum Gedicht „Winter". Beurteilt diese mithilfe der folgenden Kriterien.

Kriterien für eine Gedichtinterpretation	Text A	Text B
• Bezug zum Inhalt • Untersuchung der Aussageabsicht • Beschreibung der Sprechsituation • Aussagekraft der Deutungsansätze • Deutung der sprachlichen Bilder • Einbringen von Textbelegen	…	…

A In der ersten Strophe beschreibt das lyrische Ich seine Jugendzeit. Dies wird durch die verwendete Vergangenheitsform „Hatt'" (Vers 2) und „war" (Vers 4) deutlich. Außerdem verwendet der Autor zahlreiche Adjektive. Er möchte die Kraft und Energie, die der Sprecher in der Jugend besaß, veranschaulichen. Dies wird auch durch die Metapher „frischer Mut" in Vers 2 und die Alliteration „Sonne Strahlen" in Vers 3 deutlich …

B In der ersten Strophe schildert das lyrische Ich seine Erinnerungen an seine lebendige und kraftvolle Jugendzeit. Die Personifikation „In den jungen Tagen" (Vers 1) zu Beginn des Gedichtes und die verwendete Vergangenheitsform „Hatt'" (Vers 2) und „war" (Vers 4) veranschaulichen, dass der Sprecher als nun gealterter Mensch auf seine Jugend zurückblickt. Die Metapher „frischer Mut" (Vers 2) könnte man in diesem Zusammenhang als Lebensmut und geistige sowie körperliche Stärke in dieser Lebensphase interpretieren. Dieser Eindruck wird ebenso durch die Verwendung der Adjektive „stark" und „gut" (Vers 4) unterstützt. Das lyrische Ich fühlt sich in seiner Jugendzeit sehr lebendig und scheint auf der so genannten „Sonnenseite des Lebens" zu stehen, was die Alliteration „Sonne Strahlen" (Vers 3) belegt. Auch könnten die Sonnenstrahlen für das warme und wohlige Lebensgefühl, das man als junger Mensch besitzt, stehen …

2 Tauscht euch mithilfe eurer Ergebnisse aus Aufgabe 1 über die beiden Schülertexte aus. Formuliert Tipps für die Deutungsansätze im Hauptteil einer Gedichtinterpretation.

→ **T5** Infoplakate gestalten Seite 238

3 EXTRA Erstellt zu euren Tipps für Deutungsansätze ein Infoplakat. Hängt es in der Klasse auf.

4 Verfasst zu den Strophen 2 bis 4 des Gedichtes „Winter" auf Seite 22 den Hauptteil der Gedichtinterpretation. Nutzt dazu euren Schreibplan von Seite 22/23 und die folgenden Formulierungshilfen.

→ **T4** Zitieren und Paraphrasieren Seite 220

Formulierungshilfen für Deutungsansätze

- … (sprachliche Auffälligkeit und Vers benennen) veranschaulicht/unterstreicht/verdeutlicht/drückt aus/zeigt, dass …
- Die Aussage wird durch … (sprachliche Auffälligkeit und Zeile nennen) unterstützt/untermauert/veranschaulicht/verstärkt …
- Der Autor verwendet das sprachliche Mittel … / Es wird veranschaulicht, wie … / Damit wird betont, wie …
- Auffällig in der … Strophe ist/sind … So wird deutlich, dass …
- Die Verwendung der/des (sprachliche Auffälligkeit und Zeile nennen) zeigt/verdeutlicht …
- In Zeile … wird das sprachliche Mittel (sprachliche Auffälligkeit und Zeile nennen) verwendet. Diese ist so zu deuten, dass …
- Die Nomen/Substantive, Verben, … weisen darauf hin, dass …
- Die positive/negative Stimmung wird durch die Wörter … verstärkt.

5 Formuliert einen Schluss für eure Gedichtinterpretation. Fasst darin die Ergebnisse eures Hauptteils kurz zusammen.

Formulierungshilfen für den Schluss

- Zusammenfassend lässt sich festhalten, dass …
- Die zentrale Thematik des Gedichtes besteht in …
- Das Gedicht vermittelt eine … Stimmung.
- Durch die sprachlichen Mittel erreicht der Verfasser, dass …
- Der Autor will mit seinem Gedicht … zum Ausdruck bringen.

6 Stellt die Teile eurer Interpretation zum Gedicht „Winter" zusammen. Tragt diese in der Gruppe vor. Die anderen überprüfen mithilfe der Checkliste auf Seite 23, ob sie gelungen ist bzw. was verbessert werden könnte.

Ihr könnt auch die Checkliste unter dem Online-Code auf Seite 23 nutzen.

7 Überarbeitet eure Gedichtinterpretationen mithilfe der Rückmeldungen aus Aufgabe 6.

→ **T4** Fehleranalyse und Textüberarbeitung Seite 227–233

8 EXTRA Recherchiert im Internet zum Schriftsteller Adalbert von Chamisso. Notiert wichtige Informationen zu seinem Leben und Werk. Stellt der Klasse den Autor in einem Kurzvortrag vor.

→ **T5** Kurzvorträge halten Seite 239

T2 Schreiben
Seite 186/187

T3 Umgang mit literarischen Texten
Seite 198–201

Stationen des Lebens

Gedichte thematisch erschließen

1 Seht euch das Bild an. Erklärt, wie Caspar David Friedrich die Lebensphasen darstellt. Achtet dabei auf die Motive und den Aufbau des Bildes.

Caspar David Friedrich: Lebensstufen, 1835

2 Lest das folgende Gedicht. Benennt Parallelen zwischen dem Bild „Lebensstufen" und dem Gedicht „Lebensfahrt", z. B.: Darstellung fahrender Schiffe im Vergleich zum Titel „Lebensfahrt", …

Wilhelm Busch

Lebensfahrt

Lange warst du im Gedrängel
Aller Dinge tief versteckt,
Bis als einen kleinen Bengel
Unser Auge dich entdeckt.

Schreiend hast du Platz genommen,
Zum Genuss sofort bereit,
Und wir hießen dich willkommen,
Pflegten dich mit Zärtlichkeit.

Aber eh du recht empfunden,
Was daheim für Freuden blühn,
Hast dein Bündel du gebunden,
Um in fremdes Land zu ziehn.

Leichte, lustige Gesellen
Finden sich an jedem Ort.
Weiber schelten, Hunde bellen,
Lachend zogst du weiter fort.

Sahst die Welt an beiden Enden,
Hast genippt und hast genascht.
Endlich fest mit Klammerhänden
Hat die Liebe dich erhascht.

Und du zogst den Kinderwagen
Und du trugst, was dir bestimmt,
Seelenlast und Leibesplagen,
Bis der Rücken sich gekrümmt.

Nur Geduld. Es steht ein Flieder
An der Kirche grau und alt.
Dort für deine müden Glieder
Ist ein kühler Aufenthalt.

3 Untersucht das Thema des Gedichtes „Lebensfahrt" genauer. Legt dazu eine Folie über den Text oder nutzt den Online-Code.
- Markiert wichtige Begriffe.
- Fertigt Randnotizen zu den Kernaussagen an. Formuliert diese in eigenen Worten.
- Fasst anschließend den Inhalt der einzelnen Strophen kurz zusammen.

Material
bp4hs4

4 Arbeitet die sprachlichen Bilder aus dem Gedicht heraus und deutet diese. Übertragt dazu die folgende Tabelle in euer Heft und ergänzt sie.

Textbeleg	sprachliches Bild	Deutung
„Lebensfahrt" (Überschrift)	Metapher	Leben wird bildlich als Fahrt dargestellt, veranschaulicht Schnelligkeit und Dynamik
„Lange warst du im Gedrängel" (Vers 1)	…	…
…	…	…

5 Das Gedicht „Stufen" liest sich wie ein Ratgeber für das Leben. Formuliert die Ratschläge in eigenen Worten, z. B.: *Der Mensch sollte in allen Lebensphasen offen für Neues sein. …*

Hermann Hesse

Stufen

Wie jede Blüte welkt und jede Jugend
Dem Alter weicht, blüht jede Lebensstufe,
Blüht jede Weisheit auch und jede Tugend
Zu ihrer Zeit und darf nicht ewig dauern.
Es muss das Herz bei jedem Lebensrufe
Bereit zum Abschied sein und Neubeginne,
Um sich in Tapferkeit und ohne Trauern
In andre, neue Bindungen zu geben.
Und jedem Anfang wohnt ein Zauber inne,
Der uns beschützt und der uns hilft, zu leben.

Wir sollen heiter Raum um Raum durchschreiten,
An keinem wie an einer Heimat hängen,
Der Weltgeist will nicht fesseln uns und engen,
Er will uns Stuf' um Stufe heben, weiten.
Kaum sind wir heimisch einem Lebenskreise
Und traulich eingewohnt, so droht Erschlaffen,
Nur wer bereit zu Aufbruch ist und Reise,
Mag lähmender Gewöhnung sich entraffen.

Es wird vielleicht auch noch die Todesstunde
Uns neuen Räumen jung entgegensenden,
Des Lebens Ruf an uns wird niemals enden …
Wohlan denn, Herz, nimm Abschied und gesunde!

6 Wählt eines der Gedichte von dieser Doppelseite aus. Verfasst dazu eine Gedichtinterpretation.
- Untersucht zunächst die Situation des lyrischen Ichs, die Grundstimmung, Inhalt, Form und sprachliche Gestaltung.
- Notiert eure Ergebnisse in Stichpunkten in einem Schreibplan.
- Formuliert auf der Grundlage eures Schreibplans die Gedichtinterpretation.

→ **T5** Schreibpläne erstellen Seite 245

Teste dich selbst!

1 Erkläre am Beispiel des folgenden Gedichtes, was man unter einem lyrischen Ich versteht. Benenne, an wen sich das lyrische Ich in dem Gedicht wendet.

Theodor Fontane

Mein Herze, glaubt's, ist nicht erkaltet

Mein Herze, glaubt's, ist nicht erkaltet,
Es glüht in ihm so heiß wie je,
Und was ihr drin für Winter haltet,
Ist Schein nur, ist gemalter Schnee.

Doch was in alter Lieb' ich fühle,
Verschließ' ich jetzt in tiefstem Sinn,
Und trag's nicht fürder[1] ins Gewühle
Der ewig kalten Menschen hin.

Ich bin wie Wein, der ausgegoren:
Er schäumt nicht länger hin und her,
Doch was nach außen er verloren,
Hat er an innrem Feuer mehr.

1 vom gegenwärtigen Zeitpunkt an

2 Gib den Inhalt des Gedichtes in eigenen Worten wieder.

3 Untersuche die Form des Gedichtes. Berücksichtige den Aufbau, das Reimschema und das Metrum. Fasse deine Ergebnisse in einem Text zusammen.

4 Sieh dir die unterstrichenen Textstellen an. Erkläre, um welche sprachlichen Bilder es sich handelt. Benenne, welche Wirkung diese haben.

Wie konntest du Aufgabe 1 bis 5 lösen?

☹ → Seite 198–201
☺ → Seite 201 **EXTRA**

5 Ordne die folgenden Zitate den sprachlichen Mitteln auf Seite 29 zu. Ergänze dazu die folgende Tabelle in deinem Heft. Erkläre auch die jeweilige Funktion.

Textausschnitt	sprachliches Mittel	Funktion
A	…	…

A Trägt er eine goldene Kett am Hals,
Trägt er einen strohernen Hut

B Schönere Menschen lass uns erfinden
nach unserem Bild

C So schwül die Luft und so schwer der Verstand

D Ich kenn ihn wohl,
er kennt mich wohl

E Zu taumeln, zu wirbeln,
zu schweben

F Vor uns lag dampfend und duftend das Land.

G und abends warmgefroren

H tausendfach Leben!

I Ach, und weder Lust noch Qualen

Akkumulation: Aneinanderreihung mehrerer Begriffe

Alliteration: Reihung von Wörtern mit gleichem Anfangsbuchstaben

Oxymoron: Verbindung zweier sich logisch ausschließender Begriffe

Ellipse: unvollständiger Satz, Auslassung syntaktisch notwendiger Wörter oder Satzglieder

Hyperbel: starke Unter- oder Übertreibung

Antithese: Entgegenstellung von Begriffen und Gedanken

Inversion: Umkehrung der üblichen Wortstellung im Satz

Parallelismus: Wiederholung von Wörtern oder Satzbausteinen in zwei oder mehreren aufeinanderfolgenden Sätzen

Anapher: Wiederholung der Anfangswörter oder -wortgruppen in aufeinanderfolgenden Versen oder Strophen

6 Verfasse eine Interpretation zum folgenden Gedicht von Mascha Kaléko.
- Untersuche zunächst die Situation des lyrischen Ichs, die Grundstimmung, Inhalt, Form und sprachliche Gestaltung.
- Notiere deine Ergebnisse in Stichpunkten in einem Schreibplan.
- Formuliere auf der Grundlage deines Schreibplans die Gedichtinterpretation.

Wie konntest du Aufgabe 6 lösen?

😐 → Seite 186/187
😊 → Seite 187 EXTRA

Bist du fit für die Prüfung? Teste dich auf

→ Seite 150–152
→ Seite 154–156

Mascha Kaléko

Nennen wir es „Frühlingslied“

In das Dunkel dieser alten, kalten
Tage fällt das erste Sonnenlicht.
Und mein dummes Herz blüht auf, als wüsst es nicht:
Auch der schönste Frühling kann nicht halten,
Was der werdende April verspricht.

Da, die Amseln üben schon im Chor,
Aus der Nacht erwacht die Welt zum Leben,
Pans vergessenen Flötenton im Ohr …
Veilchen tun, als hätt' es nie zuvor
Laue Luft und blauen Duft gegeben.

Die Kastanien zünden feierlich
Ihre weißen Kerzen an. Der Flieder
Bringt die totgesagten Jahre wieder,
Und es ist, als reimten alle Lieder
Sich wie damals auf „Ich liebe dich“.

– Sag mir nicht, das sei nur Schall und Rauch!
Denn wer glaubt, der forscht nicht nach Beweisen.
Willig füg ich mich dem alten Brauch,
Ist der Zug der Zeit auch am Entgleisen –
Und wie einst, in diesem Frühjahr auch
Geht mein wintermüdes Herz auf Reisen.

2

(Mit-)Reden – Einfluss nehmen

Reden und Medienbeiträge kritisch untersuchen

1 Beschreibt, was auf den Bildern zu sehen ist.

2 Besprecht, was die folgenden Zitate bedeuten.

„Man kann einen Krieg genauso wenig gewinnen wie ein Erdbeben."
Jeannette Rankin

„Jeder Krieg ist eine Niederlage des menschlichen Geistes."
Henry Miller

„Der Freund des Gespräches aber ist der Freund des Friedens, der nur auf dem Gespräch der Menschen miteinander beruhen kann."
Richard von Weizsäcker

„Nur wenn wir teilen, haben wir den Frieden auf der Welt. Den Frieden lernen, das ist nichts anderes als teilen lernen."
Hermann Gmeiner

3 Spricht euch ein Zitat besonders an? Begründet eure Entscheidung.

4 Erstellt eine Collage zum Thema „Friedlich miteinander leben". Verwendet dafür Schlagzeilen und Bilder aus Zeitungen und Zeitschriften.

5 *Streit – Auseinandersetzung – Meinungsverschiedenheit.* Diese Begriffe bezeichnen alle einen ähnlichen Sachverhalt.
- Sammelt weitere Bezeichnungen für „Streit".
- Überlegt, in welchen Situationen die Begriffe jeweils verwendet werden können.
- Vergleicht, wie die unterschiedlichen Begriffe wirken.

6 Berichtet, wo ihr schon einmal Reden gehört habt, z. B.: *die Eröffnungsrede der Schulleitung beim Schulfest, die Rede des Brautvaters auf einer Hochzeit, ...*

Jetzt lernt ihr, ...

... den Inhalt und Aufbau einer Rede zu untersuchen.

... die Redesituation zu analysieren.

... Sprechhandlungen in einer Rede zu benennen.

... die sprachlichen Mittel in einer Rede zu untersuchen und Argumente herauszuarbeiten.

... eine eigene Rede zu verfassen.

... Reden vorzutragen und Rückmeldungen zu geben.

... Mitschriften und Protokolle zu erstellen.

... politischen Sprachgebrauch zu untersuchen.

Niemals Gewalt

Eine Rede inhaltlich verstehen

T3 Umgang mit Sachtexten Seite 202–205

1 Lest die folgende Rede. Nennt das Thema und gebt die wichtigsten Aussagen von Astrid Lindgren mit eigenen Worten wieder.

Rede anlässlich der Verleihung des Friedenspreises des Deutschen Buchhandels am 22. Oktober 1978 in Frankfurt am Main

Astrid Lindgren

Niemals Gewalt!

Liebe Freunde!

Das Erste, was ich zu tun habe, ist Ihnen zu danken, und das tue ich von ganzem Herzen. Der Friedenspreis des Deutschen Buchhandels strahlt einen solchen Glanz aus und ist eine so hohe Auszeichnung, dass es einen fast überwältigt, empfängt man ihn. […]

Gibt es auch nur die geringste Hoffnung darauf, dass die heutigen Kinder dereinst eine friedlichere Welt aufbauen werden, als wir es vermocht haben? Und warum ist uns dies trotz allen guten Willens so schlecht gelungen?

Ich erinnere mich noch sehr gut daran, welch ein Schock es für mich gewesen ist, als mir eines Tages – ich war damals noch sehr jung – klar wurde, dass die Männer, die die Geschichte der Völker und der Welt lenken, keine höheren Wesen mit übernatürlichen Gaben und göttlicher Weisheit waren. Dass sie Menschen waren mit den gleichen menschlichen Schwächen wie ich. Aber sie hatten Macht und konnten jeden Augenblick schicksalsschwere Entscheidungen fällen, je nach den Antrieben und Kräften, von denen sie beherrscht wurden. So konnte es, traf es sich besonders unglücklich, zum Krieg kommen, nur weil ein einziger Mensch von Machtgier oder Rachsucht besessen war, von Eitelkeit oder Gewinnsucht, oder aber – und das scheint das häufigste zu sein – von dem blinden Glauben an die Gewalt als das wirksamste Hilfsmittel in allen Situationen. Entsprechend konnte ein einziger guter und besonnener Mensch hier und da Katastrophen verhindern, eben weil er gut und besonnen war und auf Gewalt verzichtete.

Daraus konnte ich nur eines folgern:

Es sind immer auch einzelne Menschen, die die Geschichte der Welt bestimmen. Warum aber waren denn nicht alle gut und besonnen? Warum gibt es so viele, die nur Gewalt wollten und nach Macht strebten? Waren einige von Natur aus böse? Das konnte ich damals nicht glauben, und ich glaube es auch heute nicht.

Die Intelligenz, die Gaben des Verstandes mögen zum größten Teil angeboren sein, aber in keinem neugeborenen Kind schlummert ein Samenkorn, aus dem zwangsläufig Gutes oder Böses sprießt. Ob ein Kind zu einem warmherzigen, offenen und vertrauensvollen Menschen mit Sinn für das Gemeinwohl heranwächst oder aber zu einem gefühlskalten, destruktiven, egoistischen Menschen, das entscheiden die, denen das Kind in dieser Welt anvertraut ist, je nachdem, ob sie ihm zeigen, was Liebe ist, oder aber dies nicht tun. [...] Liebevolle Achtung voreinander, das möchte man allen Eltern und allen Kindern wünschen.

Jenen aber, die jetzt so vernehmlich nach härterer Zucht und strafferen Zügeln rufen, möchte ich das erzählen, was mir einmal eine alte Dame berichtet hat. Sie war eine junge Mutter zu der Zeit, als man noch an diesen alten Bibelspruch glaubte, dieses „Wer die Rute schont, verdirbt den Knaben".

Im Grunde ihres Herzens glaubte sie wohl gar nicht daran, aber eines Tages hatte ihr kleiner Sohn etwas getan, wofür er ihrer Meinung nach eine Tracht Prügel verdient hatte, die erste in seinem Leben. Sie trug ihm auf, in den Garten zu gehen und selber nach einem Stock zu suchen, den er ihr bringen sollte. Der kleine Junge ging und blieb lange fort. Schließlich kam er weinend zurück und sagte: „Ich habe keinen Stock finden können, aber hier hast du einen Stein, den kannst du nach mir werfen."

Da aber fing die Mutter an zu weinen, denn plötzlich sah sie alles mit den Augen des Kindes. Das Kind musste gedacht haben, „Meine Mutter will mir wirklich weh tun, und das kann sie ja auch mit einem Stein."

Sie nahm ihren Sohn in die Arme, und beide weinten eine Weile gemeinsam. Dann legte sie den Stein auf ein Bord in der Küche, und dort blieb er liegen als ständige Mahnung an das Versprechen, das sie sich in dieser Stunde gegeben hatte: „NIEMALS GEWALT!"

Ja, aber wenn wir unsere Kinder nun ohne Gewalt und ohne irgendwelche straffen Zügel erziehen, entsteht dadurch schon ein neues Menschengeschlecht, das in ewigem Frieden lebt? Etwas so Einfältiges kann sich wohl nur ein Kinderbuchautor erhoffen! Ich weiß, dass es eine Utopie ist. [...] Aber in dieser unserer Gegenwart gibt es – selbst ohne Krieg – so unfassbar viel Grausamkeit, Gewalt und Unterdrückung auf Erden, und das bleibt den Kindern keineswegs verborgen. Sie sehen und hören und lesen es täglich, und schließlich glauben sie gar, Gewalt sei ein natürlicher Zustand. Müssen wir ihnen dann nicht wenigstens daheim durch unser Beispiel zeigen, dass es eine andere Art zu leben gibt?

Vielleicht wäre es gut, wenn wir alle einen kleinen Stein auf das Küchenbord legten als Mahnung für uns und unsere Kinder: „NIEMALS GEWALT!" Es könnte trotz allem mit der Zeit ein winziger Beitrag sein zum Frieden in der Welt.

2 Erläutert, warum die Mutter in der von Astrid Lindgren erzählten Geschichte weint, als ihr Sohn ihr den Stein bringt.

3 Begründet, wie Astrid Lindgren zu der Feststellung kommt, dass es „immer auch einzelne Menschen" seien, die „die Geschichte der Welt bestimmen" (Zeile 24/25). Nehmt Stellung zu dieser Aussage.

4 Erklärt mit eigenen Worten den Satz: „[I]n keinem neugeborenen Kind schlummert ein Samenkorn, aus dem zwangsläufig Gutes oder Böses sprießt" (Zeile 30/31).

→ **T4** Tempus der Verben
Seite 214

T3 Umgang mit Sachtexten Seite 202–206

Erziehung zu Frieden

Den Redeaufbau untersuchen und Aussagen diskutieren

1 Überlegt, warum Astrid Lindgren in ihrer Rede zur Verleihung des Friedenspreises des Deutschen Buchhandels eine Geschichte erzählt.

2 Untersucht den Aufbau der Rede von Astrid Lindgren auf Seite 32/33. Verfasst zu jedem Abschnitt eine kurze Zusammenfassung in Stichpunkten.

Abschnitt 1 (Zeile 1–5): Dank für den Preis, ...
Abschnitt 2 (Zeile 6–8):
Abschnitt 3 (Zeile 9–22):
Abschnitt 4 (Zeile 23–37):
Abschnitt 5 (Zeile 38–41):
Abschnitt 6 (Zeile 42–55):
Abschnitt 7 (Zeile 56–65):
Abschnitt 8 (Zeile 66–68):

3 Welche Funktion haben die einzelnen Abschnitte für den Argumentationszusammenhang der Rede? Ordnet jedem Abschnitt aus Aufgabe 2 eines der folgenden Kärtchen zu.

A Gegenargumente entkräften

B allgemeine Schlussfolgerung aus den persönlichen Überlegungen, These

C Überlegungen durch persönliche Geschichte der Rednerin veranschaulichen

D Einleitung, Werben für Sympathie des Publikums durch Bescheidenheit

E Erzählung über Mutter und Kind als Sinnbild für die Frage nach der Erziehung zum Frieden

F Schlussappell

G mögliche Einwände aufgreifen, Einleitung einer Erzählung

H Leitfrage für die Rede formulieren, Publikum zum Mitdenken anregen

4 Formuliert in Gruppen die folgenden Aussagen von Astrid Lindgren mit eigenen Worten.

„So konnte es, traf es sich besonders unglücklich, zum Krieg kommen, nur weil ein einziger Mensch von Machtgier oder Rachsucht besessen war, von Eitelkeit oder Gewinnsucht, oder aber – und das scheint das häufigste zu sein – von dem blinden Glauben an die Gewalt als das wirksamste Hilfsmittel in allen Situationen." (Zeile 16–20)

„Warum aber waren denn nicht alle gut und besonnen? Warum gibt es so viele, die nur Gewalt wollten und nach Macht strebten? Waren einige von Natur aus böse? Das konnte ich damals nicht glauben, und ich glaube es auch heute nicht." (Zeile 25–28)

„Ob ein Kind zu einem warmherzigen, offenen und vertrauensvollen Menschen mit Sinn für das Gemeinwohl heranwächst oder aber zu einem gefühlskalten, destruktiven, egoistischen Menschen, das entscheiden die, denen das Kind in dieser Welt anvertraut ist, [...]" (Zeile 31–35)

5 Diskutiert, inwieweit ihr Astrid Lindgrens Argumentation in den Textausschnitten in Aufgabe 4 nachvollziehen könnt. Notiert die Ergebnisse eurer Diskussion.

Argumentation in Astrid Lindgrens Rede

Das können wir nachvollziehen: ...
Diesen Argumenten können wir zustimmen / nicht folgen: ...
Offene Fragen: ...

6 Stellt mithilfe eurer Notizen aus Aufgabe 5 euren Mitschülern die Ergebnisse eurer Diskussion vor.

7 Diskutiert die Aussagen von Astrid Lindgren abschließend in der Klasse.

8 EXTRA Schreibt einen Beitrag für einen Blog, in dem ihr Astrid Lindgrens Position erläutert. Nehmt darin auch Stellung zu der Frage, ob Astrid Lindgrens Position heute noch aktuell ist.

Blogbeiträge werden meist auf einer Website veröffentlicht, um Gedanken zu beschreiben, Sachverhalte zu protokollieren oder Aufzeichnungen zu erstellen.

○ Aufgabe 1, 2, 4 ◒ Aufgabe 3, 6 ● Aufgabe 5, 7, 8 EXTRA

Starke Erinnerungen

Die Redesituation analysieren

T3 Umgang mit Sachtexten Seite 202–206

1 Seht euch die Bilder an. Beschreibt, was darauf zu sehen ist und wie die Situation auf euch wirkt.

2 Lest die Einleitung der Rede von Joachim Gauck[1]. Notiert in Stichpunkten eure ersten Eindrücke dazu.

1 von 2012 bis 2017 deutscher Bundespräsident

Joachim Gauck

Festakt zum 25. Jahrestag der Deutschen Einheit[2] (Ausschnitt 1)

Der Tag der Deutschen Einheit. Das ist für unser Land seit 25 Jahren ein Datum der starken Erinnerungen, ein Anlass für dankbaren Rückblick auf mutige Menschen. Auf Menschen, deren Freiheitswille Diktaturen ins Wanken brachte, in Danzig, Prag und Budapest. Auf Menschen auch in Leipzig, Plauen und so vielen anderen Orten der DDR, die mit der Friedlichen Revolution die Vereinigung beider deutscher Staaten überhaupt erst vorstellbar werden ließen. Ich begrüße mit besonderer Freude diejenigen unter uns, die damals dabei waren. Wir wären heute nicht hier, wenn Sie damals nicht aufgestanden wären!

Am 3. Oktober denken viele von uns an den Klang der Freiheitsglocke, an die Freudentränen nicht nur vor dem Reichstag, an die Aufbruchsstimmung, die uns beherrschte, ja: an großes Glück.

Aber in diesem Jahr ist doch so manches anders. So mancher fragt: Warum zurückblicken? Hat die Bundesrepublik momentan nicht drängendere Probleme, drängendere Themen als dieses Jubiläum? Was können wir feiern in einer Zeit, in der hunderttausende Männer, Frauen und Kinder bei uns Zuflucht suchen? Einer Zeit, in der wir vor so immensen Aufgaben für unsere Gesellschaft stehen?

Meine Antwort darauf lautet, ganz einfach: Es gibt etwas zu feiern.

2 Rede vom 3. Oktober 2015 in Frankfurt am Main

3 Seht euch das folgende Zitat an. Tauscht euch darüber aus, was Joachim Gauck damit meinen könnte.

„Es gibt etwas zu feiern." (Zeile 19)

4 Untersucht die Redesituation im ersten Ausschnitt aus Gaucks Rede. Beantwortet dazu die Fragen aus der Tabelle, über die der Text informiert.

Redesituation		
Redner	**Publikum**	**Kontext der Rede**
• Wer ist der Redner und in welcher Funktion spricht er? • Ist der Redner bekannt oder unbekannt? Welches Ansehen genießt er? • Welche weltanschaulichen Grundpositionen und Überzeugungen vertritt der Redner?	• An wen richtet sich die Rede? • Lässt sich über seine Zusammensetzung etwas sagen (schichtenspezifische Gruppenzugehörigkeit, Freund oder Gegner, Anhänger)?	• In welchem Rahmen findet die Rede statt (Art der Veranstaltung)? • An welchem Ort wird die Rede gehalten? • Wann wird die Rede gehalten? • In welchen historischen Zusammenhang ist die Rede einzuordnen? • Bezieht sich die Rede auf vorangegangene Ereignisse? • Aus welchem Anlass wird die Rede gehalten? • Wird die Rede durch Medien (Rundfunk, Fernsehen, Flugblatt) verbreitet?

5 Lest den Text über die Wiedervereinigung. Beantwortet anschließend weitere Fragen aus der Tabelle in Aufgabe 4.

Die Wiedervereinigung

[…] Der Wiedervereinigung war eine Reihe historischer Ereignisse seit Mitte der 1980er Jahre vorausgegangen: Von den Reformbemühungen der Sowjetunion unter den Schlagworten „Perestroika“ und „Glasnost“, über die Umsturzbewegungen in Ost- und Mitteleuropa bis zur Friedlichen Revolution in der DDR. Aus „Wir sind das Volk!“ – der Parole der Montagsdemonstrationen im Osten – wurde schon kurz nach dem Mauerfall am 9. November 1989 die Forderung „Wir sind ein Volk!“. Die überwiegende Mehrheit der Ost- und Westdeutschen wünschte sich einen schnellen Beitritt der DDR zur Bundesrepublik. Deutlich zum Ausdruck kam dies bei der Wahl zur DDR-Volkskammer am 18. März 1990: Die Mehrheit der Menschen votierte[3] für Parteien, die die Einheit anstrebten.
Nur drei Monate später trat die Wirtschafts-, Währungs- und Sozialunion in Kraft, wodurch die D-Mark Zahlungsmittel in der DDR wurde. Der Einigungsvertrag vom 31. August 1990 lieferte das rechtliche Fundament[4] für den Beitritt der DDR zur Bundesrepublik. Mit dem Zwei-plus-Vier-Vertrag vom 12. September 1990 wurden schließlich die außenpolitischen Aspekte für die Wiedervereinigung der beiden deutschen Staaten geregelt. Damit stand der Einheit nichts mehr im Wege.

3 wählte, stimmte ab
4 Grundlage

6 Seht euch Gaucks Rede online an. Beschreibt, wie sie auf euch wirkt.
- Welche Gestik und Mimik verwendet Gauck?
- Welche Eindrücke erhält man, die man durch das Lesen des Textes nicht erhalten würde?

Surftipp 9m454d

○ Aufgabe 1, 2 ◒ Aufgabe 3, 4, 5, 6

Erinnerung als Brücke

Sprechhandlungen in einer Rede benennen

→ T3 Umgang mit Sachtexten Seite 202–208

1 Lest den zweiten Ausschnitt aus Joachim Gaucks Rede. Gebt mündlich wieder, woran Gauck erinnert und worin er aktuelle Aufgaben sieht.

Joachim Gauck

Festakt zum 25. Jahrestag der Deutschen Einheit (Ausschnitt 2)

Abschnitt 1

[…] Die Einheit ist aus der Friedlichen Revolution erwachsen. Damit haben die Ostdeutschen den Westdeutschen und der ganzen Nation ein großes Geschenk gemacht. Sie hatten ihre Ängste überwunden und in einer kraftvollen Volksbewegung ihre Unterdrücker besiegt. Sie hatten Freiheit errungen. Das erste Mal in der deutschen Nationalgeschichte war das Aufbegehren der Unterdrückten wirklich von Erfolg gekrönt. Die Friedliche Revolution zeigt: Wir Deutsche können Freiheit.

Und so feiern wir heute den Mut und das Selbstvertrauen von damals. Nutzen wir diese Erinnerungen als Brücke. Sie verbindet uns mit einem Erfahrungsschatz, der uns gerade jetzt bestärken kann. Innere Einheit, so machen wir uns klar, innere Einheit entsteht, wo wir sie wirklich wollen und uns dann ganz bewusst darum bemühen. Innere Einheit entsteht, wenn wir uns auf das Machbare konzentrieren, statt uns von Zweifeln oder Fantastereien treiben zu lassen. Und innere Einheit lebt davon, dass wir im Gespräch darüber bleiben, was uns verbindet und was uns verbinden soll.

Auch 1990 gab es die berechtigte Frage: Sind wir der Herausforderung gewachsen? Auch damals gab es […] kein historisches Vorbild, an dem wir uns orientieren konnten. Und trotzdem haben Millionen Menschen die große nationale Aufgabe der Vereinigung angenommen und Deutschland zu einem Land gemacht, das mehr wurde als die Summe seiner Teile.

Für mich steht die positive Bilanz im 25. Jahr der Deutschen Einheit außer Frage. Auch wenn es zuweilen Enttäuschungen gab, wenn Wirtschaftskraft und Löhne nicht so schnell gewachsen sind, wie die meisten Menschen in Ostdeutschland hofften, und wenn die finanzielle Förderung länger währt, als die meisten Westdeutschen wünschen, so ist doch gewiss:

Die große Mehrheit der Deutschen, gleichgültig woher sie stammen, fühlt sich in diesem vereinten Land angekommen und zuhause. Die Unterschiede sind kleiner geworden und besonders in der jungen Generation, da sind sie doch eigentlich gänzlich verschwunden. Deutschland hat in Freiheit zur Einheit gefunden – politisch, gesellschaftlich, langsamer auch wirtschaftlich und mit verständlicher Verzögerung auch mental. […]

Meine Damen und Herren, die innere Einheit Deutschlands konnte vor allem wachsen, weil wir uns als zusammengehörig empfanden und weil wir in Respekt vor denselben politischen Werten gemeinsam leben wollten. Doch nun, da viele Flüchtlinge angesichts von Kriegen, autoritären Regimen und zerfallenen Staaten nach Europa, nach Deutschland getrieben werden, nun stellt sich doch die Aufgabe der inneren Einheit neu. Wir spüren: Wir müssen Zusammenhalt wahren zwischen denen, die hier sind, aber Zusammenhalt herstellen mit denen, die hinzukommen. Es gilt, wiederum und neu, die innere Einheit zu erringen.

2 Seht euch die Markierungen im zweiten Ausschnitt der Rede und die folgenden Notizen an. Gebt den Inhalt des ersten Abschnitts mit eigenen Worten wieder.

Als Vorarbeit für eine strukturierte Inhaltsangabe fertigt man Textmarkierungen und Notizen an.

Notizen zur Rede Joachim Gaucks

1. Abschnitt: Einheit von Ost- und Westdeutschland = Geschenk
→ Ergebnis einer „kraftvollen Volksbewegung" → Freiheit errungen
Aufbegehren von Unterdrückten erstmals in deutscher Geschichte erfolgreich
...

3 Untersucht, welche Sprechhandlungen Gauck im ersten Abschnitt der Rede vollzieht. Ordnet den Notizen in Aufgabe 2 passende Verben zur Redewiedergabe zu.

Die Analyse der Sprechhandlungen legt dar, welche Absicht ein Redner in seiner Rede verfolgt.

Sprechhandlungen: Verben zur Redewiedergabe

erläutern, zitieren, kritisieren, die These aufstellen, darauf hinweisen, fordern, argumentieren, in Frage stellen, veranschaulichen, behaupten, definieren, sich auf etwas beziehen, schlussfolgern, fragen, wiederholen, auf etwas verweisen, feststellen, bitten, (be-)urteilen, daran erinnern

4 Legt eine Folie über den Text oder nutzt den Online-Code. Teilt die Rede in sinnvolle Abschnitte ein.
- Markiert wichtige Informationen.
- Notiert die wichtigsten Aussagen in eigenen Worten. Benennt die Sprechhandlungen. Ihr könnt eure Notizen in einem Flussdiagramm festhalten.

Material yi33g4

→ **T5** Flussdiagramme erstellen Seite 237

5 Verfasst eine strukturierte Inhaltsangabe zum zweiten Ausschnitt aus Gaucks Rede. Nutzt dazu eure Vorarbeiten aus Aufgabe 2 bis 4.

Merke

In einer **strukturierten Inhaltsangabe** wird der Inhalt eines Textes **zusammengefasst und dabei die Argumentationsstruktur verdeutlicht**: Welche Thesen stellt der Autor auf? Welche Argumente nutzt er? Wo zieht er Schlussfolgerungen? Dies wird durch die **Sprechhandlungen**, z. B. Verben der Redewiedergabe, ausgedrückt. Dabei gibt man die Aussagen in indirekter Rede (Konjunktiv I) wieder, z. B.: *Gauck erinnert daran, dass die deutsche Einheit ein Geschenk sei.*

→ **T4** Konjunktiv I verwenden Seite 215/216

→ Konjunktivformen Seite 256/257

T1 Sprechen und Zuhören Seite 164/165

Der Klang der Freiheitsglocke

Sprache und Wirkung einer Rede untersuchen

1 Ordnet die sprachlichen Mittel den folgenden Textstellen zu.
- Erklärt, welche Wirkungsabsicht der Redner damit verfolgt. Übertragt dazu die folgende Tabelle in euer Heft und ergänzt sie.
- Besprecht eure Ergebnisse anschließend mit einer Partnerin oder einem Partner. Ergänzt eure Tabelle gegebenenfalls.

Textstelle	sprachliche Mittel	Wirkungsabsicht
a)	Captatio benevolentiae	Das Publikum soll sich angesprochen fühlen, besonders die Zeitzeugen der Ereignisse, auf die sich Gauck bezieht. Das verleiht der Rede Emotionalität und einen persönlichen Bezug.
...	...	...

Anapher: Wiederholung eines oder mehrerer Wörter am Satzanfang

Akkumulation: Häufung bestimmter Wörter oder Wortgruppen

Antithese: Gegenüberstellung gegensätzlicher Begriffe oder Gedanken

Captatio benevolentiae: direkte Anrede, um die Gunst des Zuhörers zu erlangen

Klimax: Steigerung

Metapher: sprachliches Bild

a) Ich begrüße mit besonderer Freude diejenigen unter uns, die damals dabei waren. Wir wären heute nicht hier, wenn Sie damals nicht aufgestanden wären! (Seite 36, Zeile 7–9)

b) Nutzen wir diese Erinnerungen als Brücke. (Seite 38, Zeile 8/9)

c) Am 3. Oktober denken viele von uns an den Klang der Freiheitsglocke, an die Freudentränen nicht nur vor dem Reichstag, an die Aufbruchsstimmung, die uns beherrschte, ja: an großes Glück. (Seite 36, Zeile 10–12)

d) Was können wir feiern in einer Zeit, in der hunderttausende Männer, Frauen und Kinder bei uns Zuflucht suchen? Einer Zeit, in der wir vor so immensen Aufgaben für unsere Gesellschaft stehen? (Seite 36, Zeile 15–18)

e) Sie hatten ihre Ängste überwunden […]. Sie hatten Freiheit errungen. (Seite 38, Zeile 3–5)

f) Wir müssen Zusammenhalt wahren zwischen denen, die hier sind, aber Zusammenhalt herstellen mit denen, die hinzukommen. (Seite 39, Zeile 37–39)

2 Untersucht mithilfe der Arbeitstechnik „Ich – Du – Wir" den Schluss von Joachim Gaucks Rede.
- Ordnet dazu den folgenden sprachlichen Mitteln Beispiele aus dem Text zu.
- Erklärt, welche Wirkung Gauck damit erzielen möchte.
- Haltet eure Ergebnisse in einer Tabelle fest.

→ T5 Ich – Du – Wir
Seite 237

Anapher | Parallelismus | Aufzählung | Akkumulation

Joachim Gauck

Festakt zum 25. Jahrestag der Deutschen Einheit (Ausschnitt 3)

[W]ir nehmen aus unserer jüngeren Geschichte etwas mit, das wir niemals aufgeben dürfen: den Geist der Zuversicht. Wir haben nicht nur davon geträumt, unser Leben selbstbestimmt gestalten zu können, nein, wir haben es getan! Wir sind die, die sich etwas zutrauen. Und so gestimmt fragen wir jetzt: Was ist denn das innere Band, das ein Einwanderungsland zusammenhält? Was ist es, das uns verbindet und verbinden soll?

In einer offenen Gesellschaft kommt es nicht darauf an, ob diese Gesellschaft ethnisch homogen[1] ist, sondern ob sie eine gemeinsame Wertegrundlage hat. Es kommt nicht darauf an, woher jemand stammt, sondern wohin er gehen will und mit welcher politischen Ordnung er sich identifiziert. Gerade weil in Deutschland unterschiedliche Kulturen, Religionen und Lebensstile zuhause sind, gerade weil Deutschland immer mehr ein Land der Verschiedenen wird, braucht es eine Rückbindung aller an unumstößliche Werte – einen Kodex[2], der allgemein als gültig akzeptiert wird. […]

Wir kennen keine andere Gesellschaftsordnung, die dem Individuum so viel Freiheit, so viele Entfaltungsmöglichkeiten, so viele Rechte einräumt wie die Demokratie. Sie mag mangelhaft sein, aber wir kennen keine andere Gesellschaftsordnung, die im Widerstreit von Lebensstilen, Meinungen und Interessen zu so weitgehender Selbstkorrektur fähig ist. Wir kennen auch keine Gesellschaftsordnung, die sich so schnell neuen Bedingungen anzupassen und zu reformieren vermag […].

Dieses Verständnis, kodifiziert[3] im Grundgesetz, ist und bleibt die beste Voraussetzung für das Leben, nach dem gerade auch Menschen auf der Flucht streben. Ein Leben – wie es in unserer Nationalhymne heißt – in Einigkeit und Recht und Freiheit.

1 zur selben sprachlichen und kulturellen Volksgruppe gehörend
2 hier: Verhaltensnormen der Gesellschaft
3 systematisch erfasst

3 Arbeitet aus der Rede auf Seite 36 bis 39 weitere Beispiele für sprachliche Mittel heraus. Erklärt auch, welche Wirkung Gauck damit erzielen möchte. Nutzt dazu die Übersicht auf Seite 260/261.

→ Sprachliche Mittel
Seite 260/261

4 EXTRA Nehmt Stellung zu Gaucks Aussage, dass die Aufgabe der Integration von Migranten mit der deutschen Einheit zu vergleichen sei.

Frieden – um jeden Preis?

Argumente unterscheiden und bewerten

PT Einen argumentierenden Text verfassen Seite 140/141

T3 Umgang mit Sachtexten Seite 202–208

1 Lest den Text zur Rede von Joschka Fischer und schaut euch das Bild dazu an. Beschreibt die Redesituation.

Thomas Schirren

Über Joschka Fischers Rede zum NATO-Einsatz im Kosovo

[Die Rede] wurde zu einem Zeitpunkt gehalten, als Fischer als Außenminister und Vizekanzler Verantwortung in einem Konflikt übernehmen musste, in dem zum ersten Male deutsche Kampfflieger sich an Einsätzen der NATO beteiligten (seit März 1999). […] Fischer musste auf dem Parteitag [seiner Partei Bündnis 90/Die Grünen, deren Mitglieder zum großen Teil gegen Kriegseinsätze der Bundeswehr waren] zeigen, dass die Beteiligung an diesem Krieg eine humanitäre Aktion sei, die insofern auf Parteilinie läge. [U]nmittelbar, bevor er zum Rednerpult ging, [wurde Fischer aus Protest mit] einem Farbbeutel beworfen […].

T5 5-Schritt-Lesetechnik Seite 239

2 Lest die Rede von Joschka Fischer. Klärt gemeinsam offene Fragen.

Joschka Fischer

Rede zum NATO-Einsatz im Kosovo (12. Mai 1999)

Liebe Freundinnen und Freunde, liebe Gegner, geliebte Gegner, […]
Ja, „der Diplomatie eine Chance geben“, ich kann das nur nachdrücklich unterstützen. Nur ich sage euch: Ich war bei Milošević, ich habe mit ihm 2½ Stunden diskutiert, ich hab ihn angefleht, drauf zu verzichten, dass die Gewalt eingesetzt wird im Kosovo. Jetzt ist Krieg, ja. […] Aber dieser Krieg geht nicht erst seit 51 Tagen, sondern seit 1992, liebe Freundinnen und Freunde, seit 1992! Und ich sage euch, er hat mittlerweile Hunderttausende das Leben gekostet […].
[I]ch kann euch nochmals sagen, was ich nicht bereit bin zu akzeptieren: Frieden setzt voraus, dass Menschen nicht ermordet, dass Menschen nicht vertrieben, dass Frauen nicht vergewaltigt werden. Das setzt Frieden voraus! Und ich bin der Letzte, der nicht sagen würde, dass ich keine Fehler gemacht habe. […] Ich konnte im ersten halben Jahr vor allem unter dem Druck nicht alles machen, aber ich trage dafür die Verantwortung und werde zu Recht deswegen kritisiert. […]
Ich will euch sagen: Für mich spielten zwei zentrale Punkte in meiner Biografie eine entscheidende Rolle und ich kann meine Biografie da nicht ausblenden. Ich frage mich, wer das kann in dieser Frage! In Solingen, als es damals zu diesem furchtbaren mörderischen Anschlag auf eine ausländische Familie, auf eine türkische Familie, kam, die rassistischen Übergriffe, der Neonazismus, die Skinheads. Natürlich steckt da auch bei mir immer die

Erinnerung an unsere Geschichte und spielt da eine Rolle. Und ich frage mich, wenn wir innenpolitisch dieses Argument immer gemeinsam verwandt haben, warum verwenden wir es dann nicht, wenn Vertreibung, ethnische Kriegsführung in Europa wieder Einzug halten und eine blutige Ernte mittlerweile zu verzeichnen ist. […]
Ich habe mir mal rausgesucht, wie viel Waffenstillstandsabkommen […] und wie viel UN-Resolutionen unterzeichnet wurden: Achtzehn Waffenstillstandsabkommen seit 1993, davon hat nur das letzte gehalten und hat Hunderttausende ihr Leben gekostet in Bosnien-Herzegowina und in anderen Regionen. 73 UN-Resolutionen, liebe Freundinnen und Freunde, 73 […].
Ich frage euch, liebe Freundinnen und Freunde, woher nehmt ihr euer Vertrauen […], dass ohne massiven bewaffneten Schutz es den Menschen nicht genauso wieder gehen wird wie den Männern […], die kalt im Massengrab liegen bis auf den heutigen Tag? Woher nehmt ihr das? […]
Ich bitte euch, liebe Freundinnen und Freunde, was wir jetzt gemeinsam brauchen, ist die Kraft, diese Verantwortung umzusetzen, so schwer es auch geht. Und was ich euch als Außenminister bitte ist, dass ihr mir helft, dass ihr Unterstützung gebt und dass ihr mir nicht Knüppel in die Beine werft und dass ich nicht geschwächt, sondern gestärkt aus diesem Parteitag herausgehe, um unsere Politik weiter fortsetzen zu können.
Ich danke euch.

3 Beschreibt, wie der Ton der Rede auf euch wirkt.

Ihr könnt euch die Rede über den Surftipp ansehen.

Surftipp
r87x7s

4 Formuliert die im Text markierten Argumente mit eigenen Worten. Bestimmt mithilfe des Merke-Kastens, um welche Art von Argumenten es sich handelt.

Merke

Arten von Argumenten

Faktenargument: eine unstrittige, nachweisbare Tatsache: *Bei den Kämpfen kamen bereits Tausende Menschen ums Leben.*
Autoritätsargument: Berufung auf Autoritäten, z. B. Fachleute, Statistiken oder Untersuchungen: *Die NATO hat den Militäreinsatz beschlossen.*
Normatives Argument: stützt sich auf Wertmaßstäbe (Normen) einer Gesellschaft: *Für Frieden zu sorgen ist unsere moralische Pflicht.*
Analogisierendes Argument: bezieht sich auf ähnliche Fälle: *Ähnlich wie bei Übergriffen auf Minderheiten in Deutschland müssen wir auch eingreifen, wenn anderswo Menschenrechte verletzt werden.*

5 Bewertet, welche Argumente aus Joschka Fischers Rede euch überzeugen und welche eher nicht. Begründet eure Entscheidungen.

6 Versetzt euch in die Lage der „Gegner" von Joschka Fischer. Formuliert aus ihrer Sicht Einwände gegen die vorgebrachten Argumente.

→ **T4** Imperativ verwenden Seite 217/218

○ Aufgabe 1, 2, 3 ◒ Aufgabe 4 ● Aufgabe 5, 6

Für ein friedliches Miteinander

Eine eigene Rede verfassen

T2 Schreiben
Seite 177/178

1 Tauscht euch darüber aus, ob ihr das Zusammenleben an eurer Schule als friedlich empfindet und wo ihr Probleme seht.

2 Informiert euch, welche Maßnahmen für ein friedliches Miteinander an eurer Schule ergriffen werden.
- Recherchiert, ob es AGs oder Projekte zu diesem Thema gibt.
- Schlagt in den Schulbüchern anderer Fächer nach, ob sich Kapitel mit dem Thema „Frieden" beschäftigen.
- Seht auf der Homepage eurer Schule nach, ob dort die Förderung des friedlichen Zusammenlebens thematisiert wird.

3 Fasst eure Ergebnisse aus Aufgabe 1 und 2 mithilfe einer Mindmap zusammen.

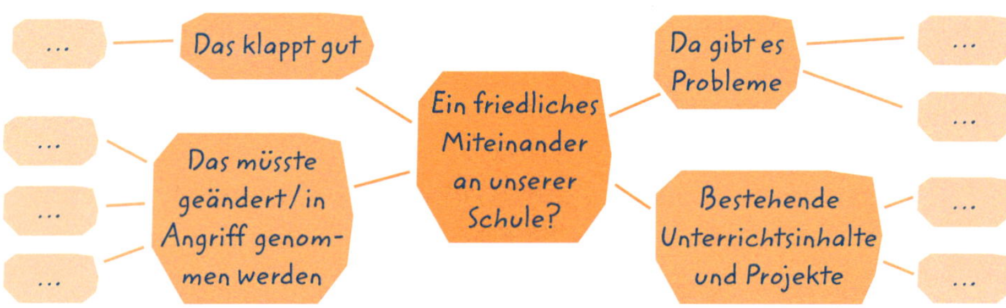

4 Sammelt Ideen zum Thema „Gegen Gewalt – für ein friedliches Miteinander an unserer Schule" für einen Redewettbewerb in eurer Klasse.

5 Seht euch den Schreibplan für eine Rede an. Übertragt ihn in euer Heft und ergänzt ihn mithilfe eurer Ergebnisse aus Aufgabe 3 und 4.

Schreibplan für eine eigene Rede

Aufbau	Planungsnotizen
Einleitung • Begrüßung der Zuschauer/Zuhörer • Thema nennen und begründen • Interesse wecken, z. B. Zitat, konkrete Situation, überraschende These	...
Hauptteil • Schilderung des gegenwärtigen Zustands • evtl. Blick in die Vergangenheit • Argumente und Beispiele, z. B. vom schwächsten zum stärksten angeordnet/Entkräftung eines Gegenarguments • ...	...
Schlussteil • Blick in die Zukunft/Vorwegnahme des idealen Zustandes • Aufforderung/Appell	...

alternativ: als kontroverse Erörterung aufbauen und Pro- und Kontra-Argumente einander gegenüberstellen

6 Gestaltet eure Rede mithilfe von sprachlichen Mitteln überzeugender. Ihr könnt dazu die folgenden Beispiele nutzen oder euch eigene überlegen.

→ Sprachliche Mittel Seite 260/261

Vergleich, z. B. Schüler verhalten sich auf dem Schulhof leider oft wie …

Rhetorische Frage, z. B. Ist es nicht schade, dass … ?

Captatio benevolentiae, z. B. Ich weiß, dass viele bereits etwas für unsere Schule tun …

Aufzählung, z. B. Ich habe genug von den Hänseleien, den großen und kleinen Gemeinheiten, den …

7 Stellt eure Schreibpläne einer Partnerin oder einem Partner vor. Gebt euch gegenseitig ein Feedback und formuliert Verbesserungsvorschläge zu eurer Planung.

→ **T5** Feedback geben Seite 236

8 Verfasst eine Rede zum Thema „Gegen Gewalt – für ein friedliches Miteinander an unserer Schule". Nutzt dazu die Formulierungshilfen.

→ **T4** Fehleranalyse und Textüberarbeitung Seite 227–233

Formulierungshilfen zum Verfassen einer Rede

- Liebe Zuhörer/liebe Mitschülerinnen und Mitschüler/liebe Klasse …
- Ich möchte heute über das Thema … sprechen./Das Thema, mit dem ich mich in dieser Rede auseinandersetze, ist …
- Mich beschäftigt vor allem die Frage …/Jeder von uns hat schon einmal erlebt, dass …/Zu Beginn möchte ich euch ein Beispiel geben …
- Ich behaupte, dass …/Die These, die ich im Folgenden darlegen werde, lautet …
- Verfolgt man das aktuelle Geschehen, so stellt man fest …/Das Problem, das ich momentan sehe, ist …/In der Vergangenheit war es oft so, dass …
- Für meine Behauptung spricht zum Beispiel, dass …/Besonders wichtig erscheint mir, dass …/Das führt auch dazu, dass …/Ein einfaches Beispiel ist …
- Einige mögen sicher behaupten, dass …/Dagegen spricht aber, dass …/Dem möchte ich entgegenhalten, dass …
- Für die Zukunft stelle ich mir vor, dass …/Ich würde mir wünschen, dass …
- Auch euch möchte ich dazu aufrufen …
- Ich danke für eure Aufmerksamkeit …

9 EXTRA Stellt die Rede eurer Partnerin oder eurem Partner vor. Verbessert sie gegebenenfalls.

○ Aufgabe 1, 3 ◒ Aufgabe 2, 4, 5, 7 ● Aufgabe 6, 8, 9 EXTRA

Ein friedliches Miteinander – aber wie?

Reden vortragen und Rückmeldungen geben

T1 Sprechen und Zuhören Seite 165/166

Achtet auf die Ironie der „Ratschläge".

1 Der Schriftsteller Kurt Tucholsky hat sogenannte „Ratschläge für einen schlechten Redner" formuliert. Lest die folgenden Ausschnitte. Formuliert sie in Tipps für erfolgreiche Reden um.

Fang nie mit dem Anfang an, sondern immer drei Meilen vor dem Anfang!

Sprich nicht frei – das macht einen so unruhigen Eindruck.

Am besten ist es: du liest deine Rede ab. Das ist sicher, zuverlässig, auch freut es jedermann, wenn der lesende Redner nach jedem viertel Satz misstrauisch hochblickt, ob auch noch alle da sind.

Sprich unbekümmert um die Wirkung, um die Leute, um die Luft im Saale; immer sprich, mein Guter.

Sprich mit langen, langen Sätzen – solchen, bei denen du, der du dich zu Hause, wo du ja die Ruhe, deren du so sehr benötigst, deiner Kinder ungeachtet, hast, vorbereitest, genau weißt, wie das Ende ist, die Nebensätze schön ineinander geschachtelt, sodass der Hörer, ungeduldig auf seinem Sitz hin und her träumend, sich in einem Kolleg wähnend, in dem er früher so gern geschlummert hat, auf das Ende solcher Periode wartet … nun ich habe dir eben ein Beispiel gegeben. So musst du sprechen.

2 Besprecht, welche Kriterien man beachten muss, wenn man eine Rede überzeugend vortragen möchte. Notiert euch dafür Tipps zu den folgenden Punkten.

Mimik | Gestik | Körperhaltung | Sprechweise

3 Fertigt zu eurer eigenen Rede von Seite 44/45 Notizen und Randbemerkungen zur Vortragsweise an. Orientiert euch an den folgenden Fragen.
- Welche Stellen sollten besonders betont werden?
- Wo sollte eine Pause gemacht werden?
- Welche Aussagen können durch Mimik oder Gestik unterstrichen werden?

4 Tragt euch eure Reden in Gruppen vor. Gebt euch eine Rückmeldung zur Vortragsweise mithilfe der Tipps aus Aufgabe 1 und 2.

5 Diskutiert im Anschluss an Aufgabe 4 in der Gruppe, welche Rede am überzeugendsten war. Wählt einen Gruppensieger.

6 Veranstaltet nun einen Redewettbewerb in eurer Klasse.
- Alle Gruppensieger aus Aufgabe 5 tragen ihre Reden in der Klasse vor.
- Die Zuhörer beurteilen dabei die Leistung der Redner mithilfe des folgenden Beobachtungsbogens.

Material
p5n42f

Beobachtungsbogen Rede					
Teilnehmer:					
1. Aufbau/Gliederung	++	+	–	– –	
weckt in der Einleitung Interesse					regt nicht zum Zuhören an
gliedert die Rede klar					spricht durcheinander
überzeugt am Schluss					kann am Schluss nicht überzeugen
2. Argumentation/ Überzeugungskraft	++	+	–	– –	
argumentiert glaubwürdig und überzeugend					argumentiert nicht glaubwürdig und überzeugend
bringt Beispiele zur Stützung der Argumente ein					nennt keine Beispiele zur Stützung der Argumente
bleibt beim Thema					schweift vom Thema ab
3. Vortragsweise	++	+	–	– –	
spricht die Zuhörer direkt an					geht nicht auf Zuhörer ein
unterstreicht seinen Vortrag durch passende Gestik und Mimik					zeigt keinen Einsatz von Gestik und Mimik
hat eine sichere Körperhaltung					wirkt unsicher
spricht laut, deutlich und betont					spricht leise, undeutlich oder monoton

7 Tauscht euch mithilfe eurer Beobachtungsbögen darüber aus, wessen Rede am meisten überzeugen konnte. Bestimmt den Sieger eures Redewettbewerbs.

8 EXTRA Recherchiert im Internet nach Filmen von Reden bekannter Persönlichkeiten zum Thema „Friedlich miteinander leben“. Seht euch diese Reden an und untersucht die Vortragsweise. Nehmt Stellung dazu, wie überzeugend die jeweilige Rede ist.

○ Aufgabe 2 ◒ Aufgabe 1, 3, 4 ● Aufgabe 5, 6, 7, 8 EXTRA

Globalisierung hier und da

Mitschriften und Protokolle verfassen

T1 Sprechen und Zuhören Seite 169/170

1 Überlegt mithilfe der Bilder, in welchen Situationen es wichtig ist, beim Zuhören mitzuschreiben und ein Protokoll anzufertigen.

2 Besprecht, welche der folgenden Protokollformen ihr kennt und was ihr euch unter den anderen vorstellt. Erklärt, zu welchem Zweck solche Protokolle verfasst werden.

Verlaufsprotokoll | Ergebnisprotokoll | Unfallprotokoll | Fahrtenschreiber

Sitzungsprotokoll | Versuchsprotokoll | Gesprächsprotokoll | Flugschreiber

Unterrichtsprotokoll | Stichwortprotokoll | Gerichtsprotokoll

Hörverstehen e2q36n

Konjunktivformen Seite 256/257

T4 Konjunktiv I verwenden Seite 216

3 Hört euch die „Berliner Rede" von Johannes Rau über die Chancen der Globalisierung mithilfe des Online-Codes an. Tauscht euch darüber aus, was ihr beim ersten Hören bereits verstanden habt.

4 Ein Schüler hat zu der Rede von Johannes Rau eine Mitschrift angefertigt. Seht euch den folgenden Ausschnitt an. Beschreibt, wie er dabei vorgegangen ist.

Mitschrift zur „Berliner Rede" von Johannes Rau am 13. Mai 2002 in Berlin

1. Einleitung: Begriff Globalisierung: vor drei Jahren noch unbekannt, heute in allen Debatten etc. verwendet, allen geläufig
2. Beispiele für Globalisierung:
- Globalisierung = weltweite Konkurrenz für Firmen
- Globalisierung = E-Mails aus aller Welt
- Globalisierung = ...

5 Hört euch die Rede von Johannes Rau ein weiteres Mal an. Fertigt dazu eine eigene Mitschrift an. Nutzt dazu die folgende Arbeitstechnik.

Arbeitstechnik

Mitschriften zu einem gesprochenen Text anfertigen

Wörtliche Mitschriften sind meist nicht möglich, deshalb fasst man am besten die Hauptgedanken der gehörten Texte zusammen.

1. Man lässt auf einem Blatt einen breiten Rand für spätere Ergänzungen.
2. Man schreibt erst dann etwas auf, wenn ein Satz oder ein Gedankengang beendet ist. Am besten notiert man Stichwörter oder verkürzte Sätze.
3. In den eigenen Notizen kann das Wichtigste durch Unterstreichungen, Markierungen etc. hervorgehoben werden.
4. Abkürzungen, Pfeile und andere Zeichen veranschaulichen die Zusammenhänge.
5. Besondere Begriffe, Namen, Termine, Titel usw. notiert man möglichst genau.
6. Auch (kurze) Zitate können aufgeschrieben werden.

6 Verfasst nun auf der Grundlage eurer Mitschriften aus Aufgabe 5 ein Protokoll der Rede von Johannes Rau. Nutzt dafür die folgende Arbeitstechnik.

Nutzt als Formulierungshilfen die Verben zur Redewiedergabe auf Seite 39.

Arbeitstechnik

Protokolle anfertigen

Die häufigsten Protokolle sind **Verlaufs**- oder **Ergebnisprotokolle**.
Bei einem **Verlaufsprotokoll** werden **Angaben zu Handlungsabläufen und zur Reihenfolge** der Redebeiträge gemacht: *„Zunächst erklärte …, dann wurde abgestimmt."*
Bei einem **Ergebnisprotokoll** werden nur **wichtige Informationen, Aussagen und Beschlüsse** festgehalten, ohne die Abfolge zu benennen.

Jedes Protokoll folgt einem bestimmten Aufbau. Denn es handelt sich um ein Schriftstück, das immer die gleichen Anforderungen erfüllen muss.

1. Benennt im Protokollkopf folgende Informationen:
- Art des Ereignisses (Sitzung des Schülerrats, Rede von … anlässlich …)
- Name des Protokollanten
- Datum und Zeit des Ereignisses
- Teilnehmer/Anwesende

2. Gliedert den Hauptteil:
- Konzentriert euch auf die wichtigsten Informationen.
- Schildert die Teilergebnisse in der richtigen Reihenfolge.
- Formuliert knapp, aber genau.
- Vermeidet Unwichtiges.

3. Der Schluss muss folgende Angaben enthalten:
- Datum und Ort der Anfertigung
- Unterschrift oder Name des Protokollanten

„Einsatz für Frieden und Stabilität?“

Politischen Sprachgebrauch untersuchen

→ **T1** Sprechen und Zuhören Seite 164/165

1 Sammelt in einem Blitzlicht, was ihr mit dem Begriff „Krieg“ verbindet.

2 In der öffentlichen Debatte verwenden Politiker unterschiedliche Begriffe, wenn sie über Kriegseinsätze sprechen. Überlegt, welche unterschiedlichen Assoziationen[1] die folgenden Begriffe wecken und wie sie auf den Hörer wirken.

1 Verknüpfungen, Verbindungen

Stabilisierungseinsatz | Krieg | Feldzug | Kampf | Friedenseinsatz | Mission

Merke

Sprache bildet die Realität nicht objektiv ab. In jeder Bezeichnung schwingen Aussagen und auch Wertungen über das Bezeichnete mit. Durch Sprache können Sachverhalte auf- oder abgewertet werden.
Häufig werden **Euphemismen** (Singular: Euphemismus) verwendet, um unangenehme Dinge zu umschreiben oder zu beschönigen, z. B.: *„Friedenseinsatz“* statt *„Krieg“*.

Stigmawörter dienen dazu, sich von Gegnern abzugrenzen, indem darin bewusst Sachverhalte abgewertet und negativ dargestellt werden, z. B.: *„Feldzug“* oder *„Kampftruppen“*.

3 Lest den folgenden Text. Schreibt heraus, welche anderen Begriffe für „Krieg“ darin verwendet werden.

Robert Birnbaum, Frank Jansen, Angie Pohlers und Ulrike Scheffer

Von Krieg will niemand reden

Nach den Anschlägen der Terrororganisation „Islamischer Staat“ in Paris, bei denen 130 Menschen getötet und viele hundert verletzt wurden, wurde in Deutschland über eine Beteiligung am militärischen Einsatz Frankreichs gegen den IS in Syrien diskutiert.

Die Bundesregierung stellt sich an die Seite Frankreichs und beteiligt sich am internationalen Kampf gegen die Terrormiliz „Islamischer Staat“ (IS). […] Heute beschäftigt sich der Bundestag in erster Lesung mit dem Einsatz. Zieht die Bundeswehr jetzt in einen neuen Kriegseinsatz? Diese Frage bringt manchen Vertreter der Regierungsparteien in Erklärungsnot. Am deutlichsten lässt sich das bei der CSU erkennen. […] Chefin Gerda Hasselfeldt führte am Dienstag auch einen Eiertanz um das Reizwort „Krieg“ auf. „Das ist kein Kriegseinsatz, sondern ein Signal der Solidarität mit Frankreich“, betonte sie. Auch eine „Kriegsbeteiligung“ will sie nicht erkennen, obwohl […] deutsche Tornados die Bomberziele ja nicht zu Übungszwecken ausspähten. Aber Hasselfeldt definierte sich den Krieg passend: „Wir bomben nicht.“ Auch Verteidigungsministerin Ursula von der Leyen (CDU) ist das Wort Krieg bisher nicht über die Lippen gekommen. Dort „prallen ja nicht zwei Staaten aufeinander“, sagte sie kürzlich in der ARD und sprach stattdessen von einem „bewaffneten Konflikt“. Bei der SPD redet man ohnehin lieber von Frieden denn vom Krieg. Familienministerin Manuela Schwesig (SPD) legte am Dienstag Wert darauf, zu erläutern, dass die „militärischen Mittel“ nicht die einzige „Maßnahme“ gegen den IS seien. Diese seien „eingebettet in einen Befriedungsprozess“. […]

4 Begründet, warum die Politiker das Wort „Krieg“ vermeiden. Erklärt, wie sich die Beurteilung des Bundeswehreinsatzes verändert, wenn man andere Wörter dafür verwendet.

5 Nehmt Stellung zur Wortwahl der einzelnen Politiker. Welche Begriffe seht ihr kritisch, welche findet ihr treffend? Begründet eure Position.

6 Sammelt, welche politischen Talkshows es im Fernsehen gibt. Welche davon habt ihr schon einmal gesehen? Besprecht, was ihr von diesen Sendungen haltet.

7 Einigt euch auf eine Talkshow, die ihr näher untersuchen möchtet. Seht euch eine Sendung zu Hause oder gemeinsam in der Klasse an.
- Analysiert den Auftritt der Gäste und des Moderators mithilfe des Beobachtungsbogens. Verteilt dazu die Beobachtungsaufträge untereinander.
- Tauscht euch anschließend über eure Ergebnisse aus.

Material nk8a7b

Beobachtungsbogen Talkshow						
Titel der Talkshow:						
Thema/Streitfrage der Debatte:						
Beteiligte Personen (Name und Amt/Funktion)		1. …	2. …	3. …	…	…
Position zur Streitfrage		…	…	…	…	…
Beobachtungsaufträge	Redeanteile (Wer spricht wie häufig?)					
	Argumente					
	Wertende Begriffe (z. B. Euphemismen, Stigmawörter)					
	Reaktionen des Publikums					
	Verhalten des Moderators (Wo greift er/sie ein? Wo bleibt er/sie im Hintergrund?)					

Legt am besten eine Strichliste an.

8 Nehmt Stellung dazu, wessen Argumentationsweise euch am meisten überzeugt hat. Begründet eure Position.

9 EXTRA Bewertet, inwiefern die Talkshow für euch als Zuschauer gewinnbringend war.

○ Aufgabe 1, 3, 6 ◒ Aufgabe 2, 4 ● Aufgabe 5, 7, 8, 9 EXTRA

T3 Umgang mit Sachtexten Seite 202–208

Meinung oder Information?!

Imagebildung durch Massenmedien untersuchen

1 Seht euch die folgenden Textnachrichten an. Tauscht euch darüber aus, wie die Äußerungen auf euch wirken.

IMMER INFORMIERT @immerinformiert 9. Mai
Forscherin in Spanien entdeckt Raupenart, die Plastik frisst.

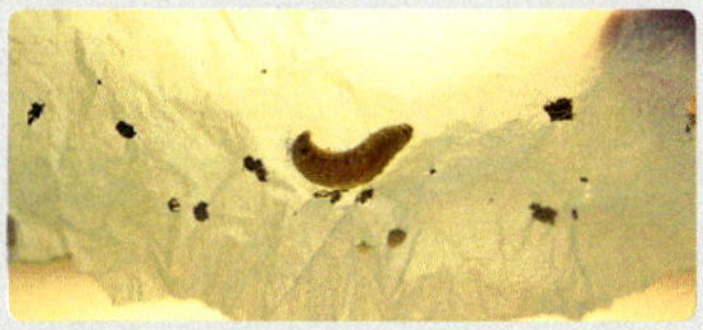

paulschroe hat retweetet
paulschroe @paulschroe 9. Mai
Schaffen wir uns den Müll endlich vom Hals!

IMMER INFORMIERT @immerinformiert 9. Mai
Forscherin in Spanien entdeckt Raupenart, die Plastik frisst.

partei @vorstand 18. August
Unsere Kandidaten vertreten euch wirklich #gehwählen

anderepartei @vorstand 18. August
Wollt ihr wirklich mit denen in die Zukunft gehen? Überlegt es euch gut #gehwählen

partei @vorstand 22. August
Wir warten auf euch beim Bürgerempfang im großen Saal #partei #großersaal #gehwählen

2 Lest den folgenden Text. Klärt unbekannte Begriffe. Fasst die wichtigsten Aussagen mit eigenen Worten zusammen.

Heiko Girnth

Sprache und Politik – Ziele der Sprachverwendung

Politisches Sprachhandeln hat […] eine […] wichtige Funktion, die in Zeiten der zunehmenden Personalisierung und Medialisierung besondere Relevanz erlangt […]: die Imagebildungsfunktion. Diese Funktion zielt auf die Selbstdarstellung und Profilierungsfunktion von Politikern und hatte spätestens 2002 mit dem Fernsehduell zwischen den Spitzenkandidaten Gerhard Schröder und Edmund Stoiber einen medialen Höhepunkt. Im Idealfall präsentieren sich Politiker als volksnah, authentisch, sympathisch, kompetent, souverän und unverwechselbar. Mit Bodenständigkeit und Volksnähe soll dem Image der Politiker als den Abgehobenen, als „denen da oben" entgegengesteuert werden. Für Politiker bieten sich hierzu zahlreiche

Möglichkeiten, die vom Bürgergespräch über Wahlkampfveranstaltungen bis hin zu politischen Talkshows oder Personality-Talkshows reichen. Auch das Internet erweist sich als ideales Medium, um sich optimal zu „vermarkten". Eigene Homepages, Weblogs und Plattformen wie Youtube und Facebook vermitteln das Bild moderner Politiker, die Bürgernähe pflegen und sich hochkompetent den Herausforderungen der Zeit stellen.
Dies zeigt auch das Beispiel *Twitter* […]. Die Textnachrichten (*updates* oder *tweets*) haben einen Umfang von maximal 140 Zeichen, können von Benutzern *(Followern)* abonniert werden und werden chronologisch in einem Blog dargestellt. Heute benutzen zahlreiche Politikerinnen und Politiker *Twitter*. Themen von *Twitter* sind das politische Tagesgeschäft, das aktuelle politische Geschehen, Alltagsthemen und persönliche Einstellungen. Die in *Twitter* realisierten Sprachhandlungen sind INFORMIEREN, KOMMENTIEREN, BEWERTEN, AKTIVIEREN, WERBEN, LEGITIMIEREN und PROFILIEREN. […]

3 Benennt, welche Funktion Textnachrichten haben und welche Wirkung die Verfasser damit beabsichtigen.

4 Wählt Aufgabe A oder B aus. Stellt eure Arbeitsergebnisse anschließend in der Klasse vor.
A Arbeitet heraus, welche Funktionen laut Heiko Girnth die Beiträge von Politikern in sozialen Netzwerken haben.
B Beantwortet die folgenden Fragen zum Text mit eigenen Worten.
- Worin besteht die „Imagebildungsfunktion" des politischen Sprachhandelns?
- Welche Wirkung beabsichtigen Politiker mit ihrer Darstellung in der Öffentlichkeit?
- Welche Sprachhandlungen unterscheidet Heiko Girnth am Ende des Textes?
- Erklärt die groß gedruckten Begriffe mit eigenen Worten.

5 Seht euch noch einmal die Textnachrichten auf der linken Seite an. Ordnet sie den von Heiko Girnth genannten Phänomenen zu.

6 Tauscht euch darüber aus, inwieweit die im Text dargestellten Phänomene auch in anderen Medien, z. B. im Fernsehen (Talkshows, Interviews, Nachrichtensendungen) vorkommen.

7 Seht euch die folgende Aussage an. Nehmt schriftlich Stellung dazu.

> *Über soziale Netzwerke lassen Politiker Bürger auf direktem Weg am politischen Geschehen teilhaben und informieren schnell und verständlich über wichtige Themen.*

8 EXTRA Recherchiert in sozialen Netzwerken nach weiteren Beispielen für die im Text genannten Phänomene.

Teste dich selbst!

Wie konntest du Aufgabe 1 lösen?

😐 → Seite 202–205
🙂 → Seite 207 EXTRA

1 Lies die folgenden Texte. Beschreibe die Redesituation.

Die Tradition der Berliner Rede

Im Jahre 1997 gründete der damalige Bundespräsident Roman Herzog mit einer wichtigen Rede zur Situation Deutschlands die Tradition der „Berliner Rede". In den folgenden Jahren wurde die „Berliner Rede" jeweils von anderen wichtigen Persönlichkeiten gehalten. Johannes Rau, der von 1999 bis 2004 Bundespräsident war, griff die Idee der „Berliner Rede" auf und hielt jedes Jahr eine Ansprache, in der er auf gesellschaftliche Entwicklungen und Grundsatzdebatten einging. 2002 hielt Rau die „Berliner Rede" im Museum für Kommunikation in Berlin.

Johannes Rau

Chance, nicht Schicksal – die Globalisierung politisch gestalten

Vor drei Jahren hatte die Hälfte der Deutschen den Begriff Globalisierung noch nie gehört. Heute kennt ihn praktisch jeder. Keine politische Debatte, keine Rede zur Zukunft der Gesellschaft, keine wirtschaftliche Analyse kommt ohne dieses Wort aus. […]
Es hat mit Globalisierung zu tun, wenn die Firma, in der man arbeitet, plötzlich mit Betrieben aus Gegenden der Welt konkurriert, von denen man bisher kaum gehört hatte. Es hat mit Globalisierung zu tun, wenn sich junge Leute, die durch die Anden wandern, aus dem Internetcafé in Quito bei ihren Eltern in Oberursel melden und mal eben per E-Mail die ersten digitalen Fotos schicken. Es hat mit Globalisierung zu tun, wenn wir vom PC aus unseren Urlaub buchen und wenn Studenten sich nachmittags aus dem Internet Material aus Amerika für ihre Hausarbeit holen.
Es hat mit Globalisierung zu tun, wenn in dem Auto, das wir kaufen, die Teile aus vielen Ländern kommen, wenn also das „Made in Germany" manchmal nur noch für die Idee, für die Endmontage oder für den Namen steht. […]
Nein, die Globalisierung ist kein Naturereignis. Sie ist von Menschen gewollt und gemacht. Darum können Menschen sie auch verändern, gestalten und in gute Bahnen lenken. […] Die Globalisierung gestalten kann nur, wer klare Wertvorstellungen jenseits des Wirtschaftlichen hat. Wir müssen uns darüber klar werden, wie wir Freiheit und Gerechtigkeit für alle Menschen in Zeiten der Globalisierung sichern und fördern können. […]
Wirtschaftliche Freiheit baut wie alle Freiheit auf Voraussetzungen auf und lebt von Bindungen. Sie ist schnell am Ende, wo keine Ordnung besteht und wo diese Ordnung nicht durchgesetzt werden kann. Dem Markt einen Rahmen zu geben und den Wettbewerb fair zu organisieren, das zählt zu den großen Kulturleistungen der Menschheit. […]
Die Globalisierung wird dann ein Erfolg, wenn die Dynamik der Marktkräfte politisch in gute Bahnen gelenkt wird. Die Menschen überall auf der

Welt müssen erleben, dass sie im Mittelpunkt stehen. Sie müssen erkennen können: Die Politik und die Wirtschaft werden um der Menschen willen gemacht. Das gilt es neu zu entdecken.

2 Erkläre mit eigenen Worten, was Rau mit den folgenden Aussagen meint.

„Nein, die Globalisierung ist kein Naturereignis.“ (Zeile 16)
„Die Globalisierung gestalten kann nur, wer klare Wertvorstellungen jenseits des Wirtschaftlichen hat.“ (Zeile 18/19)
„Dem Markt einen Rahmen zu geben und den Wettbewerb fair zu organisieren, das zählt zu den großen Kulturleistungen der Menschheit.“ (Zeile 24–26)

Wie konntest du Aufgabe 2 lösen?
😐 → Seite 202–207
🙂 → Seite 207/208 **EXTRA**

3 Untersuche den Aufbau der Rede. Übernimm dazu die folgende Tabelle in dein Heft und ergänze sie.

Abschnitt	Inhalt	Funktion für die Argumentation
Zeile 1–4	...	...
Zeile 5–15	...	...
Zeile 16–31	...	...

4 Verfasse eine strukturierte Inhaltsangabe der Rede von Johannes Rau. Benenne darin mithilfe passender Verben zur Redewiedergabe die Sprechhandlungen.

5 Arbeite die sprachlichen Mittel aus dem Text heraus. Erkläre auch ihre Wirkung.

6 Schreibe aus dem Text Beispiele für Faktenargumente und für normative Argumente heraus.

7 Bewerte, inwiefern du Raus Argumentation überzeugend findest.

Wie konntest du Aufgabe 3 bis 7 lösen?
😐 → Seite 202–207
🙂 → Seite 207/208 **EXTRA**

8 „Niemals Gewalt“ forderte Astrid Lindgren in ihrer Rede anlässlich der Verleihung des Friedenspreises des Deutschen Buchhandels auf Seite 32/33. Plane eine eigene Rede über dieses Thema. Erstelle dazu einen Schreibplan.

Wie konntest du Aufgabe 8 lösen?
😐 → Seite 177/178
🙂 → Seite 178 **EXTRA**

9 Formuliere fünf Dinge, die man beim Vortragen einer Rede auf keinen Fall machen sollte.

Wie konntest du Aufgabe 9 lösen?
😐 → Seite 165/166
🙂 → Seite 166 **EXTRA**

10 Nimm Stellung zur folgenden Aussage. Verwende dabei die Begriffe „Euphemismus“ und „Stigmawort“.

„Wer die Dinge benennt, beherrscht sie.“

Wie konntest du Aufgabe 10 lösen?
😐 → Seite 164
🙂 → Seite 164/165 **EXTRA**

Bist du fit für die Prüfung? Teste dich auf → Seite 140/141

3

„Der Besuch der alten Dame“

Einen Dramentext erschließen

1 Vergleicht die Bilder aus den verschiedenen Aufführungen und Filmen.

2 Formuliert in einem kurzen Brainstorming, was ihr von einem Drama mit dem Titel „Der Besuch der alten Dame“ erwartet.

3 Tragt zusammen, was ihr über Dramentexte wisst. Erklärt dazu die folgenden Begriffe.

Bühnenanweisung | Dialog | Requisiten | Akt | Szene | Schauplatz | Monolog

Jetzt lernt ihr, ...

... die Ausgangssituation eines Dramas zu untersuchen.

... den zentralen Konflikt in einem Drama herauszuarbeiten.

... die Raum- und Zeitgestaltung zu deuten.

... eine Figurencharakterisierung vorzubereiten und zu verfassen.

... den Schluss eines Dramas zu analysieren.

... die Textsorte „Rezension" auszuwerten.

... Arten des Dramas zu unterscheiden.

Warten auf die alte Dame

Die Ausgangssituation eines Dramas untersuchen

T3 Umgang mit literarischen Texten Seite 191/192

1 Seht euch die Figurenliste an. Tauscht euch über Auffälligkeiten aus.

Friedrich Dürrenmatt

Der Besuch der alten Dame[1]

Die Besucher:	*Die Besuchten:*	*Die Sonstigen:*
Claire Zachanassian, geb. Wäscher, Multimillionärin (Armenian-Oil), ihre Gatten VII–IX, der Butler, Toby und Roby (kaugummikauend), Koby und Loby (blind)	Ill, seine Frau, seine Tochter, sein Sohn, der Bürgermeister, der Pfarrer, der Lehrer, der Arzt, der Polizist; der Erste, der Zweite, der Dritte, der Vierte (Bürger); der Maler, erste Frau, zweite Frau, Fräulein Luise	Bahnhofsvorstand, Zugführer, Kondukteur[2], Pfändungsbeamter *Die Lästigen:* Pressemann I, Pressemann II, Radioreporter, Kameramann

1 Das Drama „Der Besuch der alten Dame" ist aus rechtlichen Gründen in alter Rechtschreibung gedruckt.
2 Schaffner

2 Notiert mithilfe der folgenden Bühnenanweisung Informationen zu Figuren, Ort und Zeit des Dramas.

Bühnenanweisung

Glockenton eines Bahnhofs, bevor der Vorhang aufgeht. Dann die Inschrift: Güllen. Offenbar der Name der kleinen Stadt, die im Hintergrund angedeutet ist, ruiniert, zerfallen. Auch das Bahnhofsgebäude verwahrlost, je nach Land mit oder ohne Absperrung, ein halbzerrissener Fahrplan an der Mauer, ein verrostetes Stellwerk, eine Türe mit der Aufschrift: Eintritt verboten. Dann, in der Mitte, die erbärmliche Bahnhofstraße. Auch sie nur angedeutet. Links ein kleines Häuschen, kahl, Ziegeldach, zerfetzte Plakate an der fensterlosen Mauer. Links Tafel: Frauen, rechts: Männer. Alles in eine heiße Herbstsonne getaucht. Vor dem Häuschen eine Bank, auf ihr vier Männer. Ein fünfter, aufs unbeschreiblichste verwahrlost, wie die andern, beschreibt ein Transparent mit roter Farbe, offenbar für einen Umzug: Willkommen Kläri. Das donnernde, stampfende Geräusch eines vorbeirasenden Schnellzuges. Vor dem Bahnhof der Bahnhofsvorstand salutierend. Die Männer auf der Bank deuten mit einer Kopfbewegung von links nach rechts an, daß sie den vorbeirasenden Expreß verfolgen.

3 EXTRA Fertigt zu der Bühnenanweisung eine Skizze an.

T5 Szenisch spielen Seite 245

4 Spielt die folgende Szene. Achtet auf passende Mimik und Gestik. Setzt den Dialog fort: Lasst die Bürger über die Hoffnungen sprechen, die sie mit dem Besuch der alten Dame verbinden.

Der Erste Die „Gudrun", Hamburg–Neapel.

Der Zweite Um elfuhrsiebenundzwanzig kommt der „Rasende Roland", Venedig–Stockholm.

Der Dritte Das einzige Vergnügen, das wir noch haben: Zügen nachschauen.

Der Vierte Vor fünf Jahren hielten die „Gudrun" und der „Rasende Roland" in Güllen. Dazu noch der „Diplomat" und die „Lorelei", alles Expreßzüge von Bedeutung.

Der Erste Von Weltbedeutung.

Glockenton.

Der Zweite Nun halten nicht einmal die Personenzüge. Nur zwei von Kaffigen und der Einuhrdreizehn von Kalberstadt.

Der Dritte Ruiniert.

Der Vierte Die Wagnerwerke zusammengekracht.

Der Erste Bockmann bankrott.

Der Zweite Die Platz-an-der-Sonne-Hütte eingegangen.

Der Dritte Leben von der Arbeitslosenunterstützung.

Der Vierte Von der Suppenanstalt.

Der Erste Leben?

Der Zweite Vegetieren.

Der Dritte Krepieren.

Der Vierte Das ganze Städtchen. […]

Der Zweite Höchste Zeit, daß die Milliardärin kommt. […]

In einer weiteren Unterhaltung wird deutlich, dass der Bürger Alfred Ill früher mit der jetzt erwarteten Milliardärin Claire Zachanassian (früher: Klara Wäscher, eine verrufene junge Frau) ein Verhältnis hatte. Nach dem außerplanmäßigen Halt des Zuges steigt die Milliardärin mit ihrem Gefolge aus. Sie wird vom Bürgermeister, Ill und den anderen Bürgern begrüßt.

[…] *Sie geht auf Ill zu, der ihr etwas verlegen entgegengetreten ist.*

Ill Klara.

Claire Zachanassian Alfred.

Ill Schön, daß du gekommen bist.

Claire Zachanassian Das habe ich mir immer vorgenommen. Mein Leben lang, seit ich Güllen verlassen habe.

Ill *unsicher* Das ist lieb von dir.

Claire Zachanassian Auch du hast an mich gedacht?

Ill Natürlich. Immer. Das weißt du doch, Klara.

Claire Zachanassian Es war wunderbar, all die Tage, da wir zusammen waren.

Ill *stolz* Eben. *Zum Lehrer* Sehen Sie, Herr Lehrer, die habe ich im Sack. […]

5 Besprecht, welcher Konflikt sich in den Textausschnitten auf dieser Seite abzeichnet.

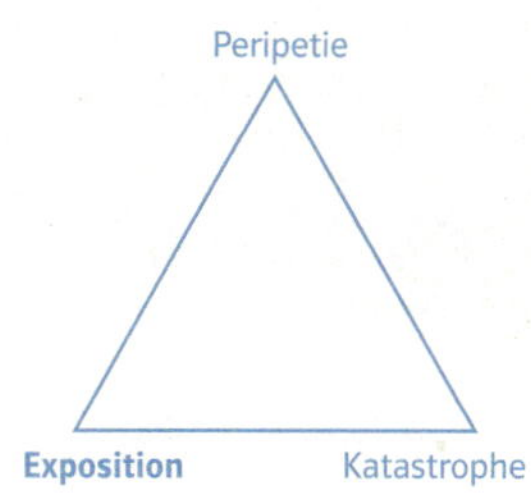

Aufbau eines Dramas

Merke

Die Einführung in das Drama nennt man **Exposition**. Darin treten die **Hauptfiguren** das erste Mal auf. Es wird angedeutet, welche **Konflikte** es zwischen ihnen gibt und wie sie die **Handlung** beeinflussen.

6 EXTRA Notiert in Stichpunkten, wie die Handlung weitergehen könnte.

T3 Umgang mit literarischen Texten Seite 194

Ein vergiftetes Geschenk

Einen zentralen Konflikt herausarbeiten

1 Überlegt, was für euch Gerechtigkeit bedeutet. Nennt Beispiele für gerechtes und ungerechtes Verhalten.

2 Lest den Textausschnitt. Bewertet Claires Aussage, dass man auch Gerechtigkeit kaufen könne.

Die Bewohner hoffen, dass die mittlerweile steinreich gewordene Claire aufgrund ihrer einstigen Verbindung zur Stadt großzügig ist und ihnen aus der wirtschaftlichen Krise hilft. Die Güllener bereiten ihr einen feierlichen Empfang im Gemeindesaal.

Claire Zachanassian Bürgermeister, Güllener. Eure selbstlose Freude über meinen Besuch rührt mich. Ich war zwar ein etwas anderes Kind, als ich nun in der Rede des Bürgermeisters vorkomme, in der Schule wurde ich geprügelt, und die Kartoffeln für die Witwe Boll habe ich gestohlen, gemeinsam mit Ill, nicht um die alte Kupplerin vor dem Hungertode zu bewahren, sondern um mit Ill einmal im Bett zu liegen, wo es bequemer war als im Konradsweilerwald oder in der Peterschen Scheune. Um jedoch meinen Beitrag an eure Freude zu leisten, will ich gleich erklären, daß ich bereit bin, Güllen eine Milliarde zu schenken. Fünfhundert Millionen der Stadt und fünfhundert Millionen verteilt auf alle Familien.

Totenstille.

Der Bürgermeister *stotternd* Eine Milliarde.

Alle immer noch in Erstarrung.

Claire Zachanassian Unter einer Bedingung.

Alle brechen in einen unbeschreiblichen Jubel aus. Tanzen herum, steigen auf die Stühle, der Turner turnt usw. Ill trommelt sich begeistert auf die Brust.

Ill Die Klara! Goldig! Wunderbar! Zum Kugeln! Voll und ganz mein Zauberhexchen!

Er küßt sie.

Der Bürgermeister Unter einer Bedingung, haben gnädige Frau gesagt. Darf ich diese Bedingung wissen?

Claire Zachanassian Ich will die Bedingung nennen. Ich gebe euch eine Milliarde und kaufe mir dafür die Gerechtigkeit.

Totenstille.

Der Bürgermeister Wie ist das zu verstehen, gnädige Frau?

Claire Zachanassian Wie ich es sagte.

Der Bürgermeister Die Gerechtigkeit kann man doch nicht kaufen!

Claire Zachanassian Man kann alles kaufen.

[…]

Verwendet die Ich-Form und das Präsens. So könnt ihr die Gedanken der Figuren zum Ausdruck bringen.

3 Was mag den Figuren durch den Kopf gehen? Bildet Gruppen zu jeder Figur.
- Verfasst zu eurer Figur einen inneren Monolog.
- Berücksichtigt dabei auch die Konflikte, die die Figur mit anderen oder mit sich selbst haben könnte.

4 Benennt mithilfe des folgenden Textausschnittes die verschiedenen Parteien. Wer steht wem gegenüber?

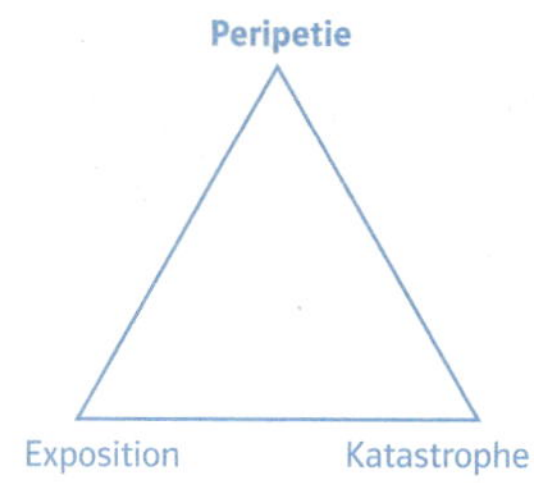

Aufbau eines Dramas

Merke

An einem gewissen Punkt des Dramas entsteht der Konflikt, an dem eine Partei aufgrund der entstandenen Zwänge nicht mehr frei handeln kann. Das nennt man **Umschwung der Handlung** oder **Peripetie**.

Claire Zachanassian lässt ihren Butler vortreten, der vor 45 Jahren Oberrichter in Güllen war. […]

Der Butler Wie ihr vernommen habt, bietet Frau Claire Zachanassian eine Milliarde und will dafür Gerechtigkeit. Mit anderen Worten: Frau Claire Zachanassian bietet eine Milliarde, wenn ihr das Unrecht wiedergutmacht, das Frau Zachanassian in Güllen angetan wurde. Herr Ill, darf ich bitten.

Ill steht auf, bleich, gleichzeitig erschrocken und verwundert.

Ill Was wollen Sie von mir? […]

Der Butler Es war im Jahre 1910. Ich war Oberrichter in Güllen und hatte eine Vaterschaftsklage zu behandeln. Claire Zachanassian, damals Klara Wäscher, klagte Sie, Herr Ill, an, der Vater ihres Kindes zu sein.

Ill schweigt.

Der Butler Sie bestritten damals die Vaterschaft, Herr Ill. Sie hatten zwei Zeugen mitgebracht.

Ill Alte Geschichten. Ich war jung und unbesonnen.

Claire Zachanassian Führt Koby und Loby vor, Toby und Roby. […]

Koby und Loby sind die Zeugen, die von Ill mit einem Liter Schnaps bestochen worden waren, um die Falschaussage zu machen und einen Meineid zu leisten, sie und nicht Ill hätten mit Klara geschlafen. Claire hatte sie ausfindig gemacht und kastrieren und blenden lassen. […]

Ill *stampft auf den Boden* Verjährt, alles verjährt! Eine alte verrückte Geschichte.

Der Butler Was geschah mit dem Kind, Klägerin?

Claire Zachanassian *leise* Es lebte ein Jahr.

Der Butler Was geschah mit Ihnen?

Claire Zachanassian Ich wurde eine Dirne.

Der Butler Weshalb?

Claire Zachanassian Das Urteil des Gerichts machte mich dazu.

Der Butler Und nun wollen Sie Gerechtigkeit, Claire Zachanassian?

Claire Zachanassian Ich kann sie mir leisten. Eine Milliarde für Güllen, wenn jemand Alfred Ill tötet.

Totenstille.

5 Beschreibt, mit welchen Mitteln Claire ihr Ziel erreichen möchte. Überlegt, wie die Gegenseite reagieren könnte.

6 EXTRA Verfasst eine Theaterszene zu der Gerichtsverhandlung von 1910. Nutzt dazu die Informationen, die der Dramenausschnitt enthält, z. B.: Richter: Wir haben heute eine Vaterschaftsklage zu verhandeln. Klägerin, legen Sie Ihre Anklage dar. Claire: …

→ T4 Konjunktiv I verwenden Seite 215/216

→ T4 Zitieren und Paraphrasieren Seite 221

Im Wald und in der Stadt

Raum- und Zeitgestaltung deuten

T3 Umgang mit literarischen Texten Seite 192/193

1 Stellt zusammen, was ihr zur Zeitgestaltung und zur Raumgestaltung in literarischen Texten wisst.

2 Untersucht, wie die Zeit im folgenden Textausschnitt dargestellt wird. Erklärt, in welchem Verhältnis die Rückblende und die Aufführungsdauer stehen.

Claire Zachanassian Der Konradsweilerwald, Roby und Toby, haltet mal an.
Die beiden Blinden Anhalten, Roby und Toby, anhalten, Boby und Moby.
Claire Zachanassian steigt aus der Sänfte, betrachtet den Wald.
Claire Zachanassian Das Herz mit deinem und meinem Namen, Alfred. Fast verblichen und auseinandergezogen. Der Baum ist gewachsen, sein Stamm, seine Äste dick geworden wie wir selber.
Sie geht zu den anderen Bäumen.
Eine deutsche Baumgruppe. Ich ging schon lange nicht mehr im Walde meiner Jugend, stampfte schon lange nicht mehr durch Laub, durch violetten Efeu. [...] Auf diesem Findling küßten wir uns. Vor mehr als fünfundvierzig Jahren. Wir liebten uns unter diesen Sträuchern, unter dieser Buche, zwischen Fliegenpilzen im Moos. Ich war siebzehn und du noch nicht zwanzig. Dann hast du Mathilde Blumhard geheiratet mit ihrem Kleinwarenladen und ich den alten Zachanassian mit seinen Milliarden aus Armenien. Er fand mich in einem Hamburger Bordell. Meine roten Haare lockten ihn an, den alten, goldenen Maikäfer. [...]

3 Erklärt, wie die Vergangenheit das Handeln von Claire in der Gegenwart beeinflusst.

4 Lest die folgenden Textausschnitte. Achtet dabei auf die parallel ablaufende Handlung.

Aus dem zweiten Akt: Auf dem Hotelbalkon und in Ills Laden: Die Bürger verschulden sich bei Ill, während die alte Dame im Hotel abwartet.

Ill Neue Schuhe. Wie konntet ihr neue Schuhe kaufen?
Die Frauen Wir ließen's aufschreiben, Herr Ill, wir ließen's aufschreiben.
Ill Ihr ließt's aufschreiben. Auch bei mir ließet ihr's aufschreiben. Besseren Tabak, bessere Milch, Kognak. Warum habt ihr denn auf einmal Kredit in den Geschäften?
Der Zweite Bei dir haben wir ja auch Kredit.
Ill Womit wollt ihr zahlen?
Schweigen. Er beginnt die Kundschaft mit Waren zu bewerfen. Alle flüchten.
Ill Womit wollt ihr zahlen? Womit wollt ihr zahlen? Womit? Womit?
Er stürzt nach hinten.
[...]
Gatte VIII Lärm im Städtchen.
Claire Zachanassian Kleinstadtleben.
Gatte VIII Scheint etwas los zu sein

im Laden da unten.

Claire Zachanassian Man wird sich um den Fleischpreis streiten.

Starker Gitarrenakkord

Gatte VIII springt entsetzt auf.

Gatte VIII Um Gotteswillen, Hopsi! Hast du gehört?

Claire Zachanassian Der schwarze Panther. Er fauchte.

Gatte VIII *verwundert* Ein schwarzer Panther?

Claire Zachanassian Vom Pascha von Marrakesch. Ein Geschenk. Läuft nebenan im Salon herum. Ein großes, böses Kätzchen mit funkelnden Augen.

An den Tisch setzt sich der Polizist. Trinkt Bier. Er spricht langsam und bedächtig. Von hinten kommt Ill.

Claire Zachanassian Du kannst servieren, Boby.

Der Polizist Was wünschen Sie, Ill? Nehmen Sie Platz.

Ill bleibt stehen.

Der Polizist Sie zittern.

Ill Ich verlange die Verhaftung der Claire Zachanassian.

Der Polizist *stopft sich eine Pfeife, zündet sie gemächlich an.* Merkwürdig. Äußerst merkwürdig.

Der Butler serviert das Morgenessen, bringt die Post.

Ill Ich verlange es als der zukünftige Bürgermeister.

Der Polizist *Rauchwolken paffend.* Die Wahl ist noch nicht vorgenommen.

Ill Verhaften Sie die Dame auf der Stelle. […]

5 Untersucht, wie die Räume in den Textausschnitten dargestellt werden. Beantwortet dazu die folgenden Fragen.
- Welche Bedeutung hat der Wald für Claire?
- Was symbolisieren der Laden und der Balkon?
- Wie hängen die Räume zusammen?

6 Fertigt eine Skizze zum Bühnenbild dieser Szene an. Überlegt, wie sich die parallel ablaufende Handlung auf der Bühne umsetzen lässt.

7 Die Bürger verschulden sich immer mehr, während die alte Dame abwartet und den Tag genießt. Überlegt, welchen Effekt dieses zeitgleich ablaufende Geschehen bei den Zuschauern haben könnte.

8 Erklärt mithilfe des Merke-Kastens, welche Möglichkeiten der Gestaltung von Raum und Zeit Dürrenmatt gewählt hat. Begründet eure Aussagen.

Merke

Im Drama gibt es mehrere Möglichkeiten, Raum und Zeit zu gestalten:
- **Ort, Zeit und Handlung bilden eine Einheit**, d.h. die Theaterstücke spielen an einem Ort, die Aufführung dauert so lange wie der dargestellt Zeitraum und die Handlung ist einsträngig.
- Eine **Einheit von Ort, Zeit und Handlung gibt es nicht**. **Vorausgegangenes** wird thematisiert, ein **größerer Zeitraum** wird dargestellt oder **Handlungen** sind **mehrsträngig** bzw. voneinander **unabhängig**.

T2 Schreiben Seite 181–184

T3 Umgang mit literarischen Texten Seite 191/192

Claire …

Eine Figurencharakterisierung vorbereiten

1 Tragt in Vierergruppen zusammen, was ihr bisher über Claire und Ill erfahren habt. Je zwei ergänzen dazu für eine Figur die folgende Mindmap. Tauscht eure Ergebnisse im Anschluss aus.

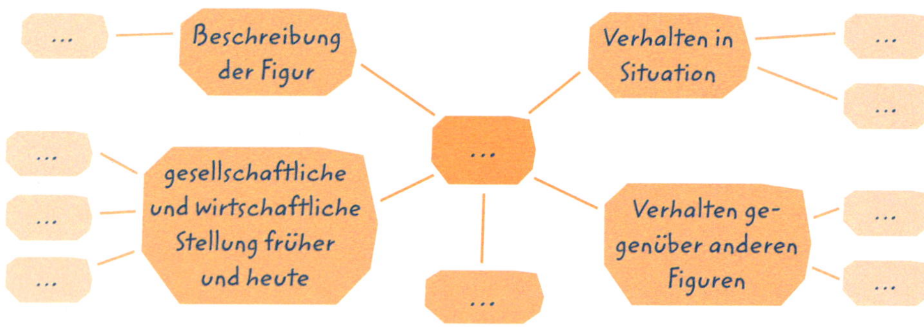

2 Lest die folgenden Textausschnitte. Ergänzt eure Mindmaps aus Aufgabe 1.

Claire hat ihr Angebot gemacht. Da sie mit der Not und Gier der Bürger rechnet, kann sie nun abwarten. Der Arzt und der Lehrer versuchen die alte Dame noch umzustimmen. Ill sieht währenddessen, wie sich die Bürger in Anbetracht des angekündigten Geldes immer mehr verschulden. Die Bewohner versuchen zudem, Claire Güllens Bodenschätze anzubieten, die zusammen mit der Sanierung der bankrotten Betriebe Gewinn bringen würden.

[…] **Der Lehrer** Lassen Sie uns nicht ein Leben vergeblich geharrt haben. Wir bitten um kein Almosen, wir bieten ein Geschäft.

Claire Zachanassian Wirklich. Das Geschäft wäre nicht schlecht.

Der Lehrer Gnädige Frau! Ich wußte, daß Sie uns nicht im Stich lassen würden!

Claire Zachanassian Nur nicht auszuführen. Ich kann die Platz-an-der-Sonne-Hütte nicht kaufen, weil sie mir schon gehört.

Der Lehrer Ihnen?

Der Arzt Und Bockmann?

Der Lehrer Die Wagnerwerke?

Claire Zachanassian Gehören mir ebenfalls. Die Fabriken, die Niederung von Pückenried, die Petersche Scheune, das Städtchen, Straße um Straße, Haus für Haus. Ließ den Plunder aufkaufen durch meine Agenten, die Betriebe stillegen. Eure Hoffnung war ein Wahn, euer Ausharren sinnlos, eure Aufopferung Dummheit, euer ganzes Leben nutzlos vertan.

Stille.

Der Arzt Das ist doch ungeheuerlich!

Claire Zachanassian Es war Winter, einst, als ich dieses Städtchen verließ, im Matrosenanzug, mit roten Zöpfen, hochschwanger, Einwohner grinsten mir nach. Frierend saß ich im D-Zug nach Hamburg, doch wie hinter den Eisblumen die Umrisse der Peterschen Scheune versanken, beschloß ich zurückzukommen, einmal. Nun bin ich da. Nun stelle ich die Bedingung, diktiere das Geschäft. […] Die Menschlichkeit, meine Herren, ist für die Börse der Millionäre geschaffen, mit meiner Finanzkraft leistet man sich eine Weltordnung. Die Welt machte mich zu einer Hure, nun mache ich sie zu einem Bordell. Wer nicht blechen kann, muß hinhalten, will er mittanzen. Ihr wollt mittanzen. Anständig ist nur, wer zahlt, und ich zahle. Güllen für einen Mord, Konjunktur für eine Leiche. Los ihr beiden.

Sie wird nach hinten getragen.

Der Arzt Mein Gott, was sollen wir tun? […]

In Ills Laden.

[…] **Der Lehrer** Ich wollte Ihnen helfen. Aber man schlug mich nieder, und auch Sie wollten es nicht. Ach, Ill. Was sind wir für Menschen. Die schändliche Milliarde brennt in unseren Herzen. Reißen Sie sich zusammen, kämpfen Sie um Ihr Leben, setzen Sie sich mit der Presse in Verbindung, Sie haben keine Zeit mehr zu verlieren.

Ill Ich kämpfe nicht mehr.

Der Lehrer *verwundert* Sagen Sie mal, Sie haben wohl den Verstand verloren vor Angst?

Ill Ich sah ein, daß ich kein Recht mehr habe.

Der Lehrer Kein Recht? Gegenüber dieser verfluchten alten Dame, dieser Erzhure, die ihre Männer wechselt vor unseren Augen, schamlos, die unsere Seelen einsammelt?

Ill Ich bin schließlich schuld daran.

Der Lehrer Schuld?

Ill Ich habe Klara zu dem gemacht, was sie ist, und mich zu dem, was ich bin, ein verschmierter windiger Krämer. Was soll ich tun, Lehrer von Güllen? Den Unschuldigen spielen? Alles ist meine Tat, die Eunuchen, der Butler, der Sarg, die Milliarde. Ich kann mir nicht mehr helfen und euch auch nicht mehr. […]

3 Wählt eine der beiden Hauptfiguren. Verfasst mithilfe eurer Mindmap sowie des Merke-Kastens eine Figurencharakterisierung. Formuliert zunächst eine passende Einleitung, z. B.: *Alfred Ill ist eine Hauptfigur aus dem Drama …, das von … verfasst wurde.*

Sieh dir vorher die Checkliste auf Seite 66 an.

Merke

Für die **Charakterisierung einer Figur** werden folgende Aspekte untersucht:
- **Äußeres Erscheinungsbild**: Aussehen, Kleidung, Mimik, Gestik, Körperhaltung, …
- **Lebensumstände**: Familie, Beruf, gesellschaftliche Rolle, Beziehungen zu anderen, …
- **Verhalten allgemein und gegenüber anderen**: Sprache, Handlungsweise, Gewohnheiten, Vorlieben, …
- **Inneres**: Gedanken, Gefühle, Interessen, Einstellungen, Absichten, …

Im Drama kann dies folgendermaßen untersucht werden:
1. durch direkte Aussagen der Figuren: eine Figur charakterisiert sich selbst oder wird von einer anderen Figur charakterisiert.
2. durch indirekte Hinweise: eine Figur wird durch ihre Sprache und ihr Verhalten charakterisiert.
3. durch Regieanweisungen

PT Einen Dramenausschnitt analysieren und interpretieren Seite 146–148

T2 Schreiben Seite 181–185

… und Ill

Eine Figurencharakterisierung verfassen

1 Verfasst mithilfe eurer Ergebnisse von Seite 64/65 und der folgenden Checkliste den Hauptteil und den Schluss der Figurencharakterisierung.

Formulierungshilfen für eine Figurencharakterisierung

Hauptteil
Beschreibung: Alfred Ill sah früher …; heute sieht er … er arbeitet …
Verhalten: Alfred Ills Verhalten …; als … verhielt er sich; als Claire schwanger war …; heute verhält er sich gegenüber Claire/gegenüber anderen Bürgern …; im Verlauf der Handlung ändert er sein Verhalten. Er …
Ursachen des Verhaltens: Ill handelt so, weil …; der Grund für sein Verhalten war/ist …; er begründet sein Verhalten damit, dass …
Schluss
Die Gestaltung der Figur Alfred Ill ist …; Ich bewerte die Figur Ill als …

Checkliste: Figurencharakterisierung	☺	☹	Verbesserungsvorschläge
Vorarbeit • Informationen wurden z. B. in einer Mindmap, Tabelle etc. geordnet.			…
Einleitung • Titel, Autor, charakterisierte Figur und grundlegende Informationen wurden genannt.			…
Hauptteil • Äußeres Erscheinungsbild: Aussehen, Kleidung, Mimik, Gestik, Körperhaltung, … • Lebensumstände: Familie, Beruf, gesellschaftliche Rolle, Beziehungen zu anderen, … • Verhalten allgemein und gegenüber anderen: Sprache, Handlungsweise, Gewohnheiten, Vorlieben, … • Inneres: Gedanken, Gefühle, Interessen, Einstellungen, Absichten, … • Auswirkungen auf die Handlung und andere Figuren			…
Schluss • Figur bewertet • Glaubwürdigkeit beurteilt • Eigenen Standpunkt zur Figur geklärt			…
Formales • Wichtige Aussagen wurden mit Zitaten belegt. • Es wurde im Präsens geschrieben.			…

2 Überarbeitet eure Figurencharakterisierung mithilfe des ESAU-Verfahrens. Orientiert euch dazu an den Beispielen in der folgenden Tabelle.

T4 Fehleranalyse und Textüberarbeitung Seite 227–233

Arbeitstechnik

ESAU-Verfahren

ESAU ist die Abkürzung für **Ergänzen**, **Streichen**, **Austauschen** und **Umstellen**.
Ergänzen: Fehlende Wörter, Satzglieder, Nebensätze und Sätze werden ergänzt.
Streichen: Überflüssige Wörter, Satzglieder, Nebensätze werden weggelassen.
Austauschen: Nicht passende Wörter, Satzglieder, Nebensätze werden ersetzt.
Umstellen: Die Reihenfolge der Wörter ist unstimmig. Satzglieder, Nebensätze und Textabschnitte werden umgestellt.

Was prüfen?	Worauf achten?	Was tun?
Form	Rechtschreibung	**korrigieren**: Es geht nicht um geld → Geld
	Zeichensetzung	**korrigieren**: Sie nahmen das Geld weil … → … Geld, weil …
	Grammatik	**korrigieren**: Sie drohten ihn → ihm
	Satzbau	**umstellen**: Sie nahmen das Geld, weil sie brauchten es. → …, weil sie es brauchten. **ergänzen**: Ill ging Laden auf und ab. → Ill ging im Laden auf und ab.
	Fehlende Informationen	**ergänzen**: Ill traf sich mit Claire.__ → Ill traf sich mit Claire in der Peterschen Scheune.
Stil	Ausdrucksfehler	**ersetzen**: In der Gerichtsverhandlung ging es ~~über~~ die Vaterschaftsklage. → ging es um …
	unangemessene Wortwahl	**ersetzen**: Ill war gegenüber Claire ~~ein Drecksack~~. → Ill verriet Claire aus Eigennützigkeit.
	einfach schreiben	**streichen/kürzen/vereinfachen**: Ills Verhalten war dergestalt, dass er zwei Bürger bestach, damit diese eine Falschaussage machten. → Ill überredete zwei Bürger zur Falschaussage. ~~der alteingesessene Bürger~~ Alfred Ill → Alfred Ill
Struktur	Absätze; eventuell Zwischenüberschriften bei langen Texten	**einfügen/ergänzen**

T5 Rollenbiografien verfassen Seite 243

3 EXTRA Verfasst eine Rollenbiografie zu einer anderen Hauptfigur.

Sieg des Geldes

Den Schluss eines Dramas analysieren

T3 Umgang mit literarischen Texten Seite 191–194

1 Lest den folgenden Text. Stellt einen Bezug zwischen dem Schluss und euren anfänglichen Erwartungen zu dem Drama her. Beachtet auch eure Überlegungen von Seite 56 Aufgabe 2.

Nachdem Ill beschlossen hat, sich seinem Schicksal zu ergeben und nicht mehr zu kämpfen, kommt es im Gemeindesaal zu einer öffentlichen Versammlung, in der Ill „abgeurteilt" werden soll. Da die Presse zugegen ist, wird das Vorhaben, Ill umzubringen, verschleiert.

[…] **Der Lehrer** Gemeinde von Güllen! Dies der bittere Tatbestand: Wir duldeten die Ungerechtigkeit. Ich erkenne nun durchaus die materielle Möglichkeit, die uns die Milliarde bietet; ich übersehe keineswegs, daß die Armut die Ursache von so viel Schlimmem, Bitterem ist, und dennoch: Es geht nicht um Geld, – *Riesenbeifall* – es geht nicht um Wohlstand und Wohlleben, nicht um Luxus, es geht darum, ob wir Gerechtigkeit verwirklichen wollen und nicht nur sie, sondern auch all die Ideale, für die unsere Altvorderen[1] gelebt und gestritten hatten und für die sie gestorben sind, die den Wert unseres Abendlandes ausmachen! *Riesenbeifall.* Die Freiheit steht auf dem Spiel, wenn die Nächstenliebe verletzt, das Gebot, die Schwachen zu schützen, mißachtet, die Ehe beleidigt, ein Gericht getäuscht, eine junge Mutter ins Elend gestoßen wird. *Pfuirufe.* Mit unseren Idealen müssen wir nun eben in Gottes Namen Ernst machen, blutigen Ernst. *Riesenbeifall.* Reichtum hat nur dann einen Sinn, wenn aus ihm Reichtum an Gnade entsteht: Begnadet aber wird nur, wer nach Gnade hungert. Habt ihr diesen Hunger, Güllener, diesen Hunger des Geistes, und nicht nur den anderen, profanen, den Hunger des Leibes? Das ist die Frage, wie ich als Rektor des Gymnasiums ausrufen möchte. Nur wenn ihr das Böse nicht aushaltet, nur wenn ihr unter keinen Umständen in einer Welt der Ungerechtigkeit mehr leben könnt, dürft ihr die Milliarde der Frau Zachanassian annehmen und die Bedingung erfüllen, die mit dieser Stiftung verbunden ist. Dies, Güllener, bitte ich zu bedenken. *Tosender Beifall.* […]

Der Bürgermeister Alfred Ill, ich habe an Sie eine Frage zu stellen.

[…]

Der Bürgermeister Ihretwegen wurde uns die Stiftung angeboten, Alfred Ill. Sind Sie sich dessen bewusst?

Ill sagt leise etwas.

Der Radioreporter Sie müssen lauter reden, guter alter Mann, damit unsere Hörerinnen und Hörer auch etwas verstehen.

Ill Ja.

Der Bürgermeister Werden Sie unseren Entscheid über Annahme oder Ablehnung der Claire-Zachanassian-Stiftung respektieren?

Ill Ich respektiere ihn.

Der Bürgermeister Hat jemand an Alfred Ill eine Frage zu stellen?

Schweigen.

Der Bürgermeister Hat jemand zur

1 Ahnen, Vorfahren

Stiftung von Frau Zachanassian eine Bemerkung zu machen? […]

Der Bürgermeister Ich schreite jetzt zur Abstimmung.

Stille. Nur das Surren der Filmapparate, das Aufblitzen der Blitzlichter.

Der Bürgermeister Wer reinen Herzens die Gerechtigkeit verwirklichen will, erhebe die Hand.

Alle außer Ill erheben die Hand.

Der Bürgermeister Die Stiftung der Claire Zachanassian ist angenommen. Einstimmig.

Nicht des Geldes –

Die Gemeinde Nicht des Geldes –

Der Bürgermeister sondern der Gerechtigkeit wegen –

Die Gemeinde sondern der Gerechtigkeit wegen –

Der Bürgermeister und aus Gewissensnot.

Die Gemeinde und aus Gewissensnot.

Der Bürgermeister Denn wir können nicht leben, wenn wir ein Verbrechen unter uns dulden –

Die Gemeinde Denn wir können nicht leben, wenn wir ein Verbrechen unter uns dulden –

Der Bürgermeister welches wir ausrotten müssen –

Die Gemeinde welches wir ausrotten müssen –

Der Bürgermeister damit unsere Seelen nicht Schaden erleiden –

Die Gemeinde damit unsere Seelen nicht Schaden erleiden –

Der Bürgermeister und unsere heiligsten Güter.

Die Gemeinde und unsere heiligsten Güter.

Ill *schreit auf* Mein Gott!

Nach diesem Bekenntnis verlassen die Presseleute den Saal und die Bürger bringen Ill um.

2 Untersucht, ob die Figuren ihre Pläne verwirklichen konnten.

Merke

Mit dem Begriff **Katastrophe** wird in Dramen (Tragödien), das tragische Ende oder der letzte Teil bezeichnet. Im letzten Akt des Dramas wird der Konflikt aufgelöst, häufig mit tödlichem Ausgang für die Hauptfigur(en).

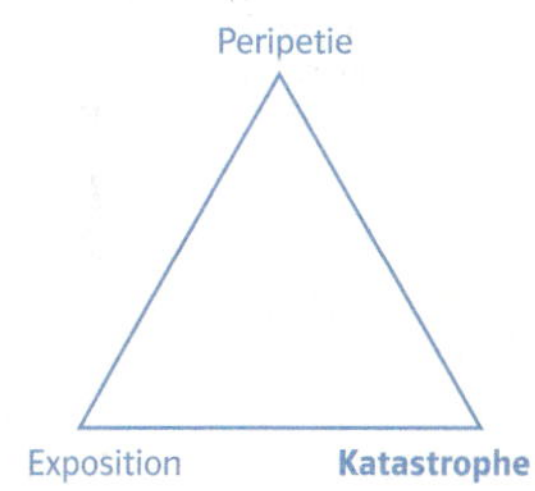

Aufbau eines Dramas

3 Bewertet das Handeln der Personen, die die Katastrophe herbeigeführt haben.

4 Bewertet die folgende Aussage. Nehmt Stellung dazu.

Dürrenmatt beschreibt die Menschen sehr negativ.

5 EXTRA Wählt eine der folgenden Aufgaben.

A Verfasst einen alternativen Schluss. Diskutiert, ob euer Schluss vor dem Hintergrund der Handlung nachvollziehbar ist.

B Entwickelt ein Rollenspiel zu der folgenden Situation.

In der mittlerweile wohlhabenden Stadt treffen sich nach einigen Jahren der Bürgermeister und der Lehrer wieder. Sie unterhalten sich über die Vorfälle von damals und kommen zu einer Bewertung ihres Handelns …

◒ Aufgabe 1, 2 ● Aufgabe 3, 4, 5 EXTRA

Wie kam es an?

Eine Theaterrezension auswerten

→ T2 Schreiben Seite 188/189

1 Lest die Rezensionen. Welchen Eindruck erhaltet ihr von den Aufführungen?

Besuch des alten Theaters

[…] Der ungarische Regisseur Viktor Bodó hat „Der Besuch der alten Dame“ zwar gerafft und komödiantisch aufgeheizt, aber keinen Fitzel[1] Fremdes hineinfabuliert[2]. Er arbeitet so, als hätte es seit der Uraufführung des Dürrenmatt-Hits 1956 eben am Pfauen[3] nicht unzählige Inszenierungen, Deutungen, Filmadaptionen[4] und 2013 gar eine Musicalfassung gegeben. […] Seine Claire betritt die Güllener Tristesse[5] unerschrocken im lila Trainingsanzug und mit obligater[6] roter Perücke. Und was heißt „betritt“? Erst ist sie ein Profil im Fond[7], das sich aus dem aufstiebenden Bremsstaub des Zugs herausschält wie eine Göttergestalt. Dann steckt sie den Kopf durchs verschlierte Fenster. Sie regiert drinnen – später oft auch von oben, vom Balkon aus; das Licht der Welt draußen bleibt reine Ahnung. Denn der Bahnhof ist ein zum Halbrund geschwungener Gang mit schmutzigen Glasscheiben, der die Bühne abschließt. Der Raum von Juli Balázs[8] zitiert das antike Theater; und in der Mitte steht ein kleines Podest, eine Bühne auf der Bühne. Dort hocken zu Beginn die verratzten[9] Honoratioren[10] Güllens: der Pfarrer (Milian Zerzawy), der Lehrer (Matthias Neukirch), der Polizeichef (Benedict Fellmer) und der Bauer (Christian Heller). […]

Aus: Tagesanzeiger vom 13.12.2015

1 hier: nichts
2 hier: nichts dazu erfunden
3 Bühne des Schauspielhauses Zürich
4 Nutzung eines Textes als Filmgrundlage
5 Trostlosigkeit
6 üblich
7 Innere eines Autos
8 Bühnenbildnerin der Aufführung
9 sich in einer ausweglosen Situation befinden
10 angesehene Bürger eines Ortes

Weder „tragisch“ noch „Komödie“

Dürrenmatt nannte sein Stück „Eine tragische Komödie“, und in Potsdam steht der Untertitel auch noch im Programm. Aber als tragisch bleibt nichts mehr zu erkennen, und die Komödie sucht Niklas Ritter[11] mit selbstherrlichen Mitteln und Einfällen. Die Güllener werden anfangs wie die arthritischen[12] Insassen eines Seniorenheims vorgeführt. Erst wenn sie sich mit Pump und Kredit auf den Geldsegen einrichten, werden sie jünger und mobiler. Ritter hat sich den Komiker und Musikanten Jan Kersjes engagiert. Der pustet den Sound eines vorbeifahrenden Schnellzugs ins Mikrofon. Er gibt dem Schoßpanther der alten Dame Töne. Vor allem lässt er die Güllener Erfolgsstory als Showmaster platt in eine gnadenlose Fernsehshow münden. […] Dürrenmatt wollte

11 Regisseur des Dramas
12 von Arthritis (Gelenkentzündung)

Menschen, nicht Marionetten, auf der Bühne sehen. Aber die Inszenierung kennt keine lebendigen Menschen. Die beiden großen Motive des Stücks geraten ins Hintertreffen. Die Korrumpierbarkeit[13] der Güllener bleibt so abstrakt wie das Bühnenbild. Peter Pagel verkörpert einen ziemlich adretten, nicht wirklich krämerhaften Ill, der sich der einstigen Liebestage erinnert. Aber seine allmähliche Hinwendung zu persönlicher Verantwortung bleibt unscharf, die allgemeinere, die jederzeit aktuelle Frage nach Schuld und Vergangenheit stellt sich nicht. […] Ein großes, ein großartiges Stück wird eigenmächtig klein-gespielt.

Aus: Kulturradio vom 06.02.2016

13 korrumpierbar: leicht zu verwerflichen Handlungen verführbar

REZENSION

Zur Verfilmung des Theaterstückes „Der Besuch der alten Dame“

Die Schauspieler in diesem Film spielen ihre Rollen außerordentlich gut, ja überragend. Hörbiger ist m. E.[14] für die Racheausübende wie geschaffen, es ist ihre beste Rolle. Subtil[15] der langsame Aufbau des Haben-Wollen-Netzes, vom anfänglichen Beistand bis hin zum totalen Fallenlassen des Opfers. Dieser Film macht betroffen, ungewöhnlich betroffen, man verliert den Glauben an die Menschheit komplett, […] Schneller als man glauben mag, kommen Mitmenschen aus ihrem Bau, um einen in den Tod zu treiben, dem übel mitgespielt, der verdächtigt, herabgewürdigt und bloßgestellt wird. Wenn alle auf jemand einprügeln, trauen sich die kleinsten, gemeinsten Geister mitzumachen, sich mit Angstlust zu erregen. Der Pranger ist jederzeit möglich und Geld oder Bedeutung lassen ihn zu einem Instrument werden, das besonders raffiniert wirkt. […] Unbedingt anschauen.

14 meines Erachtens
15 mit Feingefühl

2 Wertet die Rezensionen aus. Beschreibt, was ihr über die Aufführungen des Dramas erfahrt.

3 Erläutert, wie die Aufführungen jeweils bewertet werden. Berücksichtigt dabei auch, mit welchen sprachlichen Mitteln die Bewertungen erfolgen.

→ Sprachliche Mittel Seite 260/261

4 EXTRA Schaut euch eine Theateraufführung oder eine Verfilmung des Dramas an. Verfasst anschließend selbst eine Rezension.

→ **Kapitel 6** Seite 130/131

Merke

Die kritische Besprechung eines Buches, eines Films oder einer künstlerischen Darbietung (Aufführung oder Konzert) heißt **Rezension**. Rezensionen findet man in Zeitungen, Zeitschriften oder im Internet.

○ Aufgabe 1, 2 ◒ Aufgabe 3 ● Aufgabe 4 EXTRA

Von Dramen, Komödien und Tragödien

T3 Umgang mit literarischen Texten Seite 194

Arten des Dramas kennenlernen

1 Lest den Text. Erklärt anschließend, was ein Drama ist.

Was ist eigentlich ein Drama?

Mit „Drama“ verbindet man alltagssprachlich extreme Gefühle und Taten. Aber auch für die anderen, die richtigen Dramen, sind extreme Gefühlslagen eine Voraussetzung: nämlich für die Dramen, die auf der Bühne aufgeführt werden.

Das Wort „Drama“ kommt aus dem Altgriechischen – so geschrieben: δρᾶμα – und bedeutet übersetzt: Handlung. Im Alltag verstehen wir darunter so etwas wie Beziehungs- oder Familiendramen. Auch dabei geht es – wie auf der Theaterbühne – um extreme Gefühle. Dennoch sind Alltags- und Theaterdramen nicht identisch. Denn Dramen im Alltag finden real statt, Dramen auf der Theaterbühne erwecken nur den Anschein, real zu sein. Es ist alles nur ein Spiel, ein Theaterspiel. […]

Zwar gibt es eine Handlung natürlich nicht nur im Drama, sondern auch in den anderen beiden großen Gattungen der Literatur – Epik und Lyrik. Aber in epischen Texten – das sind Romane oder Erzählungen – wird von dieser Handlung nur erzählt. Ähnlich ist das bei lyrischen Texten, bei Gedichten. Wenn überhaupt, dann werden Handlungen im Gedicht meist nur kurz erwähnt.

Ganz anders ist das beim Drama. Hier dreht sich alles um die Handlung – und zwar ganz unmittelbar: Es wird gehandelt und jeder kann es sehen. Denn ein Drama gehört nicht zwischen zwei Buchdeckel, sondern auf die Bühne im Theater. Schauspieler stellen im Spiel die Handlung dar – in verschiedenen Rollen, in Dialogen oder auch in Monologen.

Beim Drama gibt es viele künstlerische Ebenen:

- den geschriebenen Text des Autors/der Autorin,
- alle Elemente, die auf der Bühne eine Rolle spielen wie Bühnenbild, Requisite und Bühnentechnik,
- die Arbeit des Regisseurs/der Regisseurin,
- die Arbeit der Schauspieler,
- Musik oder Geräusche und vieles mehr.

Das alles nennt man die Inszenierung, und die kann für ein Drama sehr, sehr unterschiedlich ausfallen. Damit ist ein Drama äußerst wandelbar – und kann besonders beeindruckend und spannend sein, denn man kann es direkt erleben.

2 Lest den folgenden Text. Notiert, welche Informationen ihr über die Tragödie und die Komödie erhaltet.

Tragödie und Komödie

[…] Die **Komödie**, auf Deutsch auch Lustspiel, ist ein Drama, dessen Handlung erheitern soll und meistens auch glücklich endet. Die Figuren werden vor einen lösbaren Konflikt gestellt, den sie – oft ohne es zu wissen – meistern. Dabei hilft ihnen ihre Schläue oder Unwissenheit, die des Gegenspielers und häufig auch der Zufall. Die Handlungen zeichnen sich durch Verwicklungen und Täuschungen aus. […]
In einer **Tragödie** stehen handelnde Figuren auf der Bühne, die sich entscheiden müssen, was sie tun. Der tragische Held steht in einer Grenzsituation unter dem Zwang, eine Entscheidung treffen zu müssen. Seine Entscheidung kann tragische, traurige, ungute, auch fatale Folgen nach sich ziehen. Doch egal, wie er sich entscheidet – am Ende wird er verlieren. Durch seine Entscheidung gerät der Held in Konflikt mit den Göttern, der Gesellschaft, seinem Stand oder der Familie. Der tragische Konflikt kann durch eine Schuld ausgelöst werden, die entweder persönlich ist oder auch in einer historischen, gesellschaftlichen oder Familienkonstellation liegt, für die der tragische Held gar nichts kann. Der tragische Konflikt kann aber auch durch Missverständnisse, Neid, Hass und Lügen heraufbeschworen werden.

In der **Komödie** scheitern die Figuren zwar, aber so, dass sie lächerlich erscheinen und das ganze Geschehen heiter und komisch wird. Das heißt: Es gibt einen Konflikt, doch der kann gelöst werden und nimmt einen glücklichen Ausgang. Bis heute lieben wir es: das Happy End, der Held wird gerettet, die Liebenden fallen sich in die Arme. […]
In der **Tragödie** gibt es auch einen Konflikt – aber der löst sich nicht auf. Es gibt kein Happy End, sondern ein Ende mit Schrecken, zumeist mit tödlichem Ausgang.

3 Friedrich Dürrenmatt selbst hat sein Theaterstück „Der Besuch der alten Dame – eine *tragische Komödie*" genannt. Erklärt mithilfe der Informationen über Tragödien und Komödien, warum Dürrenmatt sich nicht auf eine der beiden Bezeichnungen festgelegt hat.

4 EXTRA Erstellt auf der Grundlage der Texte eine kurze Power-Point-Präsentation zum Thema „Drama". Informiert eure Klasse in einem Kurzvortrag.

Material 4vg6kp

Teste dich selbst!

Wie konntest du Aufgabe 1 lösen?

→ Seite 194
→ Seite 194 **EXTRA**

1 Beschreibe den Aufbau eines Dramas, indem du ein Dreieck zeichnest und es mit den Fachausdrücken beschriftest.

2 Schreibe die Sätze ab und ergänze sie dabei.

Die Einführung in ein Drama wird ___ genannt. Sie dient dazu, ___.

Der Konflikt entwickelt sich, bis es zu einem ___ der Handlung kommt. Dieser ___ wird ___ genannt.

In Tragödien gibt es am Schluss eine ___. In Komödien ein ___.

Wie konntest du Aufgabe 2 und 3 lösen?

→ Seite 191–194
→ Seite 194 **EXTRA**

3 Erläutere die folgende Aussage in Bezug auf das Drama „Der Besuch der alten Dame".

Im Drama gibt es gegenläufige Interessen, die zu Konflikten führen.

Wie konntest du Aufgabe 4 lösen?

→ Seite 192/193
→ Seite 194 **EXTRA**

4 Beschreibe, wie Raum und Zeit in Dürrenmatts Drama dargestellt werden.
- Beurteile, ob es eine Einheit von Ort und Zeit gibt.
- Beachte dabei, wie gleichzeitig ablaufende Handlungen beschrieben werden.

Wie konntest du Aufgabe 5 lösen?

→ Seite 181
→ Seite 185 **EXTRA**

5 Erstelle eine Mindmap, in der du die Kriterien für eine Figurencharakterisierung darstellst.

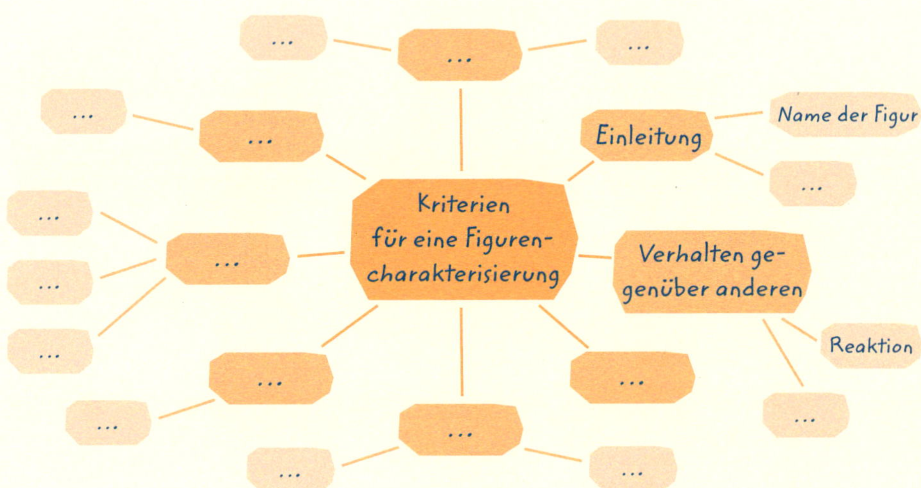

6 Verfasse eine Figurencharakterisierung zu einer Hauptfigur des Dramas „Der Besuch der alten Dame" von Friedrich Dürrenmatt.

7 Erkläre das ESAU-Verfahren. Überarbeite anschließend deine Figurencharakterisierung aus Aufgabe 6.

8 Lies den folgenden Text. Überlege, mit welchen Informationen du die Lücken ergänzen kannst. Notiere zu den einzelnen Ziffern Stichpunkte.

1 → „Der Besuch der alten Dame"
2 → …

Das Drama 1 wurde von 2 geschrieben und im Jahr 3 veröffentlicht. Es geht darin um die Rückkehr 4, die sich an dem Dorf 5 für 6 rächen will.

Vor über 45 Jahren hatte die damals 17jährige 7 in der Kleinstadt Güllen ein Verhältnis mit 8. Als sie 9, 10. Nach fast fünf Jahrzehnten kehrt sie 11 und 12. Die Bürger 13. Im Verlauf des Dramas 14. Am Ende 15.

In dem Drama gibt es verschiedene Zeitebenen. Zum einen erfährt der Zuschauer durch Berichte Claires und durch die Gespräche Claires mit Ill viel über die 16. Die Vorfälle damals haben Auswirkungen auf die 17, weil 18.
Die Orte im Drama haben viel mit den Zeitebenen zu tun. In der Vergangenheit waren für Claire besonders die Orte 19 wichtig. Sie besucht sie in der Gegenwart noch einmal, um 20. An der Vielfalt der Orte und der unterschiedlichen Zeitebenen wird deutlich, dass sich Friedrich Dürrenmatt nicht an die klassische 21 von 22 und 23 hält.

Der zentrale Konflikt im Drama 24 dreht sich um die Frage, ob man für Geld 25. Claire macht den Bürgern Güllens 26, nachdem sie vorher 27. Es stellt sich die Frage, was mehr wiegt: die 28 oder 29. Dürrenmatt zeigt am Schluss des Dramas, dass 30. Allgemein zeigt das Drama, wie 31 und 32.

Insgesamt 33. Ich persönlich finde, 34.

9 Schreibe nun die Textanalyse ab. Ergänze dabei die Lücken mithilfe deiner Ergebnisse aus Aufgabe 8.

Wie konntest du Aufgabe 6 und 7 lösen?
😐 → Seite 181–185
🙂 → Seite 185 **EXTRA**

Wie konntest du Aufgabe 8 und 9 lösen?
😐 → Seite 191–194
🙂 → Seite 194 **EXTRA**

Bist du fit für die Prüfung? Teste dich auf → Seite 146–148

4

Gedankenwelten

Literarische Epochen kennenlernen und darüber referieren

Joseph von Eichendorff

Nachts

Ich wandre durch die stille Nacht,
Da schleicht der Mond so heimlich sacht
Oft aus der dunklen Wolkenhülle,
Und hin und her im Tal
Erwacht die Nachtigall,
Dann wieder alles grau und stille.
[…]

Georg Heym

Umbra vitae[1]

Die Menschen stehen vorwärts in den Straßen
Und sehen auf die großen Himmelszeichen,
Wo die Kometen mit den Feuernasen
Um die gezackten Türme drohend schleichen.
[…]

1 lateinisch für Schatten des Lebens

1 Seht euch das Bild an. Beschreibt, was darauf zu sehen ist.

2 Tauscht euch darüber aus, welche Stimmung das Bild in euch hervorruft.

3 Lest die Ausschnitte aus den beiden Gedichten. Besprecht, wovon sie handeln.

4 Gibt es zwischen dem Bild und den Gedichten Gemeinsamkeiten? Benennt sie.

5 Überlegt gemeinsam, was man unter einer literarischen Epoche verstehen könnte.

Vielleicht kennt ihr Epochen aus der Kunst oder der Musik.

Jetzt lernt ihr, ...

- ... Texte inhaltlich zu erschließen.
- ... Informationen zielgerichtet zusammenzustellen.
- ... Informationen übersichtlich darzustellen.
- ... sich über literarische Epochen zu informieren.
- ... einen informierenden Text mithilfe von Materialien zu verfassen.
- ... Referatsthemen auszuwählen und dafür zu recherchieren.
- ... Referate vorzubereiten und zu präsentieren.

Mit Gefühl und Fantasie

Einen Text über die Romantik inhaltlich erschließen

→ T2 Schreiben
Seite 172–175

→ Referatsthemen
Seite 90/91

1 Seht euch das Bild an. Beschreibt, was darauf zu sehen ist.

Caspar David Friedrich: Der Mönch am Meer, 1808–1810, Öl auf Leinwand

→ Epochen und
Strömungen
Seite 262–265

2 Lest die Texte. Seht euch die Randnotizen zum ersten Abschnitt an. Formuliert für den restlichen Text weitere Randnotizen.

Die Welt verzaubern

Literatur/Musik/
Malerei
Verbindung der
Künste z. B. durch
...

Die literarische Epoche der Romantik erstreckt sich über den Zeitraum von 1795 bis 1830. Dabei umfasste die Romantik nicht nur die Literatur, sondern ebenso Musik und Malerei. Die Komponisten Franz Schubert und Robert Schumann sowie die Maler Philipp Otto Runge und Caspar David Friedrich waren herausragende Vertreter. Die Verbindung dieser Künste entsprach den Vorstellungen der Romantiker, z. B. gehen Musik und Literatur im romantischen Lied, bei dem Gedichte vertont wurden, eine erfolgreiche Verbindung ein.

Der Begriff *Romantik* wurde ursprünglich für Texte verwendet, die in der Sprache der romanischen Länder[1] und nicht in Latein geschrieben waren. Daraus entstand das französische Wort *Roman*. *Romantisch* hatte also zunächst einmal nur die Bedeutung von *romanhaft*.

Die Romantik wird anders als andere Epochen in drei Stadien eingeteilt: Frühromantik, Hochromantik und Spätromantik. Das Zentrum der Frühromantik (1795 bis 1805) befand sich zunächst in Jena und später in Berlin. Zu den wichtigsten Vertretern zählen Ludwig Tieck und Novalis. Das Zentrum der Hochromantik (1805 bis 1820) lässt sich in Heidelberg verorten. Ihre Hauptvertreter waren Achim von Arnim und Clemens Brentano. Sie standen

1 z. B. Frankreich, Italien, ...

in Kontakt mit Joseph von Eichendorff, den Brüdern Grimm, Karoline von Günderrode und Bettina von Arnim. Das Zentrum der Spätromantik (1820 bis 1830) befand sich wiederum in Berlin. Als wichtigster Vertreter gilt E.T.A. Hoffmann. Außerdem zählen Achim von Arnim, Joseph von Eichendorff, Ludwig Tieck und Clemens Brentano noch zu den Spätromantikern.
In der Frühromantik erhielten Gefühl und Fantasie den Vorzug vor dem in der Literatur der damaligen Zeit vorherrschenden Vernunftgedanken. Ihre Vertreter glaubten, dass durch magische Wörter und ungewöhnliche Stimmungen der Mensch etwas tiefgründiger erfassen kann als nur mit dem Verstand. Die Romantiker wenden sich von der durch technische Entwicklungen und wissenschaftliche Erkenntnisse, die sogenannte Industrialisierung, bestimmten Gesellschaft ab, die die Welt „entzaubert" habe. Das Interesse gilt der menschlichen Psyche und dem Geheimnisvollen. Den Zustand zwischen Wachsein und Traum stellen die Romantiker durch Mondschein und Dämmerung dar. Der Traum ist Zugang zu fantastischen Welten und das Sehnsuchtsmotiv nimmt einen breiten Raum ein. Das Streben nach Liebe, der Blick aus dem Fenster oder das Wandern in der noch unzerstörten Natur sind Ausdruck dieser Sehnsucht. Die Sehnsucht kann sich nur in der Fantasie und im Traum erfüllen. Die Romantiker besinnen sich auf die Vergangenheit und idealisieren diese. Sie wünschen sich das christliche Mittelalter zurück. Hier hätten sich Mensch, Natur und Gott in Harmonie befunden.
Anfangs hatten die Hochromantiker die Französische Revolution mit ihren Idealen von Freiheit, Gleichheit und Brüderlichkeit begrüßt. Sie hofften in dem in viele Einzelstaaten zersplitterten Deutschland auf Einheit und demokratische Rechte. Die Terrorherrschaft infolge der Französischen Revolution änderte ihre Haltung. Dann führte die Fremdherrschaft Napoleons zu einem Erstarken des Nationalgefühls und zu einer Orientierung auf die nationalen Wurzeln. Die Romantiker setzten jetzt auf Volkspoesie und deren Verbreitung. Es wurden Sammlungen von Sagen, Liedern und Märchen veröffentlicht. Die Liedersammlung „Des Knaben Wunderhorn" von Achim von Arnim und Clemens Brentano sowie die Märchensammlung der Brüder Grimm sind die bekanntesten. Mit dem Kunstmärchen, z.B. von Ludwig Tieck, entstand eine neue Form. In der Spätromantik wurden keine neuen literarischen Formen mehr entwickelt. Die Religion gewann eine größere Bedeutung.

3 Vergleicht eure Randnotizen mit einer Partnerin oder einem Partner. Wählt die inhaltlich treffendsten aus.

4 Gebt den Inhalt des Textes mithilfe eurer Randnotizen aus Aufgabe 2 abwechselnd mündlich wieder, z.B.: *Die Epoche der Romantik umfasst alle Künste wie …*

5 EXTRA Erstellt einen Zeitstrahl zu den Abschnitten der Romantik und den historischen Ereignissen, die darauf Einfluss nahmen. Präsentiert ihn in der Klasse.

○ Aufgabe 1, 2 ◒ Aufgabe 3, 4 ● Aufgabe 5 EXTRA

Geheimnisvolle Empfindungen

Informationen zielgerichtet zusammenstellen

PT Einen informierenden Text verfassen Seite 142–145

T2 Schreiben Seite 172–176

Referatsthemen Seite 90/91

1 Lest die Texte über und von Novalis. Übernehmt die Tabelle in euer Heft und ordnet die markierten Informationen sowie die Randnotizen richtig zu.

Autor	Werk: Name/Gattung	Thema/Inhalt	Besonderheiten
Novalis	Heinrich von …	idealisiertes Mittelalter …	Symbol …
…	…	…	…

Novalis stellt in seinem Roman „Heinrich von Ofterdingen" ein idealisiertes Mittelalter dar und beschreibt den Weg Heinrichs zum Dichter. Nach langer Wanderschaft findet der zum Künstler gereifte Heinrich seine große Liebe. Das wichtigste Symbol der Romantik, die blaue Blume, wird bei Novalis erstmals genannt. Sie ist das Symbol der Sehnsucht nach Ferne und Liebe. In dem Roman finden sich sowohl Briefe als auch Märchen, Gedichte und Lieder. In der Romantik behalten die Gattungen nicht mehr ihre strengen Formen, sondern vermischen sich. Sie sollen die Vielfalt des Lebens darstellen.

Novalis

Heinrich von Ofterdingen

starke Gefühle

Fantastisches

Traum

[…] Er sah nichts als die blaue Blume und betrachtete sie lange mit unnennbarer Zärtlichkeit. Endlich wollte er sich ihr nähern, als sie auf einmal sich zu bewegen und zu verändern anfing; die Blätter wurden glänzender und schmiegten sich an den wachsenden Stängel, die Blume neigte sich nach ihm zu, und die Blütenblätter zeigten einen blauen ausgebreiteten Kragen, in welchem ein zartes Gesicht schwebte. Sein süßes Staunen wuchs mit der sonderbaren Verwandlung, als ihn plötzlich die Stimme seiner Mutter weckte […]

T5 Ich - Du - Wir Seite 237

2 Erschließt mithilfe der Arbeitstechnik „Ich - Du - Wir" die folgenden Texte über und von E.T.A. Hoffmann und Joseph von Eichendorff.
- Ergänzt die Tabelle aus Aufgabe 1.
- Präsentiert eure Ergebnisse. Versetzt euch dabei in die Rolle des jeweiligen Schriftstellers, z. B.: *Mein Name ist …, In meinem Werk …*

Ihren Höhepunkt erreichten in der Romantik die Kunstmärchen. Ludwig Tieck schrieb im Jahr 1797 „Der blonde Eckbert". „Der goldene Topf" von **E. T. A. Hoffmann** gehört ebenfalls zu den Kunstmärchen, bei denen Reales mit Irrealem verbunden wird. Es erzählt von einem jungen Mann, der sich zwischen zwei Frauen entscheiden muss, von denen eine zu einer Fantasiewelt gehört. Der junge Mann entscheidet sich letztlich für das irreale Wesen und seine Liebe erfüllt sich in der Zauberwelt.

E.T.A. Hoffmann

Der goldene Topf

[…] Anselmus sah, wie eine Schlange ihr Köpfchen nach ihm herabstreckte. Durch alle Glieder fuhr es ihm wie ein elektrischer Schlag, er erbebte im Innersten – er starrte hinauf, und ein paar herrliche dunkelblaue Augen blickten ihn an mit unaussprechlicher Sehnsucht, so dass ein nie gekanntes Gefühl der höchsten Seligkeit und des tiefsten Schmerzes seine Brust zersprengen wollte. […]

„Mondnacht" von **Joseph von Eichendorff** ist eines der Gedichte, die weit über die Grenzen Deutschlands hinaus bekannt geworden sind. Die Landschaftsbilder spiegeln Gefühle und Stimmungen wider und verbinden die Natureindrücke mit dem Glauben. Dabei zeigt sich das Göttliche in der Schönheit der Natur. Das Mondlicht löst sehnsuchtsvolle Gedanken aus. Das Motiv des Wanderns in der Natur ist Ausdruck einer Sehnsucht, die bei Eichendorff nur durch Gott zu erfüllen ist.

Joseph von Eichendorff

Mondnacht

Es war, als hätt der Himmel
Die Erde still geküsst,
Dass sie im Blütenschimmer
Von ihm nun träumen müsst.

Die Luft ging durch die Felder,
Die Ähren wogten sacht,
Es rauschten leis die Wälder,
So sternklar war die Nacht.

Und meine Seele spannte
Weit ihre Flügel aus,
Flog durch die stillen Lande,
Als flöge sie nach Haus.

Deutungshilfen für das Gedicht „Mondnacht"

- Mondschein = Zugang zum Traum
- Liebe = Einheit von Himmel und Erde
- zauberhafte Stimmung = magische Landschaft: Blüten-Schimmer
- Traum vom Flug = Gefühl von Freiheit, Sehnsucht nach Unendlichem und Ursprung

3 Verfasst einen informierenden Text über die Schriftsteller der Romantik mit Einleitung, Hauptteil und Schluss. Geht dabei auf Werke, Themen und Inhalte sowie Besonderheiten ein. Nutzt dazu eure Ergebnisse aus Aufgabe 1 und 2.

Seht euch vorher das Schaubild auf Seite 172 an.

4 EXTRA Recherchiert im Internet nach Vertonungen des Gedichtes „Mondnacht". Wählt eine aus und stellt sie der Klasse vor. Begründet eure Wahl.

→ **T4** Zitieren und Paraphrasieren Seite 220/221

◒ Aufgabe 1, 2, 3 ● Aufgabe 4 EXTRA

Lebenswege

Informationen übersichtlich ordnen

T1 Sprechen und Zuhören Seite 158–161

T2 Schreiben Seite 172–176

T5 Reziprokes Lesen Seite 243

1 Untersucht die drei folgenden Texte über Schriftsteller der Romantik mithilfe der Arbeitstechnik „Reziprokes Lesen".

Der realistische Träumer – Novalis

Novalis lebte von 1772 bis 1801.

[K]einer seiner Vorgesetzten [...] erfuhr, dass sich hinter diesem gewissenhaften Hardenberg[1] ein Schriftsteller verbarg. Dafür sorgte er selbst mit seinem Pseudonym, das ihn im Alltag schützte. Niemand in der kursächsischen Administration[2] sollte in ihm einen unsicheren, weil dichtenden Kandidaten sehen. [...]

Nach Novalis' frühem Tod bildete sich rasch die Legende vom schmachtenden Träumer. Das einzige erhaltene – und später kosmetisch geschönte – Bildnis zeigt einen hübschen, mädchenhaft zarten Jüngling mit wallenden Locken, leuchtenden Kinderaugen und weichem Kussmund. Genauso reizend stellt man sich den Helden aus seinem Roman „Heinrich von Ofterdingen" vor [...]. Alles in seinem Buch ist Märchen, Lied und Legende, gute Menschen lassen ihr Herz sprechen, es wird gesungen, gelacht, geliebt, der Dichter verwandelt die Welt in einen poetischen Traum. Dabei war Novalis im Kreise der Romantiker-Kollegen der größte Realist, begeistert von praktischen Wissenschaften wie Chemie, Physik und Geologie, erfüllt vom Drang nach handfester Beschäftigung. [...]

Gesundheit war in der Familie Hardenberg ein Fremdwort. Von elf Geschwistern erlebte nur eins den dreißigsten Geburtstag. Auch Novalis kämpfte ständig mit Krankheiten, neigte zu Schwermut und Depression. Über den Tod seiner großen Liebe Sophie von Kühn kam er nie hinweg, das Mädchen starb mit fünfzehn Jahren an der Schwindsucht.

1 Georg Philipp Friedrich von Hardenberg
2 Verwaltung

Arm, aber frei und vergnügt – Joseph von Eichendorff

Eichendorff lebte von 1788 bis 1857.

Joseph Freiherr von Eichendorff galt als stiller, bescheidener Mensch, von gütigem Wesen, freundlich zu jedermann. [...] Solche Männer mochte auch die preußische Administration[2] gut leiden, man gab ihm den schön klingenden Titel eines Regierungsrats, bezahlte äußerst mager und schubste ihn nach Belieben herum, von einem unbedeutenden Verwaltungsposten zum anderen. [...]

Wussten die Beamten eigentlich, dass ihr Kollege ein Dichter war, dessen Verse ganz Deutschland kannte? Vermutlich nicht, denn er sprach kaum von sich und seiner Literatur. In Tausenden deutscher Gesangsvereine erklangen die Lieder „Wem Gott will rechte Gunst erweisen" oder „In einem kühlen Grunde", doch auf den Notenblättern renommierter Komponisten von

Robert Schumann bis Johannes Brahms fehlte meist der Verfasser, der den Text geschrieben hatte. Eichendorffs Werk wurde berühmt und zum nationalen Kulturgut [erklärt], er selbst sank in Vergessenheit. […]
Geboren 1788 auf dem Familiensitz Schloss Lubowitz, wuchs Seppel, wie ihn die Eltern zärtlich nannten, in begüterten, ja fürstlichen Verhältnissen auf. Die Eichendorffs entstammten einem alten brandenburgischen Adelsgeschlecht […]. Nach und nach ging das Vermögen verloren, am Ende sogar das Schloss, das 1823 zwangsversteigert werden musste. Bis dahin hatte der junge Joseph die glücklichste Kindheit verlebt […].

Der fantastische Realist – E.T.A. Hoffmann

Hoffmann lebte von 1776 bis 1822.

Als „Gespenster-Hoffmann" ist er ins kollektive[3] kulturelle Gedächtnis eingegangen, als Schöpfer des Kriminalromans und Spezialist für unheimliche Geschichten und Kuriosa[4]. Leicht vergisst man dabei seine weiteren künstlerischen Begabungen: Er malte, zeichnete Karikaturen, entwarf Bühnenbilder fürs Theater. Zudem spielte er glänzend Klavier, komponierte Kammer- und Kirchenmusik, Orchesterwerke und die abendfüllende Oper „Undine". Überhaupt sah sich Ernst Theodor Wilhelm Hoffmann lange Zeit in der Rolle des Komponisten und Musikers, den dritten Vornamen änderte er und nannte sich Amadeus, aus Bewunderung für Mozart.
[…] Zwar träumte Hoffmann ebenso idealistisch wie seine Kollegen der romantischen Epoche vom „Leben in der Poesie" […], doch faszinierten ihn fast ausschließlich die Schatten- und Nachtseiten der menschlichen Existenz. Seine literarischen Dämonen sind keine Aliens, sie entspringen seelischen Abgründen. Und darin kannte sich der Dichter bestens aus.
Von Kindesbeinen an war E.T.A. Hoffmann mit Rausch, Halluzination und Wahnsinn leidvoll vertraut. Der Vater, ein Säufer, verließ die Familie, Hoffmanns Mutter reagierte darauf mit pathologischer[5] Hysterie. […] Früh griff Hoffmann selbst zum Alkohol, wurde ein notorischer[6], später legendärer Trinker, der tagsüber als honoriger[7] Rat am Berliner Kammergericht gewissenhaft seine anspruchsvollen Pflichten erfüllte. […]

3 gemeinsam
4 Seltsames, Merkwürdiges
5 krankhaft
6 gewohnheitsmäßig
7 ehrenhaft

2 Stellt die Informationen zu den drei Autoren in einer Tabelle zusammen. Legt dazu Spalten zu Name, biografischen Daten, Kindheit/Familie, Beruf, Werk sowie Besonderheiten an.

3 Vergleicht die Gemeinsamkeiten und Unterschiede der drei Autoren der Romantik. Nutzt dazu eure Ergebnisse aus Aufgabe 2.

4 EXTRA Recherchiert nach weiteren Informationen zu den Schriftstellern. Ergänzt eure Tabelle aus Aufgabe 2.

○ Aufgabe 1 ◒ Aufgabe 2, 3 ● Aufgabe 4 EXTRA

Ein gutes Ende

Sich über eine literarische Epoche informieren

→ T1 Sprechen und Zuhören Seite 158–161

→ T2 Schreiben Seite 172–176

→ Referatsthemen Seite 90/91

→ Epochen und Strömungen Seite 262–265

1 Lest den Text. Notiert in Stichpunkten wichtige Informationen.

Die Weimarer Klassik

Die deutsche Klassik verbindet man mit dem sogenannten „Viergestirn", den vier Autoren Johann Wolfgang von Goethe (1749–1832), Friedrich Schiller (1759–1805), Christoph Martin Wieland (1733–1813) und Johann Gottfried Herder (1744–1803).
Aufgrund des örtlichen Bezugs wurde diese Epoche auch Weimarer Klassik genannt. Ihre Vertreter sahen die Kunst der Antike als vorbildlich an. Den Beginn der deutschen Klassik markiert Goethes Italienreise im Jahr 1786, ihr Ende markiert der Tod Schillers im Jahr 1805. Die Schriftsteller der Klassik stellten eine idealisierte Wirklichkeit dar. Ihre Helden zeigen vorbildlich, wie die Menschen handeln sollen. Das Schauspiel „Wilhelm Tell" war Schillers letztes vollendetes Werk. Schiller zeigte darin eine Gemeinschaft, die sozial und gerecht ist.

2 Notiert mithilfe der folgenden Angaben Fragen zu Friedrich Schillers biografischen Daten. Recherchiert im Internet oder in der Bibliothek nach passenden Antworten, z. B.: *Warum ging Friedrich Schiller auf eine Militärschule? – …*

Biografische Daten von Friedrich Schiller

1759	Geburt am 10. November in Marbach am Neckar
1773	Beginn der Ausbildung an der Militärschule des Herzogs Carl Eugen
1780	Arbeit als Militärarzt
1782	Uraufführung „Die Räuber"/Schreibverbot und zwei Wochen Arrest
1789	Universitätsprofessur in Jena
1790	Hochzeit mit Charlotte von Lengsfeld
1793	Geburt des ersten Kindes, drei weitere folgen
1794	Freundschaft mit Goethe
1804	„Wilhelm Tell"
1805	Tod am 9. Mai in Weimar

3 Lest den folgenden Text. Formuliert mit eigenen Worten, was Friedrich Schiller unter einer „ästhetischen Erziehung" versteht.

Die Ästhetische Erziehung des Menschen

Friedrich Schiller erkannte durch die Folgen der Französischen Revolution, dass Aufklärung und Vernunft den Menschen nicht besser machen. Er schrieb in seinen Briefen „Über die ästhetische Erziehung des Menschen", dass die „schöne Kunst" diese erzieherische Rolle einnehmen und zur

„Veredlung des Charakters" führen solle. Dann wäre die Entwicklung zu einer humaneren Gesellschaft möglich. In seinen Dramen und Balladen folgt Friedrich Schiller dieser Vorstellung.

4 Vergleicht eure Ergebnisse aus Aufgabe 3 in der Gruppe. Einigt euch auf eine gemeinsame Formulierung.

5 Lest den Dramenausschnitt. Erklärt die unterstrichenen Textstellen mit eigenen Worten.

Friedrich Schiller

Wilhelm Tell

Das Schauspiel „Wilhelm Tell" von Friedrich Schiller thematisiert den Freiheitskampf der Schweizer. Der habsburgische Kaiser hatte Landvögte[1] eingesetzt. Geßler ist einer von ihnen. Tyrannisch unterdrückt er die Bevölkerung. Wilhelm Tell wird von ihm gezwungen, einen Apfel vom Kopf seines Sohnes zu schießen. Im Verlauf des Geschehens entwickelt sich Wilhelm Tell zu einem Menschen, der sich für die Gemeinschaft einsetzt. Er entschließt sich zur Gegenwehr, um die Gefahr von seinem Volk abzuwenden.

Tell *tritt auf mit der Armbrust* Durch diese hohle Gasse muss er kommen, es führt kein andrer Weg nach Küssnacht – hier vollend ich's – die Gelegenheit ist günstig. […] Ich lebte still und harmlos – das Geschoss war auf des Waldes Tiere nur gerichtet, meine Gedanken waren rein von Mord – du hast aus meinem Frieden mich herausgeschreckt, in gärend Drachengift hast du die Milch der frommen Denkart mir verwandelt, zum Ungeheuren hast du mich gewöhnt – wer sich des Kindes Haupt zum Ziele setzte, der kann auch treffen in das Herz des Feinds. Die armen Kindlein, die unschuldigen, das treue Weib muss ich vor deiner Wut beschützen, Landvogt – da, als ich den Bogenstrang anzog – als mir die Hand erzitterte – als du mit grausam teuflischer Lust mich zwangst, aufs Haupt des Kindes anzulegen – als ich ohnmächtig flehend rang vor dir, damals gelobt ich mir in meinem Innern mit furchtbarm Eidschwur, den nur Gott gehört, dass meines *nächsten* Schusses *erstes* Ziel dein Herz sein sollte – was ich mir gelobt in jenes Augenblickes Höllenqualen, ist eine heil'ge Schuld, ich will sie zahlen. […]

1 Berufsbezeichnung. Landvögte legten Steuern fest und zogen diese ein, sie bestraften Vergehen und hielten Gericht.

6 Tauscht euch darüber aus, wie Friedrich Schiller seine Vorstellungen von einer „ästhetischen Erziehung" im Drama „Wilhelm Tell" umsetzt.

7 Fasst die wichtigsten Informationen aus den Texten schriftlich zusammen. Formuliert eine passende Überschrift. Bestimmt vorher, wie ihr euren Text beginnen möchtet, z. B.: chronologisch oder beginnend mit „Wilhelm Tell", …

8 EXTRA Lest die Ballade „Der Handschuh" von Friedrich Schiller. Untersucht sie bezüglich des erzieherischen Inhalts. Ihr könnt den Surftipp dazu nutzen.

Surftipp 8c3e26

Die jungen Dichter

Expressionismus übersichtlich darstellen

→ **T1** Sprechen und Zuhören Seite 158–161

→ **T2** Schreiben Seite 172–176

→ Referatsthemen Seite 90/91

→ Epochen und Strömungen Seite 262–265

→ **T5** Gruppenmix Seite 237

1 Lest den folgenden Text mithilfe der Arbeitstechnik „Gruppenmix".

Expressionismus und die Literatur

Der Begriff „Expressionismus" wurde zuerst für einen Malstil gebraucht, den kräftige Farben und einfache Formen bestimmten. Wie später die Dichter wollten die Maler ihren Gefühlen einen starken Ausdruck verleihen und den Betrachter emotional berühren. Der Begriff wurde auf die Literatur, die zwischen 1910 und 1925 entstand, übertragen. Die Expressionisten drückten in ihren Texten aus, wie sie die Welt erlebten und was sie dabei empfanden. Häufig wandten sie sich dabei ungewöhnlichen Situationen und Außenseitern der Gesellschaft zu. Sie fühlten sich mit diesen verbunden, weil sie sich als Künstler ebenfalls als Außenseiter verstanden. Obwohl die Autoren sehr unterschiedlich waren, einte sie die Suche nach neuen Ausdrucksformen. Die jungen Dichter kamen aus gutbürgerlichen Elternhäusern, hatten mehrheitlich Gymnasium und Universität besucht und oft einen Doktortitel erworben. Aber sie lehnten die Wilhelminische Gesellschaft[1] ab, in der wirtschaftliche und militärische Macht den Ton angaben. Wer aufsteigen wollte, musste sich an dieses System anpassen. Das Bürgertum definierte sich über seinen Reichtum. Traditionen wurden nicht hinterfragt und gesellschaftliche Probleme nicht angepackt. Das Individuum galt nicht. Die expressionistischen Autoren wollten diejenigen, die ihren Wohlstand rücksichtslos verteidigten, bloßstellen. Ihre Ablehnung drückten sie auch mit ihrem heftigen Protest gegen die Väter aus, die sie als Vertreter der staatlichen Autorität sahen. In ihrem Wunsch nach einer neuen Gesellschaft begrüßten einige sogar den Ausbruch des Ersten Weltkriegs. Ziel war es, die erstarrte Gesellschaftsform zu überwinden, um in eine neue Gesellschaft und ein selbstbestimmtes Leben aufzubrechen.

In der frühen Phase bevorzugten die expressionistischen Schriftsteller die Lyrik. Vielfach ließen sie sich durch Städte inspirieren, vor allem durch Berlin. Berlin war bis 1920 auf vier Millionen Einwohner angewachsen. Das städtische Erscheinungsbild hatte sich durch die technischen und wirtschaftlichen Entwicklungen rasant verändert. In den Menschen wuchs das Gefühl, dass nicht mehr sie ihr Leben bestimmten, sondern die Stadt. Die Autoren stellten diesen Ich-Verlust immer wieder in Gedichten dar. Auf der anderen Seite war für sie die Großstadt mit ihrer Schnelllebigkeit äußerst faszinierend. Die wechselnden Eindrücke wurden in der Lyrik mit viel Fantasie gestaltet. Zum Beispiel beschreibt Georg Heym in seinem Gedicht „Die Stadt" die „tausend Fenster", die nachts mit ihren „Lidern" „blinzeln" und vergleicht Straßen mit Adern. In Grammatik und Syntax weichen die expressionistischen Gedichte vom Gewohnten ab. Viele verzichten auf Reime,

1 Wilhelm II., von 1888 bis 1918 deutscher Kaiser; Deutschland war in dieser Zeit eine starke Wirtschaftsmacht.

Strophenschema und ein regelmäßiges Metrum. Durch die Metaphern soll man sich in das subjektive Erlebnis des Dichters hineindenken. Das erste expressionistische Drama, das 1916 aufgeführt wurde, war „Der Sohn“ von Walter Hasenclever, das vor allem die autoritären Erziehungsmethoden anspricht. In anderen Stücken wurden Militarismus, Kapitalismus und Industrialisierung kritisiert, z. B. im Drama „Masse – Mensch“ von Ernst Toller. Die Dramen zeigten neue Formen. Die Szenen sind nur lose miteinander verknüpft und bauen nicht aufeinander auf. Das verbindende Element ist die Hauptfigur. Bei „Masse – Mensch“ ist es eine namenlose Hauptfigur, die immer nur „die Frau“ genannt wird. In realen Bildern und in Traumbildern wird der „Mensch“ als Vorbild dargestellt. Der Weg der heldenhaften Hauptfigur führt in den Tod, weil „die Frau“ sich für die Seite der Menschlichkeit entscheidet. Die Sprache ist suggestiv[2], um den Zuschauer einzubinden. Traditionelle Syntax und Grammatik werden aufgebrochen, Wortschöpfungen und neue Metaphern gewählt. Mit Pathos und Appellen wird eine neue, bessere Welt verkündet.

2 stark beeinflussend

2 Sammelt gemeinsam eure Eindrücke zu dem Bild „Potsdamer Platz“ von Ludwig Meidner.

3 Vergleicht, welche Informationen aus dem Text sich auf dem Bild widerspiegeln.

Ludwig Meidner: Potsdamer Platz. 1918, Lichtdruck nach einer Zeichnung

4 Fasst die Informationen aus dem Text in übersichtlicher Form zusammen, z. B. in Form einer Tabelle oder Mindmap. Lest euch diese mehrfach durch.

5 Tragt die Informationen aus Aufgabe 4 möglichst frei einer Partnerin oder einem Partner vor. Gebt euch ein Feedback. Ergänzt oder korrigiert gegebenenfalls eure Zusammenfassungen.

→ **T1** Sprechen und Zuhören Seite 162/163

→ **T5** Feedback geben Seite 236

6 EXTRA Stellt die Literaturepoche „Expressionismus“ als Power-Point-Vortrag in der Klasse vor.

Material 4vg6kp

○ Aufgabe 1, 2 ◒ Aufgabe 3, 4, 6 EXTRA ● Aufgabe 5

Faszination und Bedrohung

Einen informierenden Text verfassen

→ **PT** Einen informierenden Text verfassen Seite 142–145

→ **T2** Schreiben Seite 172–176

→ Referatsthemen Seite 90/91

1 Lest die beiden Gedichte. Tauscht eure ersten Eindrücke dazu aus.

Georg Trakl

Grodek

Am Abend tönen die herbstlichen Wälder
Von tödlichen Waffen, die goldenen Ebenen
Und blauen Seen, darüber die Sonne
Düstrer hinrollt; umfängt die Nacht
Sterbende Krieger, die wilde Klage
Ihrer zerbrochenen Münder.
[…]

August Stramm

Patrouille

Die Steine feinden
Fenster grinst Verrat
Äste würgen
Berge Sträucher blättern raschlig
gellen[1]
Tod.

1 ertönen, erklingen

2 Benennt Gemeinsamkeiten und Unterschiede der beiden Gedichte. Beachtet dabei sowohl die inhaltliche als auch die sprachliche Ebene.

→ **Kapitel 1** Seite 12–15

3 Denkt euch in das lyrische Ich des folgenden Gedichtes hinein. Formuliert seine Empfindungen mit eigenen Worten, z. B.: *Dieses Chaos von Straßen leuchtet so grell. Sie verdrängen alles andere aus meinem Kopf …*

Alfred Lichtenstein

Punkt

Die wüsten[2] Straßen fließen lichterloh
Durch den erloschnen Kopf. Und tun mir weh.
Ich fühle deutlich, dass ich bald vergeh –
Dornrosen meines Fleisches, stecht nicht so.

Die Nacht verschimmelt. Giftlaternenschein
Hat, kriechend, sie mit grünem Dreck beschmiert.
Das Herz ist wie ein Sack. Das Blut erfriert.
Die Welt fällt um. Die Augen stürzen ein.

2 wild, ungezügelt

4 Arbeitet aus den Gedichten Beispiele für Expressionismus heraus. Nutzt dazu die Informationen aus dem Text auf Seite 86/87.

5 Lest den folgenden Dramenausschnitt. Beschreibt die dargestellte Situation. Benennt, welche sprachlichen Mittel dazu genutzt werden. Legt dar, welche davon typisch für expressionistische Dramen sind.

Ernst Toller

Masse – Mensch

Angedeutet: Großer Saal. Auf der Bühne ein langer schmaler Tisch. Links sitzt die Frau. Im Saal Arbeiterinnen und Arbeiter dicht gedrängt.

Gruppe junger Arbeiterinnen Und Schlacht speit neue Schlacht!
Kein Zaudern mehr mit jenen Herren,
Nicht Schwanken und nicht schwachen Pakt.
Einer Schar Genossen Auftrag:
In die Maschinen Dynamit.
Und morgen fetzen die Fabriken in die Luft.
Maschinen pressen uns wie Vieh in Schlachthaus,
Maschinen klemmen uns in Schraubstock,
Maschinen hämmern unsre Leiber Tag für Tag
Zu Nieten … Schrauben …
Schrauben … drei Millimeter …
Schrauben … fünf Millimeter,
Dörren unsre Augen, lassen Hände uns verwesen bei lebendigem Leibe …
Nieder die Fabriken, nieder die Maschinen!

Vereinzelte Rufe im Saal

Nieder die Fabriken, nieder die Maschinen!

Am Tisch auf der Tribüne erhebt sich die Frau.

Die Frau […] Erkenntnis ist:
Fabrik ist nicht mehr zu zerstören.
Nehmt Dynamit der ganzen Erde,
Laßt eine Nacht der Tat Fabriken sprengen,
Im nächsten Frühjahr wärn sie auferstanden
Und lebten grausamer als je.
Fabriken dürfen nicht mehr Herr,
Und Menschen Mittel sein.
Fabrik sei Diener würdigen Lebens!
[…]
Den Ausweg, Brüder, wollt ihr wissen?
Ein Ausweg bleibt uns Schwachen,
uns Hassern der Kanonen.
Der Streik! kein Handschlag mehr.
Streik unsre Tat!
[…]

6 Verfasst einen informierenden Text über den Expressionismus. Nutzt dazu eure Ergebnisse von Seite 86 bis 89.
- Erstellt eine Gliederung. Formuliert für euren Text eine interessante Überschrift.
- Stellt in der Einleitung das Thema kurz vor.
- Geht im Hauptteil auf die gesellschaftlichen Entwicklungen und ihren Einfluss ein. Stellt dar, welche Besonderheiten die Gattungen in dieser Zeit haben. Nennt Autoren und ihre Werke und fügt passende Textbeispiele ein.
- Fasst eure Ergebnisse am Schluss kurz zusammen. Nehmt Stellung zu den Autoren und ihren Werken.
- Überarbeitet euren informierenden Text in einer Schreibkonferenz.

→ T4 Fehleranalyse und Textüberarbeitung Seite 227–233

→ T5 Schreibkonferenz Seite 244

Dieses Thema gefällt mir

Referatsthemen auswählen, recherchieren und vorbereiten

→ **T1** Sprechen und Zuhören Seite 158–161

Orientiert euch an den Verweisen auf Referatsthemen in diesem Kapitel.

1 Wählt eine der im Kapitel genannten literarischen Epochen aus. Überlegt, welchen Schwerpunkt ihr in einem Referat legen könntet. Ihr könnt die folgenden Beispiele nutzen.

einen Autor und Teile seines Werks, z. B. Schiller und seine Texte

Beispiele für die Malerei und/oder die Musik der Epoche, z. B. das romantische Lied

verschiedene Schriftsteller einer Epoche, z. B. Romantiker und ihre Lebenswege

Themen und Motive einer Epoche, z. B. Natur, Sehnsucht oder Stadt …

2 Stimmt euch in der Klasse hinsichtlich der Themen und der Vortragstermine ab. Erstellt einen Terminplan. Beachtet eine sinnvolle Abfolge der Referate.

→ **T5** Internetrecherche Seite 238

→ **T5** Exzerpte anfertigen Seite 235

→ **T5** Mindmaps erstellen Seite 240

3 Bereitet nun euer Referat vor. Recherchiert in der Bibliothek oder im Internet nach weiteren Informationen zu euren Themen. Haltet diese z. B. in Stichpunkten, Mindmaps oder als Exzerpte fest.

4 Erstellt mithilfe der Arbeitstechnik eine Gliederung für euer Referat.

Arbeitstechnik

Referate gliedern

1. **Ordnet** zunächst alle gesammelten **Informationen**. Dabei sollte auf eine sinnvolle Reihenfolge („roter Faden") geachtet werden.
2. **Gliedert** euer Referat in Einleitung, Hauptteil und Schluss.

- Überlegt euch eine **Einleitung**, die das Interesse der Zuhörer weckt, z. B. ein Zitat, ein Bild, … Benennt das Thema und stellt die Gliederung vor.
- Stellt die Informationen im **Hauptteil** geordnet dar. Gliedert diesen nach wichtigen Gesichtspunkten des Themas. Achtet auf Übergänge zwischen den einzelnen Teilen.
- Fasst im **Schluss** die wichtigsten Aussagen zusammen. Auch an dieser Stelle kann man mit etwas Besonderem abschließen. Nennt auch eure eigene Meinung zu dem Thema.

Schreibt nur auf die Vorderseite und achtet darauf, dass alles gut lesbar ist.

Nummeriert am Schluss eure Karteikarten.

5 Fertigt entsprechend eurer Gliederung aus Aufgabe 4 Karteikarten an.
- Verwendet für die Einleitung, jedes Unterthema sowie den Schluss eine eigene Karteikarte.
- Notiert schwierige Zusammenhänge als vollständigen Satz. Markiert Zitate. Nutzt Unterstreichungen, Markierungen und Symbole, um Zusammenhänge und wichtige Punkte hervorzuheben.
- Notiert, an welcher Stelle ihr z. B. Bilder zeigen oder Musik abspielen möchtet. Markiert eure Entscheidungen mit unterschiedlichen Farben.

6 Erstellt ein Handout zu eurem Referat. Nutzt dazu die Arbeitstechnik und orientiert euch am Beispiel von Marina.

Arbeitstechnik

Handouts erstellen

Ein **Handout** ist ein sogenannter Handzettel für die Zuhörenden. Auf diesem werden **wichtige Informationen übersichtlich** dargestellt. Das Handout kann referatsbegleitend oder nachträglich ausgeteilt werden.

- Beschränkt euch auf eine Seite. Erstellt es mit einem Textverarbeitungsprogramm.
- Schreibt in die Kopfzeile Name, Klasse und Datum.
- Formuliert als Überschrift das Referatsthema.
- Orientiert euch an der Gliederung eures Referates.
- Führt alle wichtigen Informationen in Stichpunkten auf. Hebt Wichtiges durch Unterstreichungen oder Fettdruck hervor.
- Gebt am Schluss die Quellen an, die ihr bei eurem Referat verwendet habt.

Ihr könnt an der Seite Platz für Notizen einplanen.

Marina Sous, Klasse 10B 12.11.2017

Sophie Mereau – Schriftstellerin der Romantik

1. biografische Daten: • geboren: 27. März 1770 in Altenburg • gestorben: 31. Oktober **1806 in Heidelberg** • Mädchenname: Sophie Friederike Schubart • sehr gute Ausbildung • **1793** Heirat mit **Friedrich-Karl Mereau** (Universitätsbibliothekar und Jurist) → Mereau wollte durch die Ehe finanziell abgesichert sein und in der Kulturhauptstadt Jena leben. → zwei Kinder → **1801** Scheidung • lebte als Berufsschriftstellerin • **1803** Heirat mit **Clemens Brentano**	Eigene Notizen → Tod im Kindbett → bürgerliches Elternhaus → Sohn stirbt jung → mit ihrer Tochter → 8 Jahre jünger
2. Vorstellungen: „Allmacht der Liebe": romantische Vorstellung, viele Liebesaffären, befürwortete die Ideale der Französischen Revolution	→ rechtfertigte so Affären
3. Werke und Förderer: …	
…	
Verwendete Quellen: …	

Und nun für alle

→ **T1** Sprechen und Zuhören Seite 158–163

Referate vorbereiten und präsentieren

1 Seht euch die beiden Visualisierungen für Referate an. Überlegt, ob eine davon für euer Referat in Frage kommt.

A

Caspar David Friedrich:
Der Wanderer über dem Nebelmeer
um 1818
Wanderer in Rückenansicht
Betrachter schaut mit in die Ferne
Sehnsucht nach Ferne: wichtiges Motiv der Romantik

Anordnung → Weite

Wolkenmeer: Naturschauspiel
Gefühl: Größe der göttlichen Schöpfung

„Der Maler soll nicht bloß malen, was er vor sich sieht, sondern auch, was er in sich sieht." Zitat C. D. Friedrich

B

Sophie Mereau-Brentano

In Tränen geh ich nun allein

In Tränen geh ich nun allein,
am Quell – Du kennst ihn wohl.
Ich blicke in den Bach hinein,
dass er mich trösten soll.

Du freundlich Liebesangesicht,
wie bist du doch so fern!
Dich bringt mir nun kein Tageslicht,
bringt nicht der Abendstern.

Mein Leben schließt die Augen zu,
weil es Dich nicht mehr sieht,
indes in Träumen ohne Ruh
mein Herz stets zu dir zieht.

aus: Brief an Clemens Brentano 1803, kurz vor der Hochzeit

Gedichtausschnitt von 1803
Zeit der Romantik

bekannter Ort für den Geliebten
Trost durch Natur

Sehnsucht:
Begegnung ist nicht möglich

ohne den Geliebten ist es kein Leben

im Traum ist die Begegnung möglich

2 Seht euch das folgende Schaubild an. Entscheidet, mit welchen Mitteln ihr euer Referat gestalten möchtet.

Visualisierungen

• Begriffe • Zitate • Fragen • Textausschnitte • Bilder • …	• Tabelle/Zeitleiste (Chronologie) • Cluster/Mindmap • Karte/Schaubild • Textausschnitte • Bilder • …	• Zitat • Frage • Bild • …

mündliche Formen

Einleitung	Hauptteil	Schluss
• Text vorlesen • Musik • Videoclip • …	• fiktive Vorstellung einer Person • fiktives Interview • Rollenspiel • …	• Ereignis erzählen • Text vorlesen • Zitat vorlesen • …

3 Fertigt zu eurem Referat von Seite 90/91 Visualisierungen an. Achtet bei der Erstellung auf die Lesbarkeit. Wählt dazu passende mündliche Formen für die Präsentation aus.

Orientiert euch an den Beispielen auf der linken Seite.

Merke

Wichtige und interessante Informationen kann man z. B. mithilfe von Info-Plakaten, Wandzeitungen, Folien für einen Overhead-Projektor oder eines Präsentationsprogramms veranschaulichen. An den passenden Stellen kann die Rednerin oder der Redner sie erklären und gegebenenfalls Informationen ergänzen. Durch Visualisierungen oder besondere mündliche Darstellungen bleiben die Informationen besser in Erinnerung.

4 Übt euer Referat mithilfe eurer erstellten Materialien. Versucht, das Referat möglichst frei zu halten. Formuliert flüssige und verständliche Sätze. Zitate könnt ihr ablesen.

Überlegt euch, welche Fragen zu eurem Thema möglicherweise gestellt werden und was ihr darauf antworten könnt.

→ T1 Sprechen und Zuhören Seite 162/163

5 Haltet eure Referate vor der Klasse. Fordert die Zuhörer am Schluss auf, Fragen zu stellen.

→ T5 Feedback geben Seite 236

6 Gebt euch gegenseitig ein Feedback.

○ Aufgabe 1, 2 ◒ Aufgabe 3, 4, 5 ● Aufgabe 6

Teste dich selbst!

1 Lies den Text. Achte auf die Sinnabschnitte.

Jacob lebte von 1785 bis 1863; Wilhelm lebte von 1786 bis 1859.

Die Brüder Grimm

A Um lediglich ein Lebensjahr getrennt, wuchsen die beiden in einer vielköpfigen, harmonischen Familie auf. Der Vater Philipp Wilhelm Grimm verband den Beruf als Anwalt mit dem Amt des fürstlichen Stadtschreibers im hessischen Hanau. [...] Der plötzliche Tod des Vaters erschütterte 1796 die glückliche Kindheit, Mutter Dorothea hatte nun sechs hungrige Mäuler allein zu stopfen, die Ältesten Jacob und Wilhelm brachte sie [deshalb] bei fremden, wenn auch gutherzigen Leuten unter. [...] In Marburg begannen Jacob und Wilhelm das Studium der Jurisprudenz[1], die Bibliothek wurde zu ihrem Lieblingsort. Dort stöberten sie nach uralten Handschriften, entzifferten und kopierten altgermanische und mittelalterliche Texte. [...]

B Die Romantik hatte die deutsche Vergangenheit entdeckt, suchte Zuflucht und eine neue Identität in Märchen und Sagen. Die Brüder Grimm fanden rasch Zugang zu den romantischen Dichterkreisen um Clemens Brentano, Achim von Arnim, Ludwig Tieck und begeisterten sich für deren aktuelles Projekt: „Des Knaben Wunderhorn“[2] erschien ab 1805 in mehreren Bänden. [...]

C Es dauerte nur wenige Jahre, bis sie mit eigenen Büchern an die Öffentlichkeit traten: Jacob verfasste 1811 ein Werk über altdeutsche Gesänge, Wilhelm übersetzte altdänische Heldenlieder und Balladen. Nach einigen beruflichen Wirren ging das Brüderpaar glücklich in der Kurfürstlichen Bibliothek zu Kassel in Stellung, von 1814 an blieb und wohnte man zusammen, warf das zunächst karge Gehalt in einen Topf und arbeitete wie entfesselt. Jacob erforschte vor allem die Sprache, Wilhelm zog es mehr zu den dichterischen Quellen. [...] In Göttingen trat das Brüderpaar das Amt wieder nur zusammen an, und die familiäre Eintracht blieb auch ungetrübt, als Wilhelm sich vermählte. Die Ehefrau Dorothea, genannt Dortchen, heiratete den Schwager Jacob gewissermaßen mit. [...]

1 Rechtswissenschaften
2 Sammlung von Volksliedtexten

Geburtshaus der Gebrüder Grimm in Steinau, Hessen

D Weil sie zu den „Göttinger Sieben" gehörten, die gegen den Verfassungsbruch des hannoverschen Königs protestierten, wurden sie aus dem Staatsdienst entlassen. [...] Bereits drei Jahre nach dem Göttinger Rauswurf berief sie der kunst- und wissenschaftsfreundliche Friedrich Wilhelm IV. an die Berliner Akademie der Wissenschaft, damit sie die Arbeit an einem Wörterbuch zu besten Bedingungen fortsetzten. [...]
Im Gegensatz zum robusten Jacob war Wilhelm häufig krank. Aus einem harmlos scheinenden Furunkel entwickelte sich eine Entzündung, der Wilhelm im Dezember 1859 erlag. [...] Jacob Grimm folgte dem Bruder bald, er starb 1863 an den Folgen eines Schlaganfalls.

2 Stelle die Informationen zu Jacob und Wilhelm Grimm in einer übersichtlichen Form dar, z. B. in einer Mindmap oder Tabelle.

3 Lies die folgenden Textausschnitte. Ergänze neue Informationen in deiner Übersicht aus Aufgabe 2.

[...] angeregt durch die Mitarbeit an der romantischen Liedersammlung „Des Knaben Wunderhorn" (1805–1808) beginnen die Brüder die überlieferten Texte der „Dichtung des Volkes" zu sammeln, unterstützt durch ihre „Märchenbeiträger", rund 50 meist junge Leute aus gebildeten Schichten.

Der erste Band der Märchen erschien 1812, der zweite folgte 1815. Der große Publikumserfolg setzte 1825 mit der „Kleinen Ausgabe" ein, die fünfzig Märchen sowie Illustrationen von Ludwig Emil Grimm enthielt, des jüngeren Bruders von Jacob und Wilhelm.

„Wir haben uns in eine große, weite Arbeit eingelassen ...", schrieb Jacob Grimm 1838 nach der Vertreibung der Brüder aus Göttingen. Geplant war nichts weniger als die komplette Bestandsaufnahme des deutschen Wortschatzes [...]

4 Verfasse einen informierenden Text über die Brüder Grimm.
- Formuliere eine passende Überschrift. Schreibe eine Einleitung, in der du die Brüder Grimm kurz vorstellst.
- Stelle die wichtigsten Informationen in einer sinnvollen Reihenfolge dar.
- Bewerte am Schluss, welche Bedeutung die Brüder Grimm heute noch haben.

5 Erstelle mithilfe der Materialien eine Gliederung für ein Referat über die Brüder Grimm. Fertige dazu Karteikarten und ein Handout an.

6 Überlege, wie du das Referat visualisieren könntest. Begründe deine Entscheidung.

Wie konntest du Aufgabe 1 bis 4 lösen?
😐 → Seite 172–176
🙂 → Seite 176 **EXTRA**

Wie konntest du Aufgabe 5 und 6 lösen?
😐 → Seite 158–163
🙂 → Seite 163 **EXTRA**

Bist du fit für die Prüfung? Teste dich auf
→ Seite 142–145

5

Hast du mich verstanden?

Kurzprosa produktiv erschließen und reflektieren

1 Lest die folgende Aussage. Ordnet dieser die vier Bausteine einer Ich-Botschaft zu.

Wenn du so spät nach Hause kommst, mache ich mir große Sorgen und habe Angst, es könnte dir etwas zugestoßen sein. Ich möchte demnächst wissen, wann und wie du nach Hause kommst.

Anlass	Erwartung/Wunsch
Begründung	Gefühl

2 Versetzt euch in die Lage der Tochter. Antwortet dem Vater mit einer angemessenen Ich-Botschaft.

3 Löst das Silbenrätsel. Schreibt die Begriffe mit den passenden Erklärungen in euer Heft.

Schreibt die Silben auf und streicht sie durch, wenn ihr sie verwendet habt.

al – ar – auk – deh – di – Er – fend – Ich – in – In – ler – li – mungs – nal – ne – nen – nend – per – raf – raum – rekt – ri – sicht – so – Stim – to – zäh

- Ein anderes Wort für „allwissender" Erzähler (→ Adjektiv)
- Es wird aus der Sicht nur einer Figur erzählt (→ Adjektiv)
- Charakterisierung, die sich nur über das Verhalten einer Figur erschließen lässt (→ Adjektiv)
- Raum, der symbolischen Charakter hat (→ Nomen/Substantiv)
- Es wird nacheinander erzählt (→ Adjektiv)
- Eine mögliche Erzählform (→ Nomen/Substantiv)
- Ein Geschehen wird ausführlich beschrieben: zeit____ (→ Adjektiv)
- Eine mögliche Erzählperspektive (→ Nomen/Substantiv)
- Ein längeres Geschehen wird zusammengefasst dargestellt: zeit____ (→ Adjektiv)

Jetzt lernt ihr, ...

... Leseerwartungen zu formulieren und zu reflektieren.

... Kommunikation zu untersuchen.

... Erzählsituationen zu erarbeiten.

... Geschichten fortzusetzen.

... Sprache und Erzählform zu untersuchen.

... die Merkmale einer Kurzgeschichte herauszuarbeiten.

... eine Kurzgeschichte zu analysieren.

... mündliche Erzählungen zu gestalten.

... einen satirischen Text zu analysieren.

Ich sehe was, was du nicht siehst

Leseerwartungen formulieren und reflektieren

→ T3 Umgang mit literarischen Texten Seite 195–197

1 Lest zunächst nur die Überschrift des folgenden Textes. Stellt Vermutungen an, worum es in der Geschichte gehen könnte.

2 Vergleicht eure Vermutungen aus Aufgabe 1 miteinander. Lest den Text bis zur nächsten Aufgabe.

Selim Özdoğan

Zuerst den Linken

Es war ein gewohntes Geräusch, aber es ging mir auf die Nerven, vor allem nachts. Es hatte lange gedauert, bis ich herausgefunden habe, was die Ursache der Geräusche war, immer zwei, kurz nacheinander, manchmal dumpf, manchmal polternd, aber immer zwei und immer kurz nachdem sie nach Hause gekommen war, egal, um welche Zeit.
Sie wohnte über mir, ich hatte einige Male versucht, zwei Meter fünfzig unter ihr den gleichen Weg durch meine Wohnung zu machen, um dahinter zu kommen, was sie dort oben veranstaltete. Zuerst hörte man, wie sie die Tür aufschloss, dann das Klackern ihrer Absätze im Flur, das schnurstracks in die Küche führte, dort ein leises Knarren wie von einem alten Holzstuhl und schließlich die zwei polternden Geräusche wieder im Flur.
Sie schmiss ihre Schuhe von der Küche aus in den Flur. Tagsüber fiel es mir nicht immer auf, aber am späten Abend oder nachts rissen die Geräusche mich aus dem Schlaf. Wenn ich abends einschlief und sie war noch nicht zu Hause, wusste ich schon, dass sie mich wecken würde. Es nervte. Also sprach ich sie im Treppenhaus darauf an.

→ T5 Szenisch spielen Seite 245

3 Spielt das Gespräch im Treppenhaus. Spielt die Szene einmal so, dass die beiden Figuren zu einem Kompromiss kommen. Spielt die Szene ein weiteres Mal so, dass sie im Streit endet.

4 Lest nun den folgenden Dialog. Vergleicht ihn mit euren Spielszenen aus Aufgabe 3.

Entschuldige, kann es sein, dass du deine Schuhe immer von der Küche aus in den Flur wirfst?
– Ja. Wie …?
– Nun, man hört das unten, und nachts wache ich auf davon. Ich weiß, das mag jetzt kleinlich wirken, aber ich wache halt immer wieder auf, und wenn du vielleicht …
Es schien ihr unangenehm zu sein.
– Natürlich, kein Problem. Wenn ich das gewusst hätte … Und die Musik?
– Musik stört mich nicht.

Sie schien mich nicht spießig oder kleinkariert zu finden, sie hatte mich nicht angesehen, als hätte ich ihr eröffnet, in Wirklichkeit wäre ich die Prinzessin auf der Erbse, ich glaubte, sie hätte mich verstanden.

5 Überprüft, ob der Ich-Erzähler sein Anliegen (Zeile 20–22) im Sinne einer Ich-Botschaft ausgedrückt hat. Formuliert gegebenenfalls Alternativen.

Anlass | **Gefühl** | **Begründung** | **Erwartung/Wunsch**

6 Lest den Text weiter. Stellt Vermutungen an, was in der Wohnung der Frau in der Nacht passiert ist.

Noch in derselben Nacht wurde ich geweckt. Ich war entspannt eingeschlafen in dem Bewusstsein, dass ich durchschlafen würde, obwohl sie noch nicht zu Hause war. Ich wurde wach von dem Geräusch ihres Schuhs. Ich wartete. Nichts geschah. Hatte ich den ersten etwa verschlafen? Das war noch nie passiert. Ich wartete, dass sie den zweiten Stiefel – das Geräusch war so laut gewesen, es mussten Stiefel sein –, ich wartete, dass sie den zweiten Stiefel auch in den Flur schleuderte. Was sie nicht tat. Vielleicht war sie völlig erledigt, kaum fähig, sich zu bewegen. Aber was ging mich das an. Ich hatte sie gebeten, nicht mehr diesen Lärm zu veranstalten, doch sie konnte wohl nicht anders. Ich wartete auf das zweite Poltern, damit ich weiterschlafen konnte. Zwei, drei, vier Minuten Stille. Jetzt schmeiß schon, dachte ich, jetzt mach, damit ich schlafen kann, dumme Kuh, erst sagen, kein Problem, und sich dann einen Dreck scheren um das eigene Geschwätz von heute Mittag, schmeiß.
Es blieb still. Es blieb still, und ich blieb wach. Ich blieb noch eine Viertelstunde wach, in der ich auf das zweite Poltern wartete, eine Viertelstunde, in der ich mich so über diese Frau aufregte, dass ich weitere zwei Stunden brauchte, um mich zu beruhigen und einzuschlafen. Hätte sie doch gleich sagen sollen, dass ich mich anstelle, anstatt so zu tun, als würde sie meiner Bitte nachgeben.

7 Besprecht mithilfe des Schlusses, ob sich eure Vermutungen aus Aufgabe 6 bestätigt haben oder ob der Text Überraschendes bereithält.

– Bist du gestern Nacht aufgewacht? fragte sie mich am nächsten Tag im Treppenhaus. Ich hatte leider den linken Schuh so aus Gewohnheit in den Flur geschleudert, und erst dann fiel mir wieder ein, dass dich das stört, und so habe ich den rechten dann ganz leise danebengelegt.

8 Schreibt die Geschichte weiter. Was könnte der Ich-Erzähler antworten?

9 EXTRA Schreibt eine Parallelgeschichte, in der ein Mann die Wohnung über einer Frau hat.

→ **T2** Schreiben Seite 179/180

T1 Sprechen und Zuhören Seite 167–169

Die richtigen Worte finden

Kommunikation untersuchen und Dialoge gestalten

1 Übertragt das folgende Schaubild in euer Heft. Erklärt, warum sich Sender und Empfänger in dem Beispiel missverstehen könnten.

Kommunikationsmodell

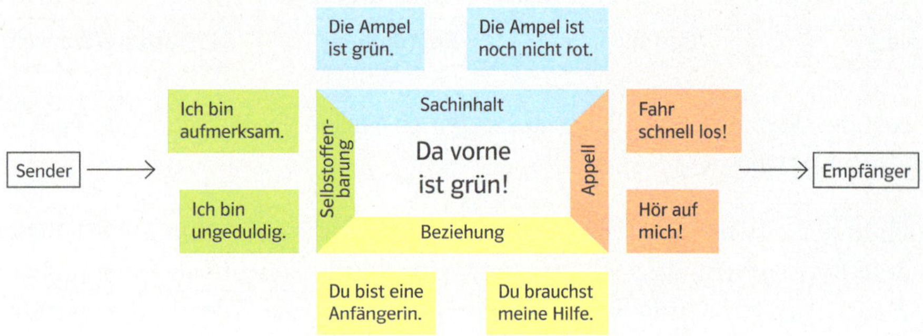

Merke

Als **Kommunikation** bezeichnet man den Informationsaustausch zwischen einem **Sender** und einem **Empfänger**. Diese kann **verbal**, also durch **Sprache**, aber auch **nonverbal**, z. B. durch Körpersprache, Mimik und Gestik, geschehen.
Bei jeder **sprachlichen Äußerung** oder **Aussage** werden verschiedene Informationen mitgegeben, die von der jeweiligen Situation abhängen:
Sachinhalt: Um welche Informationen, Daten, Fakten und Sachverhalte geht es in der Äußerung?
Beziehung: Was wird über die Beziehung zwischen Sender und Empfänger ausgesagt?
Appell: Was will der Sprecher beim Empfänger erreichen?
Selbstoffenbarung: Was sagt die Äußerung über den Sprecher aus?
Die Kommunikation kann **gestört** sein, wenn der Sender etwas anderes meint, als der Empfänger versteht.

Kapitel 3 Seite 64/65

2 Lest den folgenden Text. Charakterisiert die Beziehung von Vera und Helge.

Sibylle Berg

VERA sitzt auf dem Balkon

Vera und Helge sind verheiratet. Schon lange. Wissen sie eigentlich gar nicht, warum.
Sie sitzen draußen auf dem Balkon. Es ist ein Sommerabend. Die Luft fleischwarm und macht im Menschen das Gefühl, dass er etwas unternehmen müsste, in dieser Nacht, das ihr gerecht wird, in der Aufregung, die sie verursacht. Was kann ich machen, mit so einer schönen Nacht, denkt sich Vera und weiß keine Antwort. Und eigentlich auch keine Frage. So eine Nacht ist

eben eine Nacht. Die will gar nichts gemacht kriegen. Vera sieht Helge an. Der sitzt neben ihr und ist tausend Gedanken entfernt. Sie würde gerne rübergehen, zu ihm. Aber sie weiß nicht wie. Sie schaut in den Himmel und sucht dort den Satz. Der alles ändert. Ein Satz nur. Himmel, schenk mir einen. Der Himmel bleibt stumm und schön, und Wunder gibt es eben nicht. Wunder muss es aber geben, denkt Vera und guckt stur in den Himmel. Und dann guckt sie zu Helge rüber und der guckt geradeaus. Helge trinkt Bier.

„Helge …" Helge trinkt Bier.

„Ein schöner Abend."

Helge bleibt stumm, und Vera könnte tot umfallen. So leer fühlt sie sich an und weiß gar nicht, warum sie noch hier sitzen soll, oder aufstehen, oder weiterleben. Der Himmel ist ein Verräter, und einen Gott gibt es nicht. Vera nimmt ihre Hand und legt sie auf die von Helge. Da liegt sie dann so. Helges Hand bewegt sich nicht.

Sie fühlt, dass ihre Hand weglaufen möchte. Sie mag das schwitzige Ding nicht anfassen müssen. Nichts ist ihr peinlicher als eine Hand, die man anfasst und die sich nicht bewegt, denkt Veras Hand, sondern nur atmet. Vor lauter Widerwillen laut atmet. Das denkt sich Veras Hand so, und Vera selbst schämt sich und nimmt die Hand weg, um sich eine Strähne aus dem Gesicht zu wischen. Sie steht auf und geht in die Küche. Der Abwasch steht noch da. Vera bindet sich die Schürze um. Sie wäscht ab und überlegt sich, was sie morgen im Büro anziehen soll. Dann fällt ihr ein, dass Nora bald Geburtstag hat, und sie schüttelt den Kopf. Es gibt doch wirklich wichtigere Sachen als so einen blöden, warmen Abend und eine Hand, die nicht von ihr angefasst werden will.

3 Untersucht die Kommunikation im Text von Sibylle Berg. Beantwortet dazu die folgenden Fragen.
- Welcher situative Kontext ist gegeben?
- Was für eine Nachricht will Vera mit dem Satz „Ein schöner Abend." senden?
- Wie entschlüsselt Vera Helges Nachricht, als sie seine Hand berührt?

4 Stellt euch vor, nach Veras Aussage in Zeile 17 entsteht ein Dialog zwischen den beiden. Verfasst diesen Dialog. Achtet darauf, dass dabei die Kommunikation gelingt.

→ **T2** Schreiben Seite 179/180

→ **T4** Imperative verwenden Seite 217/218

5 Kommentiert eure Texte aus Aufgabe 4. Bezieht euch dabei auf wichtige Aussagen aus dem Originaltext. Begründet eure Vorgehensweise bei der Erstellung des Dialoges. Erläutert, worauf ihr besonders geachtet habt.

Der Empfänger soll die Nachrichten so entschlüsseln, wie sie vom Sender gemeint waren.

6 Der Kommunikationswissenschaftler Paul Watzlawick meint, dass „man nicht nicht kommunizieren kann". Erklärt, was er damit meint. Belegt eure Annahmen mithilfe des Textes von Sibylle Berg.

○ Aufgabe 2 ◒ Aufgabe 1, 3, 4, 5 ● Aufgabe 6

Nicht Gesagtes hörbar machen

Die Erzählsituation erarbeiten

T2 Schreiben
Seite 179/180

T3 Umgang mit literarischen Texten
Seite 195–197

Beachtet, dass manche Schriftsteller in ihren Texten unterschiedliche Erzählsituationen verwenden oder diese sogar wechseln.

1 Lest den nachfolgenden Text oder hört ihn euch an. Bestimmt die Erzählsituation.

Merke

Erzählsituation

Erzählform

Der **Ich-Erzähler** erzählt in der 1. Person Singular: *Ich ging über die Straße.*
Der **Er/Sie-Erzähler** erzählt in der 3. Person Singular: *Er/Sie ging über die Straße.*

Erzählperspektive

Als **Außensicht** bezeichnet man die Beschreibungen, die man sehen kann: *Er stand an der Haltestelle.*
Als **Innensicht** bezeichnet man Gefühle und Gedanken der Figuren: *Er fühlte sich wie gelähmt.*

Erzählverhalten

- **auktoriales Erzählverhalten**: Der Erzähler ist **allwissend**. Er hat den Überblick über das Geschehen sowie die Gedanken und Gefühle der Figuren. Er steht außerhalb des Geschehens und kann dieses kommentieren und bewerten.
- **personales Erzählverhalten**: Der Erzähler nimmt die **Sicht einer Figur** ein, die **am Geschehen beteiligt** ist. Er kennt nur das Geschehen, an dem er beteiligt war oder das ihm erzählt wurde.
- **neutrales Erzählverhalten**: Der Erzähler wird nicht wahrgenommen. Das Geschehen wird scheinbar unvermittelt und unkommentiert wiedergegeben.

Hörverstehen
5e2up8

Julia Franck

Streuselschnecke

Der Anruf kam, als ich vierzehn war. Ich wohnte seit einem Jahr nicht mehr bei meiner Mutter und meinen Schwestern, sondern bei Freunden in Berlin. Eine fremde Stimme meldete sich, der Mann nannte seinen Namen, sagte mir, er lebe in Berlin, und fragte, ob ich ihn kennen lernen wolle. Ich zögerte, ich war mir nicht sicher. Zwar hatte ich schon viel über solche Treffen gehört und mir oft vorgestellt, wie so etwas wäre, aber als es soweit war, empfand ich eher Unbehagen. Wir verabredeten uns. Er trug Jeans, Jacke und Hose. Ich hatte mich geschminkt. Er führte mich ins Café Richter am Hindemithplatz, und wir gingen ins Kino, ein Film von Rohmer. Unsympathisch war er nicht, eher schüchtern.
Er nahm mich mit ins Restaurant und stellte mich seinen Freunden vor. Ein feines, ironisches Lächeln zog er zwischen sich und die anderen Menschen. Ich ahnte, was das Lächeln verriet.
Einige Male durfte ich ihn bei seiner Arbeit besuchen. Er schrieb Drehbücher und führte Regie bei Filmen. Ich fragte mich, ob er mir Geld geben würde,

wenn wir uns treffen, aber er gab mir keins, und ich traute mich nicht, danach zu fragen. Schlimm war das nicht, schließlich konnte ich für mich selbst sorgen, ich ging zur Schule und putzte und arbeitete als Kindermädchen. Bald würde ich alt genug sein, um als Kellnerin zu arbeiten, und vielleicht würde ja auch noch eines Tages etwas Richtiges aus mir.
Zwei Jahre später, der Mann und ich waren uns noch immer fremd, sagte er mir, er sei krank. Er starb ein Jahr lang, ich besuchte ihn im Krankenhaus und fragte, was er sich wünsche. Er sagte mir, er habe Angst vor dem Tod und wolle es so schnell wie möglich hinter sich bringen. Er fragte mich, ob ich ihm Morphium besorgen könne. Ich dachte nach, ich hatte einige Freunde, die Drogen nahmen, aber keinen, der sich mit Morphium auskannte. Auch war ich mir nicht sicher, ob die im Krankenhaus herausfinden wollten und würden, woher es kam. Ich vergaß seine Bitte. Manchmal brachte ich ihm Blumen. Er fragte nach dem Morphium, und ich fragte ihn, ob er sich Kuchen wünsche, schließlich wusste ich, wie gerne er Torten aß. Er sagte, die einfachen Dinge seien ihm jetzt die liebsten – er wollte nur Streuselschnecken, zwei Bleche voll. Sie waren noch warm, als ich sie ins Krankenhaus brachte. Er sagte, er hätte gerne mit mir gelebt, es zumindest gern versucht, er habe immer gedacht, dafür sei noch Zeit, eines Tages, – aber jetzt sei es zu spät. Kurz nach meinem siebzehnten Geburtstag war er tot. Meine kleine Schwester kam nach Berlin, wir gingen gemeinsam zur Beerdigung. Meine Mutter kam nicht. Ich nehme an, sie war mit anderem beschäftigt, außerdem hatte sie meinen Vater zu wenig gekannt und nicht geliebt.

2 Beschreibt das Verhältnis von Vater und Tochter im Text von Julia Franck. Notiert dazu passende Textzitate.

3 Wählt eine der folgenden Erzählsituationen aus. Schreibt die ersten beiden Abschnitte (Zeile 1–13) so um, dass sie zur gewählten Erzählsituation passen.
A Er-Erzähler – auktoriales Erzählverhalten
B Vater als Ich-Erzähler – personales Erzählverhalten

Ergänze gegebenenfalls Textstellen.

4 Kommentiert eure Ergebnisse aus Aufgabe 3. Bezieht euch dabei auf wichtige Aussagen und Ereignisse des Originaltextes. Erläutert, worauf ihr beim Schreiben inhaltlich und formal geachtet habt.

5 Vergleicht eure Texte und Kommentare mit einer Partnerin oder einem Partner. Gebt dem anderen mithilfe der Checkliste auf Seite 117 eine Rückmeldung.

6 EXTRA Lest den Text „VERA sitzt auf dem Balkon" auf Seite 100/101. Bestimmt die Erzählsituation.

→ **T4** Tempus der Verben Seite 214

○ Aufgabe 1, 2 ◒ Aufgabe 3, 4 ● Aufgabe 5, 6 EXTRA

Schicksalsschläge

Eine Geschichte fortsetzen

PT Eine Kurzgeschichte produktiv erschließen und reflektieren
Seite 152–154

T2 Schreiben
Seite 179/180

1 Lest den Text. Untersucht den situativen Kontext mithilfe der folgenden Fragen.
- Was sind Ort, Zeit und Anlass für das Gespräch?
- Wie ist die Beziehung der Gesprächspartner? Welche Gesprächsziele verfolgen sie jeweils?

Burkhard Spinnen

Ente Orange

Am Morgen wurde Kortschläger entlassen. „New economy“[1], sagte Dörfler. „Von wegen! Heute noch auf hohen Rossen, morgen durch die Brust geschossen.“ Was solle er sonst sagen? Machen könne man da gar nichts. Der Markt habe sie einfach im Stich gelassen. Das sei jetzt die Krise. Und wie die aussehe, wisse man erst, wenn sie da sei. Kortschläger blieb vollkommen ruhig. Wenn er Dörfler wäre, würde er das Gleiche tun. So muss man denken. Dann ging er in sein Büro, seine privaten Sachen packte er in eine Plastiktüte.
Für den Abend war das große Abschlussessen im Kochseminar angesetzt. Es sollte Ente geben. Ente ist die Krönung, hatte Sven, ihr Lehrer, gesagt. Aber andererseits: Wenn man die Ente hinkriege – dann sei man praktisch auf alles vorbereitet.
Kortschläger überlegte kurz, ob er nicht zu Hause bleiben und sich betrinken sollte. Aber Dörfler wird sich auch nicht betrinken. Dörfler wird im Büro bleiben und sich weitere Einsparungen überlegen. Außerdem gab es nach dem Abschlussessen ein Diplom, das Kortschläger einrahmen und im Flur aufhängen wollte. Als Jux[2] natürlich. Nein, dachte er. Nicht jetzt darauf verzichten. Er schaute noch einmal, ob er alles beisammenhatte. Dann ging er langsam zur Bushaltestelle. Heute ausnahmsweise nicht mit dem Wagen. Zur Ente gehörte schließlich ein guter Tropfen. Außerdem, wer weiß, wovon er sich jetzt noch trennen muss.
Die Teilnehmer des Kochseminars trugen alle festliche Kleidung, darüber weiße Kittelschürzen. Es herrschte die allerbeste Stimmung. Auf den Arbeitsplatten lagen acht Enten, je eine für zwei Personen. Viel zu viel natürlich, sie hatten ja auch gelernt, richtig zu portionieren; aber heute sollte es einmal nicht darauf ankommen. Sven begrüßte alle, keiner fehlte. Dann gab er den Plan aus: Zweimal Ente mit Orangensauce, zweimal mit Pfirsich, zweimal mit Ananas, zweimal mit Granatapfel.
„Und los!“, sagte Sven. „Paare bilden und anfangen mit dem Ausnehmen.“ Kortschläger stand schon neben Miriam, sie hatten das beim letzten Mal vereinbart. Miriam ist zehn Jahre jünger als er und Unternehmensberaterin. Sie hatte ihre Ente schon in der Hand, gleich neben ihr lag eine große Geflügelschere. „Ziemlich eklig“, sagte Kortschläger, aber Miriam schüttelte den Kopf. Man müsse immer wissen, was man esse. Nur dann könne man es auch genießen.

1 englisch für neue Wirtschaft
2 Scherz, Spaß

Sie nahm die Schere; gleich müsste man das Brechen der dünnen Knochen hören. Aber Miriam hielt inne. Sie sah an sich herunter. Die weißen Manschetten ihrer Bluse reichten bis fast auf die Hände.
„Machen Innereien Flecken?“, sagte sie. Kortschläger lachte.
„Ich denke, das tun sie“, sagte Miriam. „Da ist sicher Blut dran.“ Sie trat einen Schritt zurück und sah sich um. Alle anderen waren über ihre Arbeitsplatten gebeugt und schwatzten laut.
„Und sonst“, sagte Kortschläger. „Wie sieht’s denn allgemein aus?“
„Normal“, sagte Miriam. „Überall Flaute, nur nicht bei uns.“ Sie lachte, immer noch schaute sie auf ihre Hände. Dann band sie ihre Kittelschürze los und legte sie ab. „Eigentlich“, sagte sie, „müsste ich es hassen. Wir profitieren wie verrückt von dieser Krise. Aber ich kann doch nicht in Sack und Asche gehen, bloß weil die Börse ein paar Startups an die Wand drückt.“
Mit schnellen Fingern öffnete sie die Knöpfe ihrer Bluse. Einen Moment lang stand sie im BH neben Kortschläger. Der BH war rot, seine Träger hatten feine Borten an der Seite. Wie zwei Filmstreifen, dachte Kortschläger. Es war längst zu spät, um wegzusehen.
Miriam zog die Kittelschürze wieder an. „Blut an den Händen“, sagte sie, „ist kein Problem. Aber nicht an meiner besten Bluse!“
Kortschläger hielt noch immer den Atem an. Sven hatte etwas gesagt und alle lachten. Niemand schaute her. „Klar“, sagte Kortschläger. „Mich haben sie übrigens heute Morgen gefeuert.“
Miriam hatte die Schere in der Hand, doch sie legte sie gleich wieder weg. Sie griff in die Ente, dann schrie sie leise. In einem durchsichtigen Plastikbeutel lagen die Innereien sauber übereinander. Miriam schüttelte den Kopf. „Traumhaft“, sagte sie, dann sah sie Kortschläger an. „Schlimm!“ Sie reichte ihm ein Messer und wies auf die Orangen. „Die Schale in sehr schmale Streifen schneiden. – Schaffst du das?“
Kortschläger nahm das Messer. „Sicher“, sagte er. Auf Miriams Schulter leuchtete neben dem weißen Träger der Kittelschürze der rote vom BH. Kortschläger suchte die größte Orange heraus. Behutsam setzte er das Messer an.

2 Diskutiert, inwieweit der Text eine misslungene Kommunikation zeigt.

Orientiert euch dazu am Merke-Kasten auf Seite 100.

3 Wie könnte die Geschichte weitergehen? Schreibt eine Fortsetzung.

4 Kommentiert eure Fortsetzung aus Aufgabe 3. Bezieht euch dabei auf wichtige Aussagen und Ereignisse des Originaltextes. Erläutert, worauf ihr beim Schreiben inhaltlich und formal geachtet habt.

5 EXTRA Untersucht den symbolischen Charakter des Ortes in der Geschichte. Stellt Zusammenhänge zu Kortschlägers Situation her. Achtet dabei auf Farben und Gegenstände mit symbolischem Charakter.

○ Aufgabe 1, 2 ◒ Aufgabe 3, 4 ● Aufgabe 5 EXTRA

Die Qual der Wahl

Sprache und Erzählsituation untersuchen

T3 Umgang mit literarischen Texten Seite 195–197

Peter Bichsel

San Salvador

Er hatte sich eine Füllfeder gekauft.

Nachdem er mehrmals eine Unterschrift, dann seine Initialen, seine Adresse, einige Wellenlinien, dann die Adresse seiner Eltern auf ein Blatt gezeichnet hatte, nahm er einen neuen Bogen, faltete ihn sorgfältig und schrieb: „Mir ist es hier zu kalt", dann „ich gehe nach Südamerika", dann hielt er inne, schraubte die Kappe auf die Feder, betrachtete den Bogen und sah, wie die Tinte eintrocknete und dunkel wurde (in der Papeterie[1] garantierte man, dass sie schwarz werde), dann nahm er seine Feder erneut zur Hand und setzte noch großzügig seinen Namen Paul darunter.

1 Schreibwarenladen

A1 Dann saß er da.
Später räumte er die Zeitungen vom Tisch, überflog dabei die Kinoinserate, dachte an irgendetwas, schob den Aschenbecher beiseite, zerriss den Zettel mit den Wellenlinien, entleerte seine Feder und füllte sie wieder. Für die Kinovorstellung war es jetzt schon zu spät.

B1 Seine Frau Hildegard hingegen ahnte nichts von Pauls Abschiedsbrief. Sie war wie jeden Mittwoch beim Chor.
Schon seit längerer Zeit hatten die beiden sich auseinandergelebt. Für viele aus ihrem Bekanntenkreis war die Trennung nur noch eine Frage der Zeit.

Die Probe des Kirchenchores dauerte bis neun Uhr, um halb zehn würde Hildegard zurück sein. Er wartete auf Hildegard.

Zu all dem Musik aus dem Radio. Jetzt drehte er das Radio ab.

Auf dem Tisch, mitten auf dem Tisch, lag nun der gefaltete Bogen, darauf stand in blauschwarzer Schrift sein Name Paul.

„Mir ist hier zu kalt", stand auch darauf.

Sie würde lächeln und verzweifeln und sich damit abfinden, vielleicht.

A2 Hildegard würde diesen Satz sofort verstehen. Auch ihr war die Kälte schon lange bewusst. Früher, da hatten sie sich geliebt, hatten gelacht, sich auf den anderen gefreut. Doch das war lange vorbei. Auch Hildegard hatte schon oft daran gedacht, wie es wäre, noch einmal alleine zu beginnen.

B2 Nun würde also Hildegard heimkommen, um halb zehn.
Es war jetzt neun Uhr. Sie läse seine Mitteilung, erschräke dabei, glaubte wohl das mit Südamerika nicht, würde dennoch die Hemden im Kasten zählen, etwas müsste ja geschehen sein. Sie würde in den „Löwen" telefonieren. Der „Löwen" ist mittwochs geschlossen.

Sie würde sich mehrmals die Haare aus dem Gesicht streichen, mit dem Ringfinger der linken Hand beidseitig der Schläfe entlangfahren, dann langsam den Mantel aufknöpfen.
Dann saß er da, überlegte, wem er einen Brief schreiben könnte, las die Gebrauchsanweisung für den Füller noch einmal – leicht nach rechts drehen – las auch den französischen Text, verglich den englischen mit dem deutschen, sah wieder seinen Zettel, dachte an Palmen, dachte an Hildegard.

A3 Sein Entschluss stand fest. Es musste etwas passieren.
Als Hildegard um halb zehn kam, sagte er: „Hildegard, ich gehe nach San Salvador."

B3 Saß da.
Und um halb zehn kam Hildegard und fragte: „Schlafen die Kinder?"
Sie strich sich die Haare aus dem Gesicht.

1 Lest den Text „San Salvador". Entscheidet euch bei den Abschnitten jeweils, ob es sich bei A oder B um den Originaltext handelt. Diskutiert in der Klasse darüber.

2 Informiert euch in den Lösungen auf Seite 252, welcher Abschnitt jeweils der Originaltext ist. Formuliert in einem Satz, worum es in der Geschichte geht.

3 Deutet, was Paul mit der folgenden Aussage meint.

„Mir ist es hier zu kalt", dann „ich gehe nach Südamerika" (1. Abschnitt)

4 Benennt, welche Erzählsituation der Autor gewählt hat. Beschreibt, wie der Text sprachlich gestaltet ist. Nutzt dazu den Merke-Kasten auf Seite 102 sowie die folgenden Angaben.

Sprache

Satzbau: kurz/lang – vollständig/unvollständig – Hypotaxe/Parataxe
Wortwahl: gefühlsbetont/sachlich – bestimmte Wortart bevorzugt – sprachliche Bilder – bevorzugt aus bestimmten Themenfeldern
Sprachebene: Alltagssprache – Umgangssprache – Jugendsprache – Schriftsprache
Besonderheiten: Wiederholungen – Übertreibungen – Tempuswechsel

5 EXTRA Der Text von Peter Bichsel ist aus dem Jahr 1964. Diskutiert, ob die Geschichte nur in der Zeit spielen kann oder ob sie auch die Gesellschaft von heute widerspiegelt.

Tiefe Einblicke

Merkmale von Kurzgeschichten herausarbeiten

→ **T3** Umgang mit literarischen Texten Seite 195–197

1 Wählt zwei Geschichten aus diesem Kapitel aus. Untersucht, welche der Merkmale von Kurzgeschichten auf die Texte zutreffen. Ergänzt dazu die folgende Tabelle in eurem Heft.

Merkmale einer Kurzgeschichte	Text 1:	Text 2:
geringer Textumfang		
kurze erzählte Zeit		
häufig personaler Erzähler		
wenige Figuren, keine Helden		
kaum Ortswechsel, Schauplätze unbekannt		
Thema ist oft eine alltägliche Situation		
unmittelbarer Einstieg ohne Einleitung		
offenes Ende, häufig mit Pointe[1]		

1 überraschendes Ende

2 Lest den Text. Fasst die wichtigsten Aussagen in eigenen Worten zusammen.

Daniel Kehlmann

Eine vollkommene Geschichte

Perfekte Romane gibt es nicht. Selbst die besten haben überflüssige Absätze, nicht völlig gelungene Stellen. Moment nachlassender Spannung: Immer würde ein guter Lektor Kleinigkeiten finden, die er verbessern könnte. Ein Roman kann nicht vollkommen sein. Eine Kurzgeschichte schon.
Ihrer Knappheit wegen ist sie die schwerste epische Form, gewissermaßen an der Grenze zwischen Epik und Lyrik, ein scharf umrissener Ausschnitt, kein ausgereiftes Panorama, wie selbst der unkonventionellste Roman es noch sein will; eben deshalb ist sie die eigentliche Gattung für Experimente. Einfälle, die zu verschroben wären, um den Leser über hundert Seiten zu tragen, können auf der kurzen Strecke glänzend zur Geltung kommen. Sie ist die Form der gebrochenen Erwartungen, die Gattung unvorhergesehener Richtungswechsel und des nicht zu Ende Erklärten, deren Reiz darin besteht, dass Wichtiges ungesagt bleibt und entscheidende Informationen vom Leser selbst gefunden oder erraten werden müssen. […]
Der Roman ordnet die Welt, die Kurzgeschichte allerdings lässt sie so undurchdringlich stehen, wie sie ist, zugleich fremd und neugeschaffen durch die Kunst der Sprache.

3 Entscheidet, inwieweit Kehlmanns Beschreibung einer „vollkommenen Geschichte“ auf eure Geschichten aus Aufgabe 1 zutrifft. Begründet eure Entscheidung.

4 Lest den folgenden Text mithilfe der Arbeitstechnik „Stufen des Textverstehens".

Arbeitstechnik

Stufen des Textverstehens

1. Stufe: Alle lesen den Text in Einzelarbeit. Im Anschluss notiert jeder zwei Fragen und die entsprechenden Antworten.
In Gruppen werden reihum die Fragen gestellt, die von den Gruppenmitgliedern jeweils beantwortet werden. Jeder darf aber nur zweimal antworten. Die Fragen dürfen nicht doppelt gestellt werden.
2. Stufe: In Einzelarbeit werden Aufgaben zur Analyse des Textes formuliert, z. B. *Was für Folgen hat …? Vergleiche das Vorhaben mit …* Auch dazu werden die Antworten formuliert.
Anschließend werden die Aufgaben in Gruppenarbeit beantwortet. Jeder darf aber nur zweimal antworten.
3. Stufe: In Einzelarbeit wird eine Frage zur Beurteilung der Information formuliert, z. B. *Wie beurteilst du den Inhalt des Textes? Gibt es etwas, dem du nicht zustimmst? Warum nicht? Was denkst du dazu?*
Anschließend werden die Fragen in Gruppenarbeit beantwortet. Jeder darf aber nur zweimal antworten.

Erstellt jeweils drei Antwortkarten, die ihr abgeben könnt. So behaltet ihr den Überblick.

Dieser Satz kostet … !

Stell dir vor, du gehst online zu einem E-Book-Anbieter und leihst dir für einen moderaten monatlichen Betrag so viele E-Books zum Schmökern aus, wie du gerade Lust hast. Und stell dir vor, du bist der Autor oder die Autorin von solch einem E-Book und möchtest damit Geld verdienen.
Dies war bislang kein Problem: Die Leihgebühren wurden einfach durch die Summe der entliehenen E-Books geteilt und entsprechend an die Autoren ausgezahlt.
Das sei ungerecht, meint jetzt ein großer Online-E-Book-Anbieter – angeblich im Namen der Autoren. Man könnte ja auch E-Books ausleihen, ohne sie zu lesen. Zudem macht es einen Unterschied, ob ein E-Book mehr als 200 oder nur knapp 100 Seiten stark ist. Aufgrund dessen schlägt er ein neues Bezahlsystem vor, wonach die Anteile der Autoren künftig vom Umfang des Werkes und den tatsächlich auch gelesenen Seiten abhängig gemacht werden sollen. Nach diesem Modell würden Autoren, die längere Texte verfassen, größere Gewinne erzielen, als z. B. Autoren von Kurzgeschichten und Gedichten.
Wie sich ein solches Bezahlsystem künftig auf die Qualität der E-Book-Texte auswirken könnte, lässt sich schon erahnen: viele lange, eingängige Geschichten mit einfachen Spannungsbögen und viel Action, die möglichst schnell gelesen werden können.

Warten, warten, warten …

Eine Kurzgeschichte analysieren

→ **PT** Eine Kurzgeschichte analysieren und interpretieren Seite 148–150

→ **T3** Umgang mit literarischen Texten Seite 195–197

1 Lest die folgende Geschichte. Formuliert nach dem Lesen eine erste Deutung.

Peter Bichsel

Die Tochter

Abends warteten sie auf Monika. Sie arbeitete in der Stadt, die Bahnverbindungen sind schlecht. Sie, er und seine Frau, saßen am Tisch und warteten auf Monika. Seit sie in der Stadt arbeitete, aßen sie erst um halb acht. Früher hatten sie eine Stunde eher gegessen. Jetzt warteten sie täglich eine Stunde am gedeckten Tisch, an ihren Plätzen, der Vater oben, die Mutter auf dem Stuhl nahe der Küchentür, sie warteten vor dem leeren Platz Monikas. Einige Zeit später dann auch vor dem dampfenden Kaffee, vor der Butter, dem Brot, der Marmelade.

Sie war größer gewachsen als sie, sie war auch blonder und hatte die Haut, die feine Haut der Tante Maria. „Sie war immer ein liebes Kind", sagte die Mutter, während sie warteten.

In ihrem Zimmer hatte sie einen Plattenspieler, und sie brachte oft Platten mit aus der Stadt, und sie wusste, wer darauf sang. Sie hatte auch einen Spiegel und verschiedene Fläschchen und Döschen, einen Hocker aus marokkanischem Leder, eine Schachtel Zigaretten.

Der Vater holte sich seine Lohntüte auch bei einem Bürofräulein. Er sah dann die vielen Stempel auf einem Gestell, bestaunte das sanfte Geräusch der Rechenmaschine, die blondierten Haare des Fräuleins, sie sagte freundlich „Bitte schön", wenn er sich bedankte.

Über Mittag blieb Monika in der Stadt, sie aß eine Kleinigkeit, wie sie sagte, in einem Tearoom. Sie war dann ein Fräulein, das in Tearooms lächelnd Zigaretten raucht. Oft fragten sie sie, was sie alles getan habe in der Stadt, im Büro. Sie wusste aber nichts zu sagen. Dann versuchten sie wenigstens, sich genau vorzustellen, wie sie beiläufig in der Bahn ihr rotes Etui mit dem Abonnement aufschlägt und vorweist, wie sie den Bahnsteig entlang geht, wie sie sich auf dem Weg ins Büro angeregt mit Freundinnen unterhält, wie sie den Gruß eines Herrn lächelnd erwidert. Und dann stellten sie sich mehrmals vor in dieser Stunde, wie sie heimkommt, die Tasche und ein Modejournal unter dem Arm, ihr Parfum; stellten sich vor, wie sie sich an ihren Platz setzt, wie sie dann zusammen essen würden.

Bald wird sie sich in der Stadt ein Zimmer nehmen, das wussten sie, und dass sie dann wieder um halb sieben essen würden, dass der Vater nach der Arbeit wieder seine Zeitung lesen würde, dass es dann kein Zimmer mehr mit Plattenspieler gäbe, keine Stunde des Wartens mehr. Auf dem Schrank stand eine Vase aus blauem schwedischem Glas, eine Vase aus der Stadt, ein Geschenkvorschlag aus dem Modejournal.

„Sie ist wie deine Schwester", sagte die Frau, „sie hat das alles von deiner Schwester. Erinnerst du dich, wie schön deine Schwester singen konnte?"
„Andere Mädchen rauchen auch", sagte die Mutter.
„Ja", sagte er, „das habe ich auch gesagt."
„Ihre Freundin hat kürzlich geheiratet", sagte die Mutter. Sie wird auch heiraten, dachte er, sie wird in der Stadt wohnen.
Kürzlich hatte er Monika gebeten: „Sag mal etwas auf Französisch." – „Ja", hatte die Mutter wiederholt, „sag mal etwas auf Französisch." Sie wusste aber nichts zu sagen.
Stenografieren kann sie auch, dachte er jetzt. „Für uns wäre das zu schwer", sagten sie oft zueinander.
Dann stellte die Mutter den Kaffee auf den Tisch. „Ich habe den Zug gehört", sagte sie.

2 Bereitet eine Analyse des Textes vor. Markiert dazu wichtige Textstellen und fertigt Randnotizen. Legt dazu eine Folie über den Text oder nutzt den Online-Code. Orientiert euch an der folgenden Aufgabe.

Material 37f3vk

3 Verfasst eine ausführliche Textanalyse mit Einleitung, Hauptteil und Schluss.
- Schreibt eine Einleitung, in der ihr Titel, Autor, Textsorte und das Thema nennt.
- Fasst den Text kurz mit eigenen Worten zusammen.
- Stellt dar, was ihr über das Leben der Eltern und der Tochter erfahrt. Berücksichtigt dabei auch die Erzählsituation.
- Untersucht, wie durch sprachliche und formale Mittel, z. B. Wortwahl, Satzbau, Sprache oder andere Besonderheiten, deutlich gemacht wird, dass sich die Eltern und die erwachsene Tochter entfremdet haben.
- Erläutert, inwieweit der Text Merkmale einer Kurzgeschichte aufweist.
- Nehmt Stellung dazu, ob sich die Familiensituation durch eine bessere Kommunikation verbessern könnte.

→ **T4** Konjunktiv I verwenden Seite 215/216

→ **T4** Fehleranalyse und Textüberarbeitung Seite 227–233

4 Führt eine Schreibkonferenz durch. Gebt euch anschließend eine ausführliche Rückmeldung. Überarbeitet eure Texte gegebenenfalls.

→ **T5** Schreibkonferenz Seite 244

5 EXTRA Versetzt euch in die Rolle der Tochter. Verfasst einen Brief an die Eltern, in dem ihr eure Sichtweise auf das Zusammenleben verdeutlicht.

→ **PT** Eine Kurzgeschichte produktiv erschließen und reflektieren Seite 152–154

◒ Aufgabe 1, 2, 3, 5 EXTRA ● Aufgabe 4

Meine Geschichte

Mündliche Erzählungen gestalten

→ **T1** Sprechen und Zuhören Seite 168/169

1 Bei welchen Gelegenheiten habt ihr selbst schon einmal Geschichten erzählt? Berichtet davon.

2 Nennt Situationen, in denen erzählt wird, z. B. ein aufregendes Ferienerlebnis oder einen Ausflug in den Wald.

Hörverstehen c2sg2j

3 Lest den Text oder hört ihn euch an. Beschreibt euren ersten Eindruck.

Am jenseitigen Spreeufer blieb er einige Male stehen und lauschte nach dem Ort zurück. Endlich bog er in einen breiten Waldweg und befand sich nach wenigen Minuten inmitten des tiefaufrauschenden Kiefernforstes, dessen Nadelmassen einem schwarzgrünen, wellenwerfenden Meere glichen. Unhörbar wie auf Filz schritt er über die feuchte Moos- und Nadelschicht des Waldbodens. […]
Ein bläulicher, durchsichtiger, mit allerhand Düften geschwängerter Dunst stieg aus der Erde auf und ließ die Formen der Bäume verwaschen erscheinen. Ein schwerer, milchiger Himmel hing tief herab über die Baumwipfel. Krähenschwärme badeten gleichsam im Grau der Luft, unaufhörlich ihre knarrenden Rufe ausstoßend. […]

4 Untersucht, mit welchen sprachlichen Mitteln der Weg durch den Wald in dem Text in Aufgabe 3 veranschaulicht wird. Nutzt dazu die Informationen aus dem Merke-Kasten.

Merke

Erlebnisse und Ereignisse schildern

Beim **Schildern** werden **subjektive Eindrücke, Stimmungen und Gedanken wiedergegeben**, die jemand bei einem Erlebnis oder Ereignis hatte.

Zunächst wird kurz die Situation beschrieben. Danach muss man nicht wie bei einem Bericht dem chronologischen Ablauf des Geschehens folgen, sondern kann die Zeit dehnen oder raffen, vorausschauen oder zurückblicken. So werden Eindrücke besonders deutlich. Mündliche Schilderungen sind durch folgende sprachliche Besonderheiten gekennzeichnet:
- Ausrufe- und Fragesätze: *Da soll ich runterspringen? Einfach herrlich!*
- Satzbau, der von der Standardsprache abweicht (Ellipsen und Inversionen): *Einfach ein wahnsinniges Gefühl!*
- Substantive, Verben und Adjektive, die Eindrücke und Stimmungen wiedergeben: *Die Wasseroberfläche raste auf mich zu! Ganz klapprig auf den Beinen.*
- sprachliche Mittel, z. B. Metaphern und Vergleiche: *die Warteschlange; Ich schrie wie am Spieß.*
- Empfindungs- oder Ausrufewörter (Interjektionen): *Oh, oh!*

5 Bereitet nun das Erzählen einer eigenen kurzen Geschichte vor.
- Überlegt, zu welchem Erlebnis oder Zwischenfall ihr anderen eine Geschichte erzählen möchtet. Ihr könnt etwas erfinden oder ein tatsächliches Ereignis ausschmücken.
- Fertigt mithilfe der folgenden Bausteine und der Informationen aus dem Merke-Kasten auf der linken Seite einen stichwortartigen Erzählplan für eure Geschichte an.

→ **T4** Satzglieder bestimmen Seite 218/219

→ **T4** Wortbeziehungen nutzen Seite 223–225

Personen
„Held“, Gegenspieler, weitere Personen

Textsorte
Märchen, Kurzgeschichte, Reportage, …

Sprache
schildernde Elemente
Sprachbilder
…

Absicht
Unterhalten? Aufrütteln? Nachdenklich machen?

Zielgruppe
Gleichaltrige, Kinder, Ältere, …

Thema
Konflikt, Ereignis, Zwischenfall, …

6 Bildet Gruppen und erzählt euch eure Geschichten. Die Zuhörer füllen zu jeder Geschichte den folgenden Beobachtungsbogen aus.

Material 7wc2ut

Beobachtungsbogen für …	☺	😐	☹
Erzählt flüssig und gut verständlich.			
Hat ein interessantes Ereignis gewählt.			
Nimmt Blickkontakt zum Publikum auf.			
Verwendet sprachliche Mittel.			
Beginnt und beendet seine Geschichte gut.			
Geschichte war fesselnd.			

7 Gebt euch gegenseitig mithilfe des Beobachtungsbogens eine Rückmeldung. Nennt dabei auch Verbesserungsvorschläge.

○ Aufgabe 1, 2, 3 ◒ Aufgabe 4, 5, 6 ● Aufgabe 7

Grenzen begrenzen

Einen satirischen Text analysieren

PT Eine Kurzgeschichte analysieren und interpretieren Seite 148–150

T3 Umgang mit literarischen Texten Seite 195–197

Hörverstehen a8m7du

Der Text ist aus rechtlichen Gründen in alter Rechtschreibung gedruckt.

1 Lest den folgenden Text oder hört ihn euch an. Tauscht euch darüber aus, wie ihr das Verhältnis zwischen Vater und Tochter beurteilt.

Reiner Kunze

Fünfzehn

Sie trägt einen Rock, den kann man nicht beschreiben, denn schon ein einziges Wort wäre zu lang. Ihr Schal dagegen ähnelt einer Doppelschleppe: lässig um den Hals geworfen, fällt er in ganzer Breite über Schienbein und Wade. (Am liebsten hätte sie einen Schal, an dem mindestens drei Großmütter zweieinhalb Jahre gestrickt haben – eine Art Niagara-Fall aus Wolle. Ich glaube, von einem solchen Schal würde sie behaupten, daß er genau ihrem Lebensgefühl entspricht. Doch wer hat vor zweieinhalb Jahren wissen können, daß solche Schals heute Mode sein würden.) Zum Schal trägt sie Tennisschuhe, auf denen jeder ihrer Freunde und jede ihrer Freundinnen unterschrieben haben. Sie ist fünfzehn Jahre alt und gibt nichts auf die Meinung uralter Leute – das sind alle Leute über dreißig.

Könnte einer von ihnen sie verstehen, selbst wenn er sich bemühen würde? Ich bin über dreißig.

Wenn sie Musik hört, vibrieren noch im übernächsten Zimmer die Türfüllungen. Ich weiß, diese Lautstärke bedeutet für sie Lustgewinn. Teilbefriedigung ihres Bedürfnisses nach Protest. Überschallverdrängung unangenehmer logischer Schlüsse. Trance. Dennoch ertappe ich mich immer wieder bei einer Kurzschlußreaktion: ich spüre plötzlich den Drang in mir, sie zu bitten, das Radio leiser zu stellen. Wie also könnte ich sie verstehen – bei diesem Nervensystem?

Noch hinderlicher ist die Neigung, allzu hochragende Gedanken erden zu wollen.

Auf den Möbeln ihres Zimmers flockt der Staub. Unter ihrem Bett wallt er. Dazwischen liegen Haarklemmen, ein Taschenspiegel, Knautschlacklederreste, Schnellhefter, Apfelstiele, ein Plastikbeutel mit der Aufschrift „Der Duft der großen weiten Welt“, angelesene und übereinandergestülpte Bücher (Hesse, Karl May, Hölderlin), Jeans mit in sich gekehrten Hosenbeinen, halb- und dreiviertel gewendete Pullover, Strumpfhosen, Nylon und benutzte Taschentücher. (Die Ausläufer dieser Hügellandschaft erstrecken sich bis ins Bad und in die Küche.) Ich weiß: Sie will sich nicht den Nichtigkeiten des Lebens ausliefern. Sie fürchtet die Einengung des Blicks, des Geistes. Sie fürchtet die Abstumpfung der Seele durch Wiederholung! Außerdem wägt sie die Tätigkeiten gegeneinander ab nach dem Maß an Unlustgefühlen, das mit ihnen verbunden sein könnte, und betrachtet es als Ausdruck persönlicher Freiheit, die unlustintensiveren

zu ignorieren. Doch nicht nur, daß ich ab und zu heimlich ihr Zimmer wische, um ihre Mutter vor Herzkrämpfen zu bewahren, – ich muß mich auch der Versuchung erwehren, diese Nichtigkeiten ins Blickfeld zu rücken und auf die Ausbildung innerer Zwänge hinzuwirken.
Einmal bin ich dieser Versuchung erlegen.
Sie ekelt sich schrecklich vor Spinnen. Also sage ich: „Unter deinem Bett waren zwei Spinnennester."
Ihre mit lila Augentusche nachgedunkelten Lider verschwanden hinter den hervortretenden Augäpfeln, und sie begann „Iix! Ääx! Uh!" zu rufen, so daß ihre Englischlehrerin, wäre sie zugegen gewesen, von soviel Kehlkopfknacklauten – englisch „glottal stops" – ohnmächtig geworden wäre. „Und warum bauen die ihre Nester gerade bei mir unterm Bett?"
„Dort werden sie nicht oft gestört."
Direkter wollte ich nicht werden, und sie ist intelligent.
Am Abend hatte sie ihr inneres Gleichgewicht wiedergewonnen. Im Bett liegend, machte sie einen fast überlegenen Eindruck. Ihre Hausschuhe standen auf dem Klavier. „Die stelle ich jetzt immer dorthin", sagt sie. „Damit keine Spinnen hineinkriechen können."

2 Arbeitet die sprachlichen Mittel des Textes heraus. Nennt dazu Beispiele für die folgenden Stilmittel.

→ Sprachliche Mittel Seite 260/261

Hyperbel | Ironie | Vergleich | Karikatur | Parodie

3 Untersucht den Text nun genauer. Was kritisiert der Vater an seiner Tochter? Benennt, was für den Vater der Idealzustand wäre.

4 Diskutiert mithilfe eurer Ergebnisse aus Aufgabe 2 und 3, ob der Text als Satire bezeichnet werden kann.

Merke

Satire

In satirischen Texten wird **Kritik** an einer Person, einer Sache, einem Vorgang oder einem Ereignis geäußert. Damit dies deutlich wird, hebt sich die Darstellung meist scharf von einem Idealzustand ab. Als **Stilmittel** werden daher häufig Hyperbeln, Ironie, Vergleiche, Karikaturen (verzerrende Nachahmung) oder Parodien (verspottende Nachahmung) verwendet.

Satiren können in allen Gattungen vorkommen.

5 EXTRA Verfasst einen Dialog, in dem der Vater seine Tochter offen kritisiert und sie ihm antwortet.

○ Aufgabe 2 ◒ Aufgabe 3, 4 ● Aufgabe 1, 5 EXTRA

Teste dich selbst!

Wie konntest du Aufgabe 1 lösen?
→ Seite 167/168
→ Seite 168 EXTRA
Wie konntest du Aufgabe 2 lösen?
→ Seite 195–197
→ Seite 197 EXTRA

1 Fertige eine Skizze an, die dem Kommunikationsmodell entspricht. Erläutere dieses anhand eines Beispiels.

2 *„An manchen Tagen warte ich, dass etwas passiert."* So beginnt die folgende Geschichte. Stelle möglichst detailliert Vermutungen an, worum es in der Geschichte gehen könnte.

Nadja Einzmann

An manchen Tagen

An manchen Tagen warte ich, dass etwas passiert. Auf einen Anruf; dass das Haus einstürzt; oder der Arzt mir sagt, dass ich nur noch wenige Wochen zu leben habe. Ich sitze im Bett und warte, und meine Mutter klopft an die Türe. Zu berichten hat sie nichts. Sei so gut, sagt sie, bring den Müll hinunter, oder: Wie wäre es mit einem Spaziergang, es ist ein wunderbarer Tag, sonnig, und die Spatzen pfeifen es von allen Dächern. Nein, rufe ich ihr zu, durch die geschlossene Tür, mir ist nicht danach, mir ist nicht nach Welt.

Und ich sitze im Bett, der Himmel schaut blau durch mein Fenster oder umwölkt sich, oder ein Gewitter zieht auf. Mein Bett ist mein Schiff, mein Bett ist mein Floß, ich treibe dahin, Haie und andere Meerestiere unter mir und Sterne und Himmel über mir.

Was soll ich unternehmen mit dir, sagt meine Mutter, und stellt mir das Abendessen vor die Tür. Keines meiner Kinder, *keines* meiner Kinder, alle sind sie normal und gehen zur Arbeit, gehen morgens aus dem Haus und kehren abends zurück, nur du nicht. Was soll nur werden mit dir?

Es gab Zeiten, da ich anders war, solche Zeiten hat es gegeben. Ausgesprochen lebhaft war ich. Keine Aufgabe war sicher vor mir, und dann noch zum bloßen Zeitvertreib zeichnete ich und voltigierte[1] und focht und tanzte die Nächte durch. Meine Geschwister sahen müde aus, wenn sie von der Arbeit kamen. Sie hatten sich das Weiß in ihren Augen blutig gesehen über den Tag, und auch ihre Hände waren wund und schmerzten. Mir sah man keine Mühen an. Nie. Ich schwebte über den Boden, wo andere gingen, und dass ich mich bückte, kam nur sehr selten vor. Ja, es hat Zeiten gegeben, da ich anders war, und ich trauere ihnen nicht nach. Packt eure Herzen in Alufolie, dass sie geschützt sind, wenn ihr aus dem Haus geht, und reicht sie nicht frei herum!

Es hat Zeiten gegeben, da ich anders war, und meine Mutter trauert ihnen nach. Kind, sagt sie, willst du nicht aufstehen, dass dein Vater mit dir fischen gehen kann und deine Geschwister dir berichten von ihrem Tag? Nein, sage ich, mir ist nicht nach Welt. In meinem Bett sitze ich, das mein Floß ist, und der Seegang ist hoch. Salziger Wind fährt mir durchs Haar und die Wellen überschlagen sich.

1 Turnübung auf einem galoppierenden Pferd machen

3 Verfasse einen Dialog zwischen der Ich-Erzählerin/dem Ich-Erzähler und der Mutter, in dem eine gelungene Kommunikation stattfindet. Beginne mit dem Satz der Mutter „Was soll nur werden mit dir?" in Zeile 15.

4 Kommentiere deinen Text aus Aufgabe 3. Begründe und erläutere, was dir bei dem Dialog wichtig war.

5 Wechsle die Erzählperspektive. Verfasse einen Text aus Sicht der Mutter.

6 Kommentiere deinen Text aus Aufgabe 5. Begründe und erläutere, was dir dabei besonders wichtig war.

7 Setze die Geschichte fort. Stell dir vor, die Ich-Erzählerin/der Ich-Erzähler entschließt sich, an dem Abend ihr/sein Zimmer zu verlassen und sich mit ihrer/seiner Familie zusammenzusetzen. Kommentiere deinen Text anschließend.

8 Überprüfe deinen Text mithilfe der folgenden Checkliste.

Checkliste: Die Erzählsituation eines Textes verändern	☺	☹	Verbesserungsvorschläge
Es wird deutlich, dass du den Text verstanden hast: Thema, Atmosphäre, Handlung, Beziehung zueinander, Ort, Zeit, etc.			...
Du beachtest die vorgegebene Erzählform und das Erzählverhalten.			
Du greifst die Vorgaben der Geschichte zu den Figuren und den Ereignissen auf.			
Deine Textergänzungen passen inhaltlich zur Geschichte.			
Deine Kommentierung passt zu deinem Text.			
Du wählst eine angemessene Sprache für den Erzähler.			
Deine Rechtschreibung und Zeichensetzung sind korrekt.			

Wie konntest du Aufgabe 3 bis 8 lösen?

☹ → Seite 179/180
☺ → Seite 180 **EXTRA**

9 Analysiere die Geschichte „An manchen Tagen".
- Schreibe eine Einleitung, in der du Titel, Autorin, Textsorte und das Thema nennst.
- Fasse den Text kurz zusammen.
- Stelle dar, was du über die jetzige Situation der Tochter/des Sohnes erfährst. Berücksichtige dabei auch die Erzählsituation.
- Untersuche, inwieweit sich der Gemütszustand der Ich-Erzählerin/des Ich-Erzählers in den sprachlichen und formalen Mitteln widerspiegelt.
- Erläutere, inwieweit der Text Merkmale einer Kurzgeschichte aufweist.
- Nimm Stellung dazu, ob sich die Situation durch eine andere Äußerung der Mutter verbessern könnte.

Wie konntest du Aufgabe 9 lösen?

☹ → Seite 195–197
☺ → Seite 197 **EXTRA**

Bist du fit für die Prüfung? Teste dich auf

→ Seite 148–150
→ Seite 152–154

6

Der Tiger und ich

Erzählen im Film untersuchen

1 Seht euch die Bilder an. Beschreibt, was darauf zu erkennen ist.

2 Vergleicht den Aufbau der Bilder. Welche Wirkungen haben die einzelnen Gestaltungen auf euch?

3 Stellt Vermutungen an, welche der Bilder zum Medium „Film“ und welche zum Medium „Buch“ passen. Begründet eure Entscheidung.

4 Kennt ihr Bücher, von denen es Filme gibt? Recherchiert im Internet nach Filmplakaten und Buchcovern. Vergleicht diese miteinander.

Jetzt lernt ihr, ...

... einen Film inhaltlich zu erschließen.

... Kameraeinstellungen und -perspektiven zu untersuchen.

... den Bildaufbau im Film zu untersuchen.

... das Fantastische im Film zu erkennen.

... die Fiktionalität im Film zu untersuchen.

... eine Filmkritik zu verstehen und zu schreiben.

Ein magisches Abenteuer

Einen Film inhaltlich erschließen

→ T3 Umgang mit Medien Seite 209–211

1 Seht euch das Bild an. Stellt Vermutungen an, worum es in dem Film gehen könnte. Sammelt mit einer Partnerin oder einem Partner zu den folgenden Fragen Ideen. Notiert sie in Stichpunkten.
- Wo und wann könnte die Handlung spielen?
- Welche Figuren könnten in dem Film mitspielen? Welche Eigenschaften könnten diese haben?
- Was könnte das Hauptthema des Films sein?
- Welche besondere Situation könnte eingetreten sein?
- Wie könnte es zu der Situation auf dem Bild gekommen sein?
- Welche Konflikte und Probleme könnten in der Situation auftreten?
- Wie könnte ein möglicher Wendepunkt aussehen?

2 Verfasst mithilfe eurer Ideen aus Aufgabe 1 einen kurzen Text zur Filmhandlung.

3 Überlegt in Gruppen, wie der Film enden könnte.
- Stellt eure Ideen in der Klasse vor.
- Besprecht anschließend die Gemeinsamkeiten und Unterschiede eurer Überlegungen.
- Entscheidet, welche Idee euch am besten gefällt.

4 EXTRA Gestaltet ein Filmplakat zu eurer Geschichte.

→ T5 Wandzeitungen gestalten Seite 246

5 EXTRA Erstellt aus euren Filmplakaten eine Wandzeitung und hängt sie in der Klasse auf.

6 Lest die folgenden Klappentexte. Besprecht die Unterschiede. Legt dar, welcher Text euch mehr anspricht.

Klappentext „Schiffbruch mit Tiger“ (Buch)

Schiffbruch mit Tiger? Diese Geschichte würden Sie nicht glauben? Kein Wunder. Fantastisch. Verwegen. Atemberaubend. Wahnsinnig komisch. Eine Geschichte, die Sie an Gott glauben lässt.
Pi Patel, der Sohn eines indischen Zoobesitzers und praktizierender Hindu, Christ und Muslim, erleidet mit einer Hyäne, einem Orang-Utan, einem verletzten Zebra und einem 450 Pfund schweren Bengalischen Tiger namens Richard Parker Schiffbruch. Bald hat der Tiger alle erledigt – alle, außer Pi. Alleine treiben sie in einem Rettungsboot auf dem Ozean.
Eine wundersame, abenteuerliche Odyssee beginnt.

Klappentext „Life of Pi“ (Film)

Der mit 4 Oscars ausgezeichnete Film von Meisterregisseur Ang Lee ist nicht nur ein episches Abenteuer voller gefährlicher Entdeckungen und Erlebnisse, sondern auch ein visuelles Meisterwerk mit faszinierenden Spezialeffekten.

Nach einer verhängnisvollen Schiffskatastrophe treibt Pi Patel, Sohn eines indischen Zoodirektors, in einem Rettungsboot mitten auf dem Ozean – zusammen mit dem einzigen anderen Überlebenden, einem furchteinflößenden Bengalischen Tiger. Zwischen den beiden entsteht eine wundersame Beziehung und Pi muss seinen ganzen Einfallsreichtum und Mut aufbringen, um den Tiger zu trainieren und sie beide zu retten.

Merke

Der **Klappentext** befindet sich auf dem Umschlag von Büchern oder Filmen. Er soll die Neugier wecken und beschreibt, worum es in dem Buch oder Film geht, z. B. Themen, Figuren oder ein besonderes Ereignis.
Der Klappentext ist meist kürzer als eine Inhaltsangabe. Zusätzlich wird mit den besonderen Stärken des Buches (z. B. die Sprache, …) oder des Films (z. B. besondere Effekte, …) geworben.

7 Verfasst einen Klappentext zu eurer Filmhandlung aus Aufgabe 2.

8 Seht euch den Film „Life of Pi“ an. Notiert in Stichpunkten, was euch beim Sehen auffällt. Ergänzt anschließend die folgenden Sätze.
- Besonders aufgefallen ist mir …
- Am besten gefiel mir …
- Nicht gefallen hat mir …
- Eigenartig fand ich …
- Nicht ganz verstanden habe ich …

T3 Umgang mit Medien Seite 209–211

In einem Boot

Kameraeinstellungen und -perspektiven untersuchen

1 Seht euch die Standbilder aus dem Film „Life of Pi" an. Beschreibt, wie sie auf euch wirken.

A

B

C

D

2 Ordnet den Bildern A bis D eine Kameraeinstellung aus dem Merke-Kasten zu. Überprüft anschließend, ob sie die Wirkung der Bilder beeinflusst.

1 Linien, die den Ausschnitt bestimmen, z. B. wird die Einstellung Nah vom Kopf (Referenzlinie) bis zur Brust abgelesen.

Merke

Kameraeinstellungen untersuchen

Die **Einstellungsgröße** bezeichnet den gewählten Bildausschnitt. Man unterscheidet:
- **Panorama**: Der **weite Blick** geht über eine ausgedehnte Landschaft.
- **Totale**: Es wird ein **Überblick über den gesamten Handlungsort** gegeben. Die Darsteller sind in der Ferne zu sehen.
- **Halbtotale**: Die Darsteller werden **vollständig** in ihrer direkten Umgebung gezeigt.
- **Amerikanisch**: Der Darsteller wird **vom Kopf bis zu den Knien** gezeigt.
- **Halbnah**: Der Darsteller wird **vom Kopf bis zur Hüfte** gezeigt. Der Schwerpunkt liegt auf der Gestik der Person.
- **Nah**: Es werden der **Kopf und Teile des Oberkörpers** gezeigt.
- **Groß**: Der Darsteller wird mit einer Aufnahme **des Kopfes** gezeigt. Der Schwerpunkt liegt auf der Mimik der Person.
- **Detail**: Nur **Teile der Person oder eines Gegenstandes** werden gezeigt. Auf sie soll besonders aufmerksam gemacht werden.

Schuss-Gegenschuss-Verfahren

In einer Bildfolge werden die Gesichter der Darsteller während ihres Dialogs abwechselnd gezeigt. Dabei ist die nicht sprechende Figur meist von hinten und nur zum Teil zu sehen.

3 Seht euch die folgenden Standbilder an. Beschreibt, wie sie auf euch wirken.

E

F

4 Ordnet den Bildern E und F eine Kameraperspektive aus dem Merke-Kasten zu. Überprüft anschließend, ob sie die Wirkung der Bilder beeinflusst.

Merke

Kameraperspektiven

Froschperspektive
(Blick von unten nach oben)

Normalsicht
(Blick aus gleicher Höhe)

Vogelperspektive
(Blick von oben nach unten)

Material
5wf9cs

5 Beschreibt die Mimik der beiden Personen auf Standbild G. Welche Schwierigkeiten fallen euch dabei auf? Benennt, wie diese Probleme gelöst werden können.

6 Entwickelt zu einem Standbild auf dieser Seite ein Storyboard mit mindestens zwei Nachfolgebildern. Begründet die Wahl der Einstellungsgrößen und Kameraperspektiven. Seht euch dazu die Beispiele für ein Storyboard unter dem Online-Code an.

G

Augenscheinliches

Den Bildaufbau im Film untersuchen

T3 Umgang mit Medien Seite 209–211

1 Seht euch die folgenden Standbilder an. Beschreibt, wie Pi Patel darauf wirkt.

A

B

2 Vergleicht die Kameraeinstellungen und die Perspektive der beiden Standbilder. Geht dabei auch auf die unterschiedliche Wirkung ein.

	Bild A	Bild B
Kameraeinstellung	… wirkt …	… …
Perspektive	… wirkt …	… …

3 Beschreibt die Standbilder genauer. Beantwortet dazu die folgenden Fragen.
- Was ist auf dem Bild jeweils zu sehen (Personen, Orte, Gegenstände, …)?
- Wie ist das Bild gestaltet (Licht, Farben, Bildaufbau, …)?

Merke

Mise en Scène

Die Szenen oder **Mise en Scène** (französisch für „in Szene gesetzt") werden beim Filmdreh entsprechend der Wirkung, die im Film erzeugt werden soll, bewusst gestaltet. Diese umfasst folgende Kriterien:
- **Bildinhalt**: Personen (Erscheinung und Darstellung), Ort und Requisiten
- **Bildgestaltung**: Kamera (Perspektive, Einstellungsgrößen, Kamerabewegungen), Licht, Farben sowie Bildaufbau.

4 Seht euch noch einmal Bild A an. Diskutiert, ob die folgende Aussage zutrifft. Nutzt auch die Informationen im Merke-Kasten auf der rechten Seite.

Um als Zuschauer in das Geschehen hineingezogen zu werden, muss die Kamera nah am Geschehen sein.

Merke

Point of View

Der Zuschauer blickt immer aus der Sicht der Kamera auf das Geschehen. Ob eine Szene **objektiv** oder **subjektiv** wirkt, hängt also von der Entscheidung der Regisseurin oder des Regisseurs ab. Man nennt dies **Perspektivierung** oder **Point of View**, die anhand der Kameraeinstellung, Perspektive und dem Mise en Scène deutlich wird.

- Bei der **objektiven Perspektive** betrachtet der Zuschauer das Geschehen von außen und hat dadurch Distanz zum Inhalt und zu den Figuren.
- Bei der **subjektiven Perspektive** ist die Kamera der Handlung und den Figuren nah, sodass der Zuschauer das Geschehen intensiver empfindet. Die Kamera kann so einen Standpunkt einnehmen, der dem Zuschauer einen Blick durch die Augen einer Figur ermöglicht oder ihn wie die Figur sehen lässt.

5 Bestimmt den Point of View für die folgenden Standbilder. Begründet eure Entscheidungen.

a) objektive Darstellung: der Zuschauer sieht Geschehen/Figur von außen

b) der Zuschauer sieht, wie es im Inneren der Figur aussieht, er ist emotional beteiligt

c) subjektive Darstellung: der Zuschauer sieht mit den Augen der Figur und fühlt wie die Figur

C

D

6 Verfasst zu den beiden Bildern einen inneren Monolog von Pi. Vergleicht eure Texte im Anschluss miteinander. In welchem Monolog sind mehr Emotionen enthalten?

7 EXTRA Erklärt mithilfe der folgenden Begriffe den Point of View in Bild B. Beschreibt die Wirkung.

Kamerastandort | Kameraeinstellung | Kameraperspektive

Traumhafte Wirklichkeit

Das Fantastische in einem Film erkennen

T3 Umgang mit Medien Seite 209–211

1 Stellt euch vor, ihr verbringt eine Nacht alleine in einem Boot auf dem Meer. Verfasst dazu einen Tagebucheintrag.

T5 Standbilder bauen Seite 245

2 Tragt einige eurer Tagebucheinträge aus Aufgabe 1 in der Klasse vor.
- Baut anschließend zu jedem Tagebucheintrag ein passendes Standbild.
- Diskutiert, ob die Standbilder eine ähnliche Wirkung haben wie der vorgelesene Text.

Hörverstehen h352t4

3 Seht euch das folgende Bild an. Lest den Romanausschnitt oder hört ihn euch an. Tauscht euch dazu aus.

Yann Martel

Schiffbruch mit Tiger

Zwischen der folgenden Situation und Pis Erzählung davon liegen etwa 35 Jahre.

Mit einem einzigen Blick erkannte ich, dass der Ozean eine Stadt ist. Direkt unter der Wasseroberfläche und von mir bislang unbemerkt gab es Schnellstraßen, Boulevards, Alleen und Kreisel mit submarinem Verkehrsgewühl. Unten im Wasser, wo es wimmelte von Plankton, von Millionen durchsichtiger, leuchtender Partikelchen, rasten Fische wie Lastwagen und Busse und Autos und Fahrräder und Fußgänger wild durcheinander, ohne Zweifel begleitet von Hupen und Schimpfen. Die vorherrschende Farbe war Grün. In unterschiedlichen Tiefen [...] gab es flüchtige Bahnen, die Spuren dahinflitzender Fische. Sobald eine Spur sich verlor, tauchte eine neue auf. Diese Bahnen kamen von überallher und führten überallhin. Sie glichen den lang belichteten Aufnahmen nächtlicher Straßen, auf denen die Rücklichter der

Autos lange rote Streifen hinterlassen. Nur dass die Autos hier über- und untereinander herfuhren, als bewegten sie sich auf zehnstöckigen Straßenkreuzungen. Und hier hatten die Autos die verrücktesten Farben. Die Doraden […] stellten im Vorbeihuschen stolz ihr leuchtendes Gold, Blau und Grün zur Schau. Andere Fische, […] waren gelb, braun, silbern, blau, rot, rosa, grün und weiß, in allen möglichen Kombinationen, einfarbig, gestreift und gesprenkelt. […] Und wie groß und farbenprächtig ein Fahrzeug auch immer sein mochte, eins blieb immer gleich: der riskante Fahrstil. Es gab viele Zusammenstöße […] und manche Autos gerieten völlig außer Kontrolle und prallten gegen Absperrungen, sie wurden aus dem Wasser geschleudert und fielen in leuchtenden Kaskaden klatschend wieder hinein. Ich betrachtete dieses Chaos wie jemand, der vom Heißluftballon aus auf eine Stadt hinabschaut. Es war ein faszinierendes, Ehrfurcht gebietendes Schauspiel.

4 Untersucht die fantastischen Elemente im Bild und Textausschnitt. Notiert sie in der Tabelle.

Filmbild: Life of Pi	Romanausschnitt: Schiffbruch mit Tiger
sehr blaues Meer trotz Nacht	der Ozean ist eine Stadt
…	…

Merke

Bei der Darstellung einer Handlung unterscheidet man **fantastische** und **realistische** Elemente. Handlungen mit einem hohen Anteil an Erfundenem werden als **Fantastik** bezeichnet. Handlungen, die einen hohen Wirklichkeitsgrad haben, werden als **Realistik** bezeichnet.
In Büchern kann die Fantastik durch sprachliche Bilder, z. B. Metaphern, Symbole oder Vergleiche, ausgedrückt werden. Bei Filmen kann Fantastik durch weitere Elemente, z. B. Kostüme, Farben oder Computereffekte, umgesetzt werden.

5 Erläutert, wie sich die Darstellung der Fantastik im Bild und im Romanausschnitt unterscheiden.

6 In welchem Medium sprechen euch die fantastischen Elemente mehr an? Begründet eure Entscheidung. Geht dabei auch auf die Wirkung ein.

7 EXTRA Verfasst zum folgenden Bild einen Text mit fantastischen Elementen.

Alles nur erfunden?!

Fiktionalität untersuchen

T3 Umgang mit Medien Seite 209–211

1 Lest die Textausschnitte. Vergleicht sie miteinander. Welcher Textausschnitt wirkt eurer Meinung nach realistischer?

Yann Martel

Schiffbruch mit Tiger

Pi schildert, was mit den anderen Tieren auf dem Boot geschah.

aus Kapitel 46–53: Ich zitterte am ganzen Leib und konnte nichts dagegen tun. Ich war überzeugt, dass die Hyäne sich jeden Moment auf Orangina[1] stürzen würde. […] Am Nachmittag entlud sich die Gewalt. Die Spannung war auf ein unerträgliches Maß gestiegen. Die Hyäne lachte. Orangina schnatterte und schmatzte laut. Ganz unvermittelt hoben beide die Stimmen, die Laute verschmolzen zu einem. Die Hyäne machte einen Satz über das, was von dem Zebra noch übrig war, und stürzte sich auf Orangina. […]
Es war ein Anblick, den ich bis ans Ende meiner Tage nicht vergessen werde. Richard Parker hatte sich erhoben und war aus seiner Höhle gekommen. Er war keine fünf Meter von mir entfernt. Liebe Güte, wie groß er war! Das letzte Stündlein der Hyäne hatte geschlagen, und meines dazu. […] Die Hyäne starb ohne Schrei und ohne Jammern, und Richard Parker schlug lautlos zu.

1 ein Orang-Utan

Versicherungsmitarbeiter, die Pi nach seiner Rettung befragen, hegen Zweifel an seiner Geschichte.

aus Kapitel 99: „Mr. Patel, ein Tiger ist ein unglaublich gefährliches, wildes Tier. Wie hätten Sie denn allein mit ihm auf einem Rettungsboot überleben können? Das ist doch – […] Wir wollen eine Geschichte ohne Tiere, die uns erklärt, warum die Tsimtsum untergegangen ist." […] [Langes Schweigen] „Dann erzähle ich Ihnen eine andere Geschichte." […]
Vier von uns überlebten. Mutter klammerte sich an ein Bananennetz und erreichte so das Rettungsboot. Der Koch war schon an Bord, der Matrose ebenfalls. […] Mutter und ich aßen nichts von dem Fleisch des Matrosen, nicht einen einzigen Bissen, obwohl wir immer schwächer wurden, aber wir aßen von den Meerestieren, die der Koch fing. […] Er hat sie getötet. Der Koch hat meine Mutter getötet. […] Dann kämpften wir und ich tötete ihn. Seine Miene war ausdruckslos, zeigte weder Verzweiflung noch Zorn, weder Angst noch Schmerz. Er gab auf. Er wehrte sich zwar, ließ aber zu, dass ich ihn tötete. Er wusste, er war zu weit gegangen, selbst nach seinen brutalen Maßstäben. […] Er war ein so böser Mann. Schlimmer noch: Er weckte das Böse in mir – Eigennutz, Jähzorn, Skrupellosigkeit. Damit muss ich leben. […]

2 Die Männer von der Versicherung zweifeln an der Richtigkeit von Pis erster Beschreibung. Erläutert, warum sie eine andere Geschichte einfordern.

3 Lest die folgende Textstelle. Beantwortet anschließend Pis Frage.

Pi fragt die Männer von der Versicherungsfirma: „In beiden Geschichten geht das Schiff unter, meine gesamte Familie kommt um und ich habe viel zu leiden [...]. Welche ist die bessere Geschichte, die mit den Tieren oder die ohne Tiere?"

4 Welche der folgenden Aussagen erscheint zutreffend? Begründet eure Entscheidung.

Die Tiergeschichte ist für Pi ...
a) eine notwendige Lebenslüge, um das Erlebte zu bewältigen.
b) die Wahrheit.
c) eine Lüge zur Verdeckung der eigenen Grausamkeit.

Merke

Fiktionalität

Literarische Texte und Filme erzählen meist **erfundene Geschichten**, bei denen man sich aber vorstellen kann, dass sie wahr sind. Man nennt diese Eigenschaft **Fiktionalität** (aus dem Lateinischen *fictio/fingere:* erfinden, vortäuschen). Fiktionalität kann durch folgende Kriterien verdeutlicht werden:

	Buch	**Film**
Informationen auf Cover	Roman Autor ≠ Erzähler	Spielfilm Verweis auf Schauspieler, Regisseure, ...
Handlung	Abweichungen von der Lebenswirklichkeit möglich	
Darstellung	Hinweise auf Künstlichkeit von Räumen, Zeiten, Figuren, ...	
	Erzähler wählt aus, bewertet, kennt Details über Figuren	Kamera immer vorhanden, Musik und Geräusche, ...

Manchmal spielen Texte oder Filme auch mit der Fiktionalität. Der Leser oder Zuschauer erkennt dann nicht so einfach, was innerhalb der Geschichte wahr ist und was nicht.

5 Der Film zeigt die zweite Geschichte nicht. Der Zuschauer bekommt die Geschichte von Pi erzählt. Stellt Vermutungen an, warum der Regisseur an dieser Stelle keine Bilder zeigt.

6 EXTRA Nehmt Stellung zu der folgenden Aussage.

Keine der beiden Geschichten ist wirklich wahr.

T2 Schreiben
Seite 188/189

Den musst du sehen!

Eine Filmkritik verstehen und schreiben

1 Lest die Filmkritik. Notiert die wichtigsten Informationen in Stichpunkten.

Andreas Fischer

Life of Pi. Schiffbruch mit Tiger – Des Lebens Möglichkeiten

Ein Rettungsboot mit einem Tiger, ganz viel Ozean, und kein Land in Sicht. Der 17-jährige Inder Piscine Molitor Patel (Suraj Sharma) ist erst einmal mit dem Überleben beschäftigt. Und den Rest der Zeit macht er sich Gedanken – vor allem über das Wesen seiner Existenz. Yann Martels fantastischer Bestseller „Schiffbruch mit Tiger“ galt eigentlich als unverfilmbar. Oscargewinner Ang Lee („Brokeback Mountain“, „Tiger & Dragon“) war das allerdings herzlich egal. Zum Glück – denn seine Verfilmung des philosophischen Romans ist ein echter Glücksfall: „Life of Pi: Schiffbruch mit Tiger“ hätte nicht inspirierender und schöner werden können.

„Ich erzähle Ihnen eine Geschichte, die Sie an Gott glauben lässt“, verspricht der gealterte Pi (Irrfan Khan). Er lebt in Montreal und berichtet in der Rahmenhandlung einem Schriftsteller (Rafe Spall) auf der Suche nach einer guten Story von seinem Leben, das in einem Zoo beginnt. Pi […] wächst im gerade unabhängig gewordenen Indien mit Tieren auf – mit Giraffen, Nashörnern und dem Tiger Richard Parker, mit dem er auf schicksalhafte Weise verbunden ist.

Mit viel Witz und großem Herz erzählt Ang Lee von einer im Grunde unbeschwerten Kindheit: Er genießt seine Tage, stillt seine Neugier, probiert das Leben aus, das vor ihm liegt. Vor allem die Religionen haben es ihm angetan. Pi ist Hindu, Muslim, Christ – und das ist praktisch, weil man jeden Tag einen Feiertag hat.

[…] Dann schifft er sich mit seiner Familie und den Zootieren auf einer japanischen Arche Noah gen Kanada ein. Leider übersteht der alte Seelenverkäufer[1] den ersten Sturm nicht: Pi und Richard Parker treiben in einem Rettungsboot über den Pazifik.

Der Tiger hatte Pi einst die Unbeschwertheit geraubt: in einer schockierenden Lektion über das animalische Wesen. Nun müssen sich das Raubtier und der Mensch miteinander arrangieren und füreinander sorgen. Sich durchkämpfen und durchbeißen. Den Willen finden und den Mut zu überleben.

Obwohl der größte Teil des Films nur von einem jungen Mann, seinen Gedanken und einer Kreatur bestritten wird, ist „Schiffbruch mit Tiger“ ein unheimlich spannender, fesselnd inszenierter Abenteuerfilm und ganz nebenbei eine kluge Reflexion über das Wesen der Religion und die komischen Sachen, die Gott in all seinen Erscheinungsformen den ganzen Tag so macht. Die Weisheit steckt in kleinen Nebensätzen und wird beiläufig eingestreut. Das ist erfrischend, weil es Raum für eigene Gedanken lässt: „Schiffbruch

1 ein nicht mehr seetüchtiges Schiff

mit Tiger“ ist ein Film der Möglichkeiten, die man selbst ergreifen muss. Regisseur Ang Lee zelebriert die Macht der Bilder mit fliegenden Fischen, einer fleischfressenden Insel, fluoreszierendem Meeresgetier, der unheimlichen Schönheit des Sternenhimmels. Und einem Tiger aus dem Computer, der so realistisch wirkt, dass man sich fragt, wie die Dreharbeiten ohne Verletzungen überstanden werden konnten. Der Film ist ein grandioses Kinoerlebnis, in dem sogar die sorgfältig eingesetzte 3D-Technik Sinn macht, weil sie die weite Leere des Ozeans verstärkt und die Fantasie anregt. Man muss nur die Augen öffnen und alles aufsaugen. Der Rest kommt von ganz allein, weil der Film nichts vorgibt: Einen Sinn? Den braucht das Leben hier nicht. Es passiert einfach. Man kann, man muss sich selbst einen Reim auf eine unglaubliche Geschichte machen.
Natürlich gibt es immer verschiedene Interpretationsmöglichkeiten: Die Story, die Pi seinem Zuhörer auftischt, könnte der Realität entsprechen oder – weil es eine bessere Geschichte ergibt – eine fantasievoll ausgeschmückte Variante der Wahrheit sein. Das Schöne ist: Man kann sich die Version aussuchen.

2 Untersucht die Filmkritik genauer. Ordnet dazu die folgenden Kriterien zu. Ihr könnt eine Folie über den Text legen oder den Online-Code nutzen.

Material ta74y2

- prägnante Überschrift
- technische und gestalterische Besonderheiten
- Zuordnung zu einem Filmgenre
- Vergleich mit ähnlichen Filmen/Themen
- Hauptaussage des Films
- Glaubwürdigkeit der Schauspieler

3 Benennt, welchen Bewertungen der Filmkritik ihr zustimmt. Begründet eure Meinung.

4 Schreibt ein Fazit zu der Filmkritik mit Stellungnahme und einer Empfehlung für die Zielgruppe.

Formulierungshilfen für ein Fazit

Dieser Film ist gut, weil er … / Er könnte Zuschauern gefallen, die … / Nicht gut gelungen ist … / spannend / langweilig / rasant / lustig / mysteriös / erschreckend …

→ T4 Konjunktiv II verwenden Seite 216/217

→ T4 Mittel zur Textverknüpfung Seite 225/226

5 Entscheidet, ob euch der Film gefallen hat oder nicht. Verfasst eine eigene Filmkritik.

6 EXTRA Schreibt eine Kritik zu einem aktuellen Kinofilm.

○ Aufgabe 1 ◒ Aufgabe 2, 3, 5 ● Aufgabe 4, 6 EXTRA

Teste dich selbst!

1 Formuliere fünf Fragen, mit denen man den Inhalt eines Films erschließen kann.

2 Bewerte den folgenden Klappentext. Sind genügend wichtige Informationen über den Inhalt der Handlung enthalten?

Der junge Inder, er selbst ist gleichzeitig Christ, Moslem und Hindu, erzählt eine Geschichte, mit welcher man den wahren Glauben zu Gott finden kann. Piscine Molitor Patel, oder auch Pi genannt, ist der Sohn des Zoodirektors. Er hat eine große Veränderung vor sich, als seine Familie mit ihrem Zoo nach Montréal, Kanada, auswandern möchte. Das heißt für ihn, er muss seine Heimat Pondicherry in Indien und ebenfalls seine neue Liebe zurücklassen. Bei der Überfahrt gerät das mit dem halben Zoo bepackte Schiff in einen schweren Sturm und sinkt.

3 Ordne die Definitionen den Fachbegriffen „Kameraperspektive" und „Kameraeinstellung" zu.

a) Von der Kamera gewählter Ausschnitt einer Figur oder eines Gegenstandes

b) Höhe und Standort der Kamera zu einer Figur oder einem Gegenstand

4 Benenne zu den folgenden Bildern die Einstellungsgrößen.

A

B

5 Nenne zu den Bildern passende Adjektive. Bestimme die Kameraperspektive.

C

D

Wie konntest du Aufgabe 3 bis 5 lösen?
😐 → Seite 209/210
🙂 → Seite 211 EXTRA

6 Erkläre anhand der Bilder C und D den Begriff „Point of View".

7 Vergleiche die Bilder A und B. Beschreibe, bei welchem die Perspektive objektiv und bei welchem sie subjektiv wirkt.

8 Erkläre den Begriff „Fantastik". Nenne ein passendes Beispiel.

9 Beschreibe, wie man die folgenden Situationen in einem Film „fantastisch" umsetzen könnte.

Pi sitzt mit einem Tiger, Orang-Utan, Zebra und einer Hyäne in einem Boot.

Pi entdeckt nachts die leuchtenden Meerestiere.

10 Übertrage die Tabelle in dein Heft. Entscheide, ob die folgenden Textsorten und Filmgenres realistisch oder fiktional sind.

Actionfilm | Horrorfilm | Tierdokumentation | Komödie | Roman

Märchen | Gedicht | Bastelanleitung | Kochrezept | Zeitungsartikel

Geschichtsdokumentation | Historienfilm | Western | Krimi

realistisch	fiktional
...	...

Wie konntest du Aufgabe 6 bis 10 lösen?

😐 → Seite 211
😊 → Seite 211 EXTRA

11 Lies die Filmkritik. Ergänze Kriterien, die in einer Filmkritik noch enthalten sein können.

Die Bilder und Effekte sind echt toll. Das war's aber auch schon. Die Geschichte könnte interessant sein, ist aber auf der Leinwand einfach langweilig. Die Figuren handeln völlig unrealistisch und zum Teil auch unüberlegt. So verhält sich doch keiner. Dazu kommen diese verschiedenen Religionen, die meines Erachtens keinen Sinn ergeben. Und eine fleischfressende Insel, was soll das denn?
Fazit: Die Animationen und die Schauspieler überzeugen, aber der Rest des Films ist unsinnig.

12 Verfasse eine Stellungnahme zu der Filmkritik.

Wie konntest du Aufgabe 11 und 12 lösen?

😐 → Seite 188/189
😊 → Seite 189 EXTRA

Prüfungstraining

1 Tipps zur Prüfungsvorbereitung

Material
x9w589

Arbeitsaufträge verstehen

- Achte bei **Aufgaben zum Ankreuzen** darauf, ob du **eine oder mehrere Antworten** ankreuzen musst.
- Sieh dir bei **ausführlichen Arbeitsaufträgen** besonders die **Operatoren**, **Fachbegriffe und Wörter** an, die für die Bearbeitung der Aufgabe wichtig sind.
- Überlege bei Aufgaben, in denen die einzelnen Arbeitsschritte nicht genauer benannt sind, ob du weißt, wie du deinen Text, z. B. eine Argumentation, aufbauen musst.
- Mache dir klar, welche **Textsorte** gefordert ist. Notiere dir gegebenenfalls die jeweiligen Kriterien.

Texte lesen und auswerten

- **Lies** den Text/die Texte immer **mehrmals**.
- **Markiere** dabei **Auffälligkeiten, wichtige Wörter und Unklarheiten**. Achte darauf, nicht zu viel zu markieren.

→

- **Unterscheide** die **Art der Arbeitsaufträge**. Orientiere dich dazu an den Aufgabenformaten und Operatoren. Überlege genau, welche **Antwortmöglichkeiten** es jeweils gibt.
- Überprüfe, ob deine **Antworten** zum **Arbeitsauftrag** passen. Kontrolliere, ob du z.B. Textzitate richtig ausgewählt hast.
- **Verweise** bei deinen Antworten auch auf Materialien wie Schaubilder, Diagramme und Tabellen.

Argumentierende und informierende Texte schreiben

- Achte sowohl auf die **Art des Textes**, z. B. informierend, argumentierend, ..., als auch auf die **Textsorte**, z. B. Erörterung, Zeitungsartikel, ... Mache dir klar, an wen sich dein Text richten soll.
- Lege zunächst einen **Schreibplan** in Stichpunkten an. Formuliere anschließend den Text. Achte auf die Aufgabenstellung.
- Denke an **Zitate** aus den Materialien, um deine Aussagen zu belegen.

Argumentierende Texte

Einleitung

Nenne das Thema und die These oder Streitfrage. Achte darauf, das Leserinteresse zu wecken, z. B. durch einen aktuellen Bezug oder die Wiedergabe eigener Erlebnisse.

Hauptteil

Verfasse einen vollständigen Text mit stichhaltigen Argumenten. Dies können Tatsachen (Fakten), Expertenmeinungen oder auch anerkannte Werte (Normen) sein. Am besten stützt du die Argumente durch Beispiele und/oder Erläuterungen. Achte darauf, ob du eine lineare oder Pro- und Kontra-Erörterung, z. B. nach dem Sanduhr- oder Pingpong-Prinzip, schreiben sollst.

Schluss

Im Schluss werden die Argumente noch einmal abgewogen. Formuliere eine Stellungnahme, einen Ausblick, einen Wunsch oder eine Hoffnung.

Informierende Texte

Einleitung

Nenne den Schreibanlass, das Schreibziel, das Thema und den Adressaten. Je nach Textsorte kannst du auch mit einer persönlichen Vorstellung, einem Zitat, einem aktuellen Ereignis oder einer Definition beginnen.

Hauptteil

Verfasse zu den gesammelten Informationen aus den vorgegebenen Texten, Schaubildern, Diagrammen und Tabellen einen zusammenhängenden Text.

Schluss

Je nach Textsorte beendest du den informierenden Text mit einer persönlichen Stellungnahme und Begründung, einem Wunsch, einem weiterführenden Gedanken oder einer Bewertung.

Mit literarischen Texten umgehen

- **Lies die Texte mehrmals** genau durch.
- **Markiere** dabei Auffälligkeiten, z. B. Themen, Überschriften, wichtige Begriffe, und fertige **Randnotizen** an.
- Lege zunächst einen **Schreibplan** in Stichpunkten an. Formuliere anschließend den Text. Achte auf die Aufgabenstellung.
- Verwende **Zitate** aus den Texten, um deine Aussagen zu belegen.

Literarische Texte analysieren und interpretieren

Einleitung

Nenne Autorin/Autor, Titel, Textsorte, Quelle und Thema. Fasse den Inhalt des Textes kurz zusammen.

Hauptteil

Verfasse mithilfe des Schreibplans einen zusammenhängenden Text. Achte auf die gattungsspezifischen Besonderheiten, z. B. bei lyrischen Texten auf Strophen/Verse, Reime und sprachliche Bilder/Mittel; bei epischen Texten auf Aufbau, Figuren, Ort, Zeit, Erzählsituation und Sprache.

Schluss

Fasse die Ergebnisse noch einmal zusammen. Gehe auf die Textintention und die Gesamtaussage ein. Beende die Analyse mit einer persönlichen Stellungnahme und begründe deine Meinung.

Literarische Texte produktiv erschließen

1. Schritt

Lies zunächst den vorgegebenen Text, z. B. ein Gedicht, eine Dramenszene oder einen Romanausschnitt. Arbeite wichtige Textstellen und Besonderheiten, z. B. die Textsorte, heraus. Achte dabei auf die Aufgabenstellung.

2. Schritt

Verfasse dein eigenes Schreibprodukt, z. B. ein Parallel- oder Gegengedicht, eine Fortsetzung, einen inneren Monolog oder einen Tagebucheintrag.

3. Schritt

Reflektiere dein eigenes Schreibprodukt.

Einleitung

Nenne das Thema des Ausgangstextes und fasse den Inhalt zusammen.

Hauptteil

Kommentiere deinen eigenen Text. Beziehe dich dabei auf die wichtigen Textstellen und Besonderheiten des vorgegebenen Textes. Erkläre, wie du bei deinem eigenen Text darauf eingegangen bist, z. B. bei der sprachlichen Gestaltung.

Schluss

Ziehe ein Fazit. Beurteile darin, was in deinem eigenen Schreibprodukt gut gelungen und was noch zu verbessern ist.

2 Texte lesen und auswerten

Arbeitsschritte

Ankreuz- oder Zuordnungsaufgaben

1. Lies den Text gründlich. Lies anschließend die Aufgaben und Antwortmöglichkeiten genau durch.
2. Lies den Text noch einmal. Lege eine Folie auf und markiere wichtige Textstellen.
3. Suche die Textstelle heraus, auf die sich die Fragen oder Aussagen beziehen. Notiere die entsprechenden Zeilen.
4. Notiere die richtige Antwort oder kreuze sie an. Überprüfe die Informationen noch einmal mithilfe des Textes.

Energy Drinks – Riskanter Koffein-Kick

A […] Das Image der Kunstgetränke bestimmen vor allem zwei Dinge: zum einen vital klingende Namen wie „Energy Rocket“, „Flying Power“ oder „Speedstar“, zum anderen exotisch anmutende Zutaten wie Taurin, Inosit oder Glucuronolacton. Dabei gibt es keine wissenschaftlichen Belege dafür, dass auch nur einer dieser Inhaltsstoffe leistungssteigernd wirkt.

B Den Effekt von Energy Drinks bewirken zwei altbewährte Zutaten: Zucker liefert Energie, Koffein sorgt für die Aufputschwirkung. Dessen belebende und anregende Wirkung ist belegt – das gilt aber nur für Koffein in Maßen. Im Übermaß hat es Nebenwirkungen wie Unruhe, Nervosität, Übelkeit, Schlaflosigkeit, Herzrasen. Die Gefahr der Koffein-Überdosierung durch Energy Drinks ist relativ hoch. Kinder, Schwangere, Stillende und koffeinempfindliche Menschen sollten sie ganz meiden. Auch Müdigkeit und Erschöpfung sollten mit den Getränken nicht überspielt werden. Autofahrer riskieren so, sich selbst zu überschätzen und auch andere in Gefahr zu bringen […]

C Was einen Energy Drink ausmacht, ist erst seit 2. Juni 2013 gesetzlich geregelt. Laut Fruchtsaft- und Erfrischungsgetränkeverordnung handelt es sich um ein koffeinhaltiges Erfrischungsgetränk. Es darf maximal 320 Milligramm Koffein pro Liter enthalten. Auch für andere Zutaten gelten jetzt Höchstgehalte – für Taurin 4 000 Milligramm, für Inosit 200 Milligramm, für Glucuronolacton 2 400 Milligramm pro Liter. […]

D Wie wichtig gut lesbare Warnhinweise wären, zeigt eine Studie der Europäischen Behörde für Lebensmittelsicherheit (Efsa). Sie hat erstmals europaweite Daten zu den Verzehrgewohnheiten von Energy Drinks erhoben. Mehr als 52 000 Personen aus 16 EU-Mitgliedsstaaten wurden befragt – Erwachsene, Jugendliche und Kinder. Jeder dritte Erwachsene in Europa konsumiert danach Energy Drinks, jeder zehnte sogar vier- bis fünfmal pro Woche oder →

öfter. Besonders beliebt sind sie aber bei den 10- bis 19-Jährigen. 68 Prozent der befragten Jugendlichen trinken die Szenebrausen, davon jeder zehnte mehrmals pro Woche. Besorgniserregend: Jeder zweite der Erwachsenen und der Jugendlichen trinkt Energy Drinks zusammen mit Alkohol. Fast genauso viele nutzen die Kunstbrause bei sportlicher Betätigung. Der Fehlgebrauch ist also nicht die Ausnahme, sondern erschreckende Regel. [...]
Weiteres beunruhigendes Ergebnis der Studie: Selbst die unter 10-Jährigen trinken Energy Drinks, obwohl Koffein für Kinder nicht geeignet ist.

E Neben dem Gummibärchen-Aroma dürfte vor allem die Riesenportion Zucker die Kleinen auf den Geschmack bringen. Die meisten Energy Drinks im Test enthalten etwa so viel Zucker wie Cola. Ein Liter Cola bringt es durchschnittlich auf 106 Gramm. [...]
[...] Laut Weltgesundheitsorganisation (WHO) gilt die Faustformel: Maximal 10 Prozent des täglichen Energiebedarfs sollten durch Zucker gedeckt werden. Aber die Versuchung ist groß. Eisgekühlt, süß und sprudelnd verleiten die Getränke dazu, mehr zu trinken. Große Dosen oder Flaschen verführen zusätzlich. [...]

In Prüfungen kannst du die richtige Antwort auf dem Blatt ankreuzen.

1 Notiere die richtige Antwort in deinem Heft.
Die Leistungssteigerung der exotisch anmutenden Zutaten ist wissenschaftlich ...
a) ... belegt.
b) ... nicht belegt.

2 Notiere die richtige Antwort in deinem Heft.
Das Koffein in Energy Drinks ...
a) ... ist in jedem Fall unbedenklich.
b) ... hat immer gefährliche Nebenwirkungen.
c) ... wirkt in Maßen genommen anregend.
d) ... kann von Kindern ohne Bedenken konsumiert werden.

3 Notiere die richtige Antwort in deinem Heft.
a) Jeder zweite Erwachsene trinkt Energy Drinks.
b) Einer von zehn 10- bis 19-Jährigen trinkt Energy Drinks mehrmals pro Woche.
c) Kinder unter 10 Jahren trinken keine Energy Drinks.

4 Im Textausschnitt B wird der Begriff „Nebenwirkungen" verwendet. Erläutere ihn mithilfe des Textumfeldes.

5 Ordne den Aussagen die Textabschnitte richtig zu, z. B.: *Abschnitt A → ...*

- Für Energy-Drinks gibt es gesetzliche Regeln.
- Die Wirkung einiger Zutaten ist umstritten.
- hoher Zuckeranteil
- zwei Wirkstoffe sind „alte Bekannte".
- beliebte Energy Drinks

Arbeitsschritte

Zusammenhänge zwischen Bild und Text herstellen

1. Lies noch einmal den Text. Suche Textstellen heraus, die mit dem Bild im Zusammenhang stehen.
2. Beschreibe, was auf dem Bild zu sehen ist.
3. Stelle den Zusammenhang zwischen den Materialien her: Welche Aussagen finden sich im Text und welche im Bild wieder? Liefert das Bild neue oder ergänzende Informationen oder ist es nur eine Illustration zur Verdeutlichung der Textaussage?

6 Erläutere den Zusammenhang zwischen dem folgenden Bild und dem Text auf Seite 137/138.

Arbeitsschritte

Etwas begründen/Stellung nehmen

1. Sammle Informationen aus dem Text, die mit der Aussage im Zusammenhang stehen.
2. Stelle dar, welche Überlegungen hinter der Aussage stehen könnten.
3. Formuliere deutlich deine eigene Position.
4. Begründe deine Position. Deine Begründungen kannst du mithilfe des Textes stützen, du kannst aber auch dein Wissen und deine Erfahrungen zu einem Thema nutzen.

7 Die im Text genannte Studie wird als „beunruhigend" bezeichnet. Belege diese Einschätzung mit zwei Beispielen.

8 Nimm Stellung zu der folgenden Aussage. Begründe deine Meinung. Beziehe mehrere Textaussagen ein.

Du kannst dieser Aussage zustimmen oder nicht.

Energy Drinks sollten für Jugendliche unter 18 Jahren verboten werden.

9 Überprüfe deine Ergebnisse mithilfe des Beurteilungsbogens unter dem Online-Code.

Beurteilungsbogen 954et6

3 Einen argumentierenden Text verfassen

Immer wieder wird in der Öffentlichkeit darüber diskutiert, ob Computerspiele, die viel Gewalt enthalten, verboten werden sollten. Stell dir vor, an deiner Schule soll es eine Podiumsdiskussion geben, an der Schüler, Eltern, Lehrer und eingeladene Politiker teilnehmen. Du sollst als Schülersprecher in einer Eröffnungsrede zu dieser Frage Stellung nehmen.

1 Verfasse mithilfe des folgenden Textes eine Rede für die Podiumsdiskussion, in der du deine Position darlegst.
- Formuliere eine Einleitung, in der du den Anlass für die Rede benennst und deine Position verdeutlichst.
- Begründe deine Position. Nenne mindestens drei Argumente und stütze sie mithilfe von Erläuterungen und/oder Beispielen. Entkräfte ein Argument der Gegenseite, um deine Position zu stärken.
- Formuliere einen Schluss, in dem du noch einmal für deine Position wirbst.

Arbeitsschritte
1. Lies den Text. Notiere alle Argumente, die für ein Verbot der genannten Computerspiele sprechen, und alle Argumente, die gegen ein Verbot sprechen.
2. Ergänze gegebenenfalls eigene Argumente.
3. Erstelle einen Schreibplan für deine Rede. Wähle dazu die Argumente für deine Position aus, die du verwenden willst. Wähle auch ein Gegenargument, das du entkräften kannst.
4. Berücksichtige bei deiner Rede, an wen sie sich richtet.

→ T5 Schreibpläne erstellen Seite 245

Sinnvoll oder übertrieben?

VON MARKUS PILZWEGER

Ist es harmlos, wenn Kinder am Bildschirm eines Computers auf virtuelle Menschen ballern? Die kontroverse Diskussion [über ein Verbot von Computerspielen mit viel Gewalt] hat neue Aktualität bekommen […].

Die Gegner eines Verbots, darunter vor allem Medienwissenschaftler und die Computer-Lobby[1], führen ins Feld, es sei wissenschaftlich nicht nachweisbar, dass Kinder und Jugendliche mit solchen Killerspielen reale Gewalt übten. „Was wir aber wissen, ist, dass das Spielen solcher Spiele zur Abstumpfung gegenüber realer Gewalt in der mitmenschlichen Umgebung führt und dass die eigene Gewaltbereitschaft zunimmt", sagt hingegen der Hirnforscher Manfred Spitzer in einem Interview […].

Es werde zwar häufig argumentiert, dass Computerspielen und Fernsehen im Kindesalter den geistigen Fähigkeiten und Fertigkeiten förderlich seien, wie etwa der Schnelligkeit des Denkens oder Reagierens. Dazu gebe es aber nur eine einzige Untersu-

1 Interessensgruppe

chung, sagte Spitzer, Direktor der Psychiatrischen Universitätsklinik Ulm und Autor des Buchs „Vorsicht Bildschirm! Elektronische Medien, Gehirnentwicklung, Gesundheit und Gesellschaft". […] Auf jeden Fall üben Gewaltspiele eine für Erwachsene häufig kaum nachvollziehbare Faszination auf Kinder und Jugendliche aus. „So genannte Ego-Shooter sind unter anderem deshalb so beliebt, weil sie von allen Computerspielen das banalste Spielprinzip innehaben. Viele Kinder und Jugendliche, die den ganzen Tag mit solchen Spielen verbringen, kennen gar keine anderen Computerspiele oder haben weder die Geduld noch die Fähigkeit, einem komplexen Spielprinzip zu folgen", sagte der Leiter eines Büros für Kindermedien in Berlin. […] Der Autor des Buchs „Killerspiele im Kinderzimmer" […] ist der Meinung: „Es gibt jede Menge brutaler und zynischer[2] Computerspiele, die absolut nichts in den Händen von Kindern und Jugendlichen zu suchen haben. Da helfen nur harsche Verbote."

Die Motivationspsychologen Rita Steckel und Clemens Trudewind von der Universität Bochum zogen aus einer Studie mit 280 Schulkindern die praktische Konsequenz, Eltern sollten „mit den Kindern über die Spiele reden und Werte bezüglich Gewalt vermitteln, die sie gegebenenfalls auch mit Verboten durchsetzen sollten".

Feibel unterscheidet zwischen konstruktiven und negativen Spielen. In einem konstruktiven wird zum Beispiel ein Staat errichtet, der dann gegen Barbaren, die alles an sich reißen wollen, verteidigt werden muss. „Ego-Shooter sind immer destruktiv[3], selbst wenn ihnen wie bei „Counter-Strike" ein hoher taktischer Bezug bescheinigt wird", sagte Feibel. […]

Der Magdeburger Informatik-Professor Maic Masuch gab zum Thema „Killer-Spiele" im Deutschlandradio Kultur zu bedenken, die Debatte gehe an der Wirklichkeit vorbei. Seiner Meinung nach werden Computerspiele zu einem ganz natürlichen Bestandteil der Kultur. „Das wird ähnlich sein wie im Film: Wenn wir uns heute Stummfilme ansehen, schmunzeln wir über die Bildsprache und darüber, dass die Leute aus dem Kino gerannt sind, als der erste Zug auf sie zukam", sagte Masuch. An der Universität Ilmenau wurde bereits die erste Professur für Computerspiele ausgeschrieben.

[Die Internetplattform] sueddeutsche.de meint: Brutale Spiele gehören nicht in Kinderhände. Punkt. Aber was (fast) alle genannten Experten in diesem Artikel vergessen, ist, dass es in Deutschland Altersfreigaben für Spiele gibt. Erhalten Minderjährige Zugriff auf nicht für ihr Alter geeignetes Material, ist dies nicht Schuld der Spiele, sondern vielmehr des Umfelds. Und in Zeiten von Tauschbörsen und Import-Möglichkeiten würde ein Verbot derartiger Spiele bei den Hardcore[4]-Nutzern höchstens ein müdes Lächeln hervorrufen. Daneben würden erwachsene Spieler, die sich aus welchen Gründen auch immer für diese Games interessieren, bevormundet. An Stelle von Verboten sollte vielmehr auf Aufklärungsarbeit gesetzt werden.

2 spöttisch, rücksichtslos
3 zerstörerisch
4 hier: häufig, sehr oft

2 Überprüfe deinen argumentativen Text mithilfe des Beurteilungsbogens unter dem Online-Code. Überarbeite ihn gegebenenfalls.

Beurteilungsbogen
e4n5q3

4 Einen informierenden Text verfassen

Bei einem Preisausschreiben sollen die Schülerinnen und Schüler mit einem Kinobesuch belohnt werden. Dazu müssen sie Fragen zum Regisseur Steven Spielberg und seinen Filmen beantworten. Du hast die Aufgabe, für dieses Preisausschreiben Steven Spielberg und seine Filme in einem informierenden Text vorzustellen.

Preisfragen
Wo schläft Sophie in der Höhle im Riesenland?
Für welchen Film erhielt Steven Spielberg zwei Oscars?
Welcher Art Filme sind Steven Spielberg am wichtigsten?

1 Erstelle einen informierenden Text mithilfe der folgenden Materialien.
- Formuliere für den Text eine passende Überschrift.
- Schreibe eine Einleitung, in der du über das Preisausschreiben informierst und deine Mitschülerinnen und Mitschüler aufforderst, den Text genau zu lesen, damit sie die Fragen beantworten können.
- Nenne die Informationen zur Beantwortung der Preisfragen an geeigneten Stellen in deinem Text.
- Beschreibe den Lebensweg von Steven Spielberg und benenne dabei seine größten Erfolge. Erläutere, welcher Film auf seinen Lebensweg einen besonderen Einfluss genommen hat.
- Erkläre, warum Steven Spielberg schon früh zur Filmkamera griff.
- Stelle dar, wieso im Film „BFG – Big Friendly Giant“ der Inhalt, die fantasievolle Gestaltung und die Technik zusammenpassen. Gehe auf das Interesse des Kinopublikums ein.
- Ziehe mithilfe der Materialien eine Schlussfolgerung, warum Steven Spielberg so unterschiedliche Filme gemacht hat.
- Notiere unter deinem Text die Buchstaben der von dir genutzten Materialien.

Arbeitsschritte
1. Lies zunächst die Aufgabenstellung. Notiere wichtige Informationen.
2. Überlege, für wen der Text bestimmt ist. Notiere, welche Sprache für den Empfänger geeignet ist.
3. Werte die Materialien aus, indem du die Informationen geordnet zusammenstellst.
4. Schreibe nun deinen Text und gliedere ihn mithilfe von Absätzen. Verwende eigene Formulierungen und füge passende Zitate ein.
5. Überprüfe deinen Text auf die sprachliche Richtigkeit (Rechtschreibung, Zeichensetzung, Grammatik, Satzbau und angemessenen Ausdruck).

→ **T5** Fehleranalyse und Textüberarbeitung Seite 227–233

A Lebensdaten von Steven Spielberg

Steven Allan Spielberg, geboren am 18. Dezember 1946 in Cincinnati (Ohio)
- dreht mit zwölf Jahren seinen ersten Film
- Filmstudium an der California State University
- 1969 wird man beim Atlanta Film Festival auf ihn aufmerksam
- Universal Pictures stellt ihn daraufhin ein
- 1985 Heirat mit Schauspielerin Amy Irving; 1985 Geburt seines Sohnes; 1989 Scheidung
- 1991 Heirat mit Kate Capshaw; leben gemeinsam in Hollywood; haben fünf Kinder
- arbeitet als Regisseur und Produzent

B Steven Spielbergs Filmproduktionen

Steven Spielberg avancierte[1] durch spektakuläre und fantasievolle Filmproduktionen zum wohl gefeiertsten Filmemacher der Welt. [...]
Bis heute bleibt er seinem Prinzip treu, im Wechsel sowohl anspruchsvolle als auch hauptsächlich unterhaltende Filme zu drehen.

1 aufsteigen

C Steven Spielberg über Filme und Fantasie (Zitate)

„Als ich Mitte der siebziger Jahre *Der weiße Hai* drehte, ging es mir [...] in erster Linie darum, dem Publikum eine Gänsehaut zu verpassen."

„Natürlich drehe ich immer noch Filme, in denen ich das Publikum einlade, sich unterhalten zu lassen. Wichtiger sind mir aber die anderen Filme wie *Schindlers Liste, Amistad* oder *Saving Private Ryan,* in denen es um Aufklärung und Erkenntnis geht."

„Ich kann heute nicht sagen, was mich morgen interessiert. Ich lese hier ein Buch und da eine Zeitung und gehe dahin, wohin mich meine Aufmerksamkeit zieht. Deshalb sind meine Filme auch so unterschiedlich."

„Als Junge lag ich wach im Bett und stellte mir vor, wie die Schatten wandern. Sobald draußen ein Auto vorbeifuhr und seine Lichter über die Decke des Kinderzimmers glitten, wurde der Raum für mich zu einer fremden, bedrohlichen Welt. Zu einem Angstraum. Das Beste, was mir passieren konnte, war, eine Filmkamera in die Hand zu bekommen. Nur durch die Kamera war ich imstande, diese völlig abstrakten Ängste in den Griff zu kriegen."

→

D Eine Auswahl seiner Filme

1975 „Der weiße Hai" → hohe Einspielergebnisse
1982 „E.T. – der Außerirdische" → noch höhere Einspielergebnisse
1993 „Schindlers Liste" – Thema: Judenverfolgung → sehr gute Kritiken, Oscar für beste Regie und besten Film (1994)
1993, 1997, 2001 Jurassic Park-Reihe → 1. Teil war fünf Jahre der erfolgreichste Film der Welt
1997 „Amistad" – Thema: Sklaverei
1998 „Der Soldat James Ryan" – Thema: Zweiter Weltkrieg → Oscar für beste Regie (1999)
2005 „München" – Thema: Terrorismus
2013 „Lincoln" – Thema: Krieg und Sklaverei
2016 „BFG – Big Friendly Giant"

E Der Film und die Technik

[…] Schon immer war Steven Spielberg Spezialist und Avantgardist[1] der Technik, die bei ihm nie Selbstzweck war, sondern stets im Sinne der Geschichte genutzt wurde. In „BFG" verwendet er die sogenannte Motion-Capture-Technik. Dabei stellt der renommierte[2] Theaterschauspieler Mark Rylance dem Riesen seine Mimik und Körpersprache zur Verfügung. Seine digital gespeicherten Daten werden in die digitale Riesenfigur eingespeist und mit ihr vermischt. Das Ergebnis ist erstaunlich: Ein vollkommen technifiziertes Wesen mit dennoch menschlichem Aussehen und einer liebenswerten, ja warmherzigen Ausstrahlung. […]

1 Vorkämpfer
2 angesehen

F Bilder zum Film

G Der Film „BFG – Big Friendly Giant“

Sophie (Ruby Barnhill) lebt als aufgewecktes Mädchen in einem Waisenhaus, als sie nachts draußen eine gewaltige Gestalt erblickt.
Der BFG, der Big Friendly Giant, ist […] ein liebevoller, vegetarisch lebender Riese mit noch größerem Herzen. Wie ein Nachtwächter schleicht er durch das alte London, um den Menschen selbstgemixte Träume einzuhauchen. Panisch, weil er bei seinem Treiben erwischt wurde, entführt er Sophie in die Höhle im Riesenland und baut ihr ein winziges Nachtlager inmitten von großen Gläsern voller Träume.

H „Manchmal vermisse ich das Tüfteln“

VON PATRICK HEIDMANN

Mr. Spielberg, für Ihren Film „BFG – Big Friendly Giant“ haben Sie sich eine Geschichte von Roald Dahl vorgenommen. Was hat Sie an dieser gereizt?

Spielberg: In erster Linie gefiel mir die Tatsache, dass im Mittelpunkt der Geschichte nicht ein Junge, sondern ein Mädchen steht. Und zwar ein ziemlich starkes Mädchen, dem man es abnimmt, dass es mit seinen 1,20 Metern letztlich einen fast acht Meter hohen Riesen überragt. Ich fand einfach Gefallen daran, vom Mut und den Werten dieses großen kleinen Mädchens zu erzählen, dem es am Ende gelingt, den ängstlichen Löwen, der BFG im Grunde ist, zu einem tapferen Helden zu machen.

Gibt es Arbeiten in Ihrer Laufbahn, die Ihnen wichtiger sind als andere?

Spielberg: Jeder meiner Filme ist mir wichtig, aber lassen Sie es mich so sagen: Ich habe zwei Filme gedreht, die mein Leben grundlegend verändert haben. Der erste war „E.T. – der Außerirdische“. Nicht so sehr wegen des Erfolges, sondern weil ich ein so enges Verhältnis zu den drei Kindern im Film aufbaute. Vor dem Film wollte ich eigentlich nie Vater werden, ich war glücklich als Junggeselle und konnte mir nichts anderes vorstellen. Doch dann wuchsen mir diese Kids so unglaublich ans Herz. […] Und drei Jahre später kam mein erster eigener Sohn zur Welt.

Und der zweite Film?

Spielberg: Das war „Schindlers Liste“, denn zum ersten Mal drehte ich einen Film nicht nur für mich, sondern als Dienst an der Öffentlichkeit. Der Film […] hat viel Aufmerksamkeit geschaffen dafür, welche Folgen Hass haben kann. […]

2 Überprüfe deinen informierenden Text mithilfe des Beurteilungsbogens unter dem Online-Code. Überarbeite ihn gegebenenfalls.

Beurteilungsbogen
8gj9tb

5 Einen Dramenausschnitt analysieren und interpretieren

1 Analysiere den Dramenausschnitt „Wilhelm Tell“ von Friedrich Schiller.
- Schreibe eine Einleitung, in der du Titel, Autor, Textsorte und die Szene des Ausschnittes benennst und das Thema formulierst.
- Fasse den Text kurz zusammen.
- Beschreibe das Besondere des Ortes. Gehe dabei auch auf die Bedeutung des aufgestellten Hutes ein.
- Untersuche die Figuren Geßler und Tell. Beschreibe, wie die Figuren auftreten. Berücksichtige die Eigenschaften im Zusammenhang mit dem Verhalten der beiden. Erläutere das Verhältnis der Figuren zueinander. Gehe dabei auch auf die sprachlichen Mittel (Satzbau, Satzart, Wortwahl) ein.
- Beschreibe die Ursachen des Konflikts. Erläutere die Reaktionen der jeweiligen Figuren auf das Verhalten des anderen. Beachte dazu auch die Bühnenanweisung zu Tells „fürchterlichem Kampf“ in Zeile 64 bis 69.

Arbeitsschritte

→ T5 Schreibpläne erstellen Seite 245

1. Lies die Aufgabenstellung genau durch.
2. Lies den Text ein erstes Mal. Kläre unklare Textstellen. Es kann helfen, wenn du dir die Handlung wie Filmszenen vorstellst.
3. Lies den Text ein weiteres Mal. Fertige einen Schreibplan dazu an.
   - Notiere für die Einleitung: Autor, Titel, Textsorte, Akt und Szene sowie das Thema.
   - Fasse den Inhalt der Szene zusammen. Die W-Fragen helfen dir dabei.
   - Bereite den Hauptteil der Analyse vor. Nutze für die Gliederung die Reihenfolge der Aufgabenstellung. Stelle die Informationen vorher in einer Tabelle zusammen.
4. Schreibe mithilfe deines Schreibplans die Dramenanalyse. Schreibe im Präsens einen zusammenhängenden Text. Gliedere deinen Text mithilfe von Absätzen.

Friedrich Schiller

Wilhelm Tell. Dritter Aufzug, dritte Szene (Ausschnitt)

In dem 1804 erstmals aufgeführten Drama geht es um den Freiheitskampf der Schweizer gegen die Tyrannei des Landvogts Geßler. Dieser lässt im Ort Altdorf eine Stange mit seinem Hut aufstellen, vor dem sich alle, die vorübergehen, als Zeichen der Unterwerfung verneigen müssen. Wilhelm Tell unterlässt dies und wird dabei erwischt.

Geßler *nach einer Pause*
Verachtest du *so* deinen Kaiser, Tell,
Und *mich*, der hier an seiner Statt gebietet,
Dass du die Ehr versagst dem Hut, den ich
Zur Prüfung des Gehorsams aufgehangen?
Dein böses Trachten hast du mir verraten.
Tell Verzeiht mir lieber Herr! Aus Unbedacht,
Nicht aus Verachtung Eurer ist's geschehn,

Wär ich besonnen, hieß ich nicht der Tell,
Ich bitt um Gnad, es soll nicht mehr begegnen.
Geßler *nach einigem Stillschweigen*
Du bist ein Meister auf der Armbrust, Tell,
Man sagt, du nähmst es auf mit jedem Schützen?
Walther Tell Und das muss wahr sein, Herr – 'nen
Apfel schießt
Der Vater dir vom Baum auf hundert Schritte. […]
Geßler Nun Tell! Weil du den Apfel triffst vom
Baume
Auf hundert Schritte, so wirst du deine Kunst
Vor mir bewähren müssen – Nimm die Armbrust –
Du hast sie gleich zur Hand – und mach dich fertig,
Einen Apfel von des Knaben Kopf zu schießen –
Doch will ich raten, ziele gut, dass du
Den Apfel treffest auf den ersten Schuss,
Denn fehlst du ihn, so ist dein Kopf verloren.
Alle geben Zeichen des Schreckens.
Tell Herr – Welches Ungeheure sinnet Ihr
Mir an – Ich soll vom Haupte meines Kindes –
– Nein, nein doch, lieber Herr, das kömmt Euch
nicht
Zu Sinn – Verhüt's der gnäd'ge Gott – das könnt ihr
Im Ernst von einem Vater nicht begehren!
Geßler Du wirst den Apfel schießen von dem Kopf
Des Knaben – Ich begehr's und will's.
Tell Ich soll
Mit meiner Armbrust auf das liebe Haupt
Des eignen Kindes zielen – Eher sterb' ich!
Geßler Du schießt oder stirbst *mit* deinem Knaben.
Tell Ich soll der Mörder werden meines Kinds!
Herr, Ihr habt keine Kinder – wisset nicht,
Was sich bewegt in eines Vaters Herzen.
Berta Scherzt nicht, o Herr! mit diesen armen
Leuten!
Ihr seht sie bleich und zitternd stehn – So wenig
Sind sie Kurzweils gewohnt aus Eurem Munde.
Geßler Wer sagt Euch, dass ich scherze?
Greift nach einem Baumzweige, der über ihn herhängt.
Hier ist der Apfel.
Man mache Raum – Er nehme seine Weite,
Wie's Brauch ist – Achtzig Schritte geb ich ihm –
Nicht weniger, noch mehr – Er rühmte sich,
Auf ihrer hundert seinen Mann zu treffen –
Jetzt Schütze triff, und fehle nicht das Ziel! […]
Tell *zum Landvogt* Erlasset mir den Schuss. Hier ist
mein Herz!
Er reißt die Brust auf.
Ruft Eure Reisigen und stoßt mich nieder.
Geßler Ich will dein Leben nicht, ich will den
Schuss.
– Du kannst ja alles, Tell, an nichts verzagst du,
Das Steuerruder führst du wie den Bogen,
Dich schreckt kein Sturm, wenn es zu retten gilt,
Jetzt Retter hilf dir selbst – du rettest alle!
Tell steht in fürchterlichem Kampf, mit beiden Händen zuckend, und die rollenden Augen bald auf den Landvogt, bald zum Himmel gerichtet. Plötzlich greift er in seinen Köcher, nimmt einen zweiten Pfeil heraus und steckt ihn in seinen Goller. Der Landvogt bemerkt alle diese Bewegungen.
Walther Tell *unter der Linde*
Vater schieß zu, ich fürcht mich nicht.
Tell Es muss!
Er rafft sich zusammen und legt an. […]
Stauffacher *ruft* Der Apfel ist gefallen! […]
Rösselmann Der Knabe lebt!
Viele Stimmen Der Apfel ist getroffen!
Geßler *erstaunt* Er hat geschossen? Wie? der
Rasende! […]
Bei Gott! der Apfel mitten durchgeschossen!
Es war ein Meisterschuss, ich muss ihn loben.

Auf die Frage, wofür der zweite Pfeil gewesen sei, antwortet Tell, damit hätte er Geßler erschossen, wenn sein Sohn verletzt worden wäre. Geßler lässt Tell daraufhin nicht laufen, er verhaftet ihn, was zu allgemeiner Empörung führt. Tell kann später fliehen und tötet schließlich den Tyrannen Geßler. Die Schweizer werden frei.

2 Nimm Stellung zu der folgenden Aussage. Begründe deine Meinung mithilfe des Textes.

Es ist kein Wunder, dass Wilhelm Tell sich gewehrt hat. Wenn Herrscher ihre Macht so missbrauchen, darf man sich wehren.

Arbeitsschritte
1. Setze dich mit der Aussage auseinander. Überlege, ob du die Einschätzung teilen kannst.
2. Begründe deine Position mithilfe von Textbelegen. Beachte dabei, welche Gedanken und Gefühle die Figur in der Situation hat.

Beurteilungsbogen
38wx58

3 Überprüfe deine Analyse mithilfe des Beurteilungsbogens unter dem Online-Code. Überarbeite deinen Text gegebenenfalls.

6 Eine Kurzgeschichte analysieren und interpretieren

1 Analysiere und interpretiere die Kurzgeschichte „Im Spiegel".
- Schreibe eine Einleitung, in der du Titel, Autorin und Textsorte benennst und das Thema formulierst.
- Fasse den Inhalt des Textes kurz zusammen.
- Erkläre, welche Erzählsituation (Erzählform, -perspektive, -verhalten) die Autorin verwendet.
- Untersuche, wie die Figur Achim im Text direkt und indirekt charakterisiert wird.
- Erläutere die Bedeutung und Funktion der verschiedenen Farben im Text.
- Überprüfe, welche Merkmale einer Kurzgeschichte der Text aufweist.

Arbeitsschritte
1. Lies die Aufgabenstellung zunächst genau durch.
2. Lies dann den Text ein erstes Mal und formuliere deinen ersten Eindruck von Achim.
3. Lies den Text ein zweites Mal. Fasse die Handlung kurz zusammen.
4. Untersuche die Erzählsituation:
   Erzählform: Ich- oder Er-/Sie-Erzähler,
   Erzählperspektive: Innen- oder Außensicht,
   Erzählverhalten: auktorial, personal oder neutral?
5. Notiere Textstellen, in denen die Figur direkt charakterisiert wird, und Textstellen, in denen sie indirekt charakterisiert wird. Deute die indirekten Charakterisierungen.

→

6. Arbeite alle Textstellen heraus, in denen Farben eine Rolle spielen. Erläutere anschließend die Bedeutung und Funktion der verschiedenen Farben im Text.
7. Überprüfe, welche Merkmale einer Kurzgeschichte auf diesen Text zutreffen: geringer Textumfang; kurze erzählte Zeit; häufig personaler Erzähler; wenige Figuren; keine Helden; kaum Ortswechsel, Schauplätze unbekannt; Thema ist oft eine alltägliche Situation; unmittelbarer Einstieg ohne Einleitung; offener Schluss, oft mit Pointe.

Margret Steenfatt

Im Spiegel

„Du kannst nichts", sagten sie, „du machst nichts", „aus dir wird nichts".
Nichts. Nichts. Nichts.
Was war das für ein NICHTS, von dem sie redeten und vor dem sie offensichtlich Angst hatten, fragte sich Achim, unter Decken und Kissen vergraben.
Mit lautem Knall schlug die Tür hinter ihnen zu.
Achim schob sich halb aus dem Bett. Fünf nach eins. Wieder mal zu spät.
Er starrte gegen die Zimmerdecke. – Weiß. Nichts. Ein unbeschriebenes Blatt Papier, ein ungemaltes Bild, eine tonlose Melodie, ein ungesagtes Wort, ungelebtes Leben.
Eine halbe Körperdrehung nach rechts, ein Fingerdruck auf den Einschaltknopf seiner Anlage. Manchmal brachte Musik ihn hoch. Er robbte zur Wand, zu dem großen Spiegel, der beim Fenster aufgestellt war, kniete sich davor und betrachtete sich: lang, knochig, graue Augen im blassen Gesicht, hellbraune Haare, glanzlos. „Dead Kennedys"[1] sangen: „Weil sie dich verplant haben, kannst du nichts anderes tun als aussteigen und nachdenken."
Achim wandte sich ab, erhob sich, ging zum Fenster und schaute hinaus. Straßen, Häuser, Läden, Autos, Passanten, immer dasselbe. Zurück zum Spiegel, näher heran, so nahe, dass er glaubte, das Glas zwischen sich und seinem Spiegelbild durchdringen zu können. Er legte seine Handflächen gegen sein Gesicht im Spiegel, ließ seine Finger sanft über Wangen, Augen, Stirn und Schläfen kreisen, streichelte, fühlte nichts als Glätte und Kälte.
Ihm fiel ein, dass in dem Holzkasten, wo er seinen Kram aufbewahrte, noch Schminke herumliegen musste. Er fasste unters Bett, wühlte in den Sachen im Kasten herum und zog die Pappschachtel heraus, in der sich einige zerdrückte Tuben fanden. Von der schwarzen Farbe war noch ein Rest vorhanden. Achim baute sich vor dem Spiegel auf und malte zwei dicke Striche auf das Glas, genau dahin, wo sich seine Augenbrauen im Spiegel zeigten. Weiß besaß er reichlich. Er drückte eine Tube aus, fing die weiche ölige Masse in seinen Händen auf, verteilte sie auf dem Spiegel über Kinn, Wangen und Nase und begann, sie langsam und sorgfältig zu verstreichen. Dabei durfte er sich nicht bewegen, sonst verschob sich seine Malerei. Schwarz und Weiß →

1 Name einer Musikband

sehen gut aus, dachte er, fehlt noch Blau. Achim grinste seinem Bild zu, holte sich das Blau aus dem Kasten und färbte noch die Spiegelstellen über Stirn und Augenlidern.
Eine Weile verharrte er vor dem bunten Gesicht, dann rückte er ein Stück zur Seite, und wie ein Spuk tauchte sein farbloses Gesicht im Spiegel wieder auf, daneben eine aufgemalte Spiegelmaske.
Er trat einen Schritt zurück, holte mit dem Arm weit aus und ließ seine Faust in die Spiegelscheibe krachen. Glasteile fielen hinunter, Splitter verletzten ihn, seine Hand fing an zu bluten. Warm rann ihm das Blut über den Arm und tröpfelte zu Boden. Achim legte seinen Mund auf die Wunden und leckte das Blut ab. Dabei wurde sein Gesicht rotverschmiert.
Der Spiegel war kaputt. Achim suchte sein Zeug zusammen und kleidete sich an. Er wollte runtergehen und irgendwo seine Leute treffen.

2 Nimm Stellung zu der folgenden Aussage. Begründe deine Meinung mithilfe des Textes.

Ich empfinde nur Mitleid mit Achim.

Arbeitsschritte
1. Überlege, ob du der Aussage zustimmst, widersprichst oder die Positionen gegeneinander abwägen möchtest.
2. Begründe deine Position zur Beurteilung von Achims Verhalten. Belege deine Meinung mit passenden Textstellen.

Beurteilungsbogen
a35g8i

3 Überprüfe deine Textanalyse mithilfe des Beurteilungsbogens unter dem Online-Code. Überarbeite deinen Text gegebenenfalls.

7 Ein Gedicht analysieren und interpretieren

1 Analysiere das Gedicht „Kindermund" von Karl Mickel auf der rechten Seite.
- Formuliere eine Einleitung, in der du Autor, Titel, Textsorte und das Thema nennst.
- Gib den Inhalt des Gedichtes mit eigenen Worten wieder.
- Analysiere den sprachlichen und formalen Aufbau des Gedichtes.
- Untersuche, wie in dem Gedicht die klassische Rollenverteilung von Mann und Frau in der Familie beschrieben wird. Benenne dazu sprachliche und formale Mittel. Erläutere, wie sie die inhaltlichen Aussagen unterstützen. Belege deine Aussagen mithilfe von Textzitaten.

Arbeitsschritte

1. Lies die Aufgabenstellung und das Gedicht mehrmals durch.
2. Erschließe den Inhalt des Gedichtes, indem du zu jeder Strophe in Stichpunkten notierst, worum es geht.
3. Arbeite auffällige Textstellen, wichtige Adjektive, sprachliche Mittel und Motive heraus. Stelle den Zusammenhang zwischen dem Inhalt und der verwendeten Sprache her.
4. Notiere in Stichpunkten, was der Autor mit diesem Gedicht aussagen möchte. Gehe dabei auf die Rollen von Vater und Mutter ein.
5. Verfasse mithilfe deiner Notizen die Analyse. Formuliere dazu eine Einleitung, eine kurze Inhaltsangabe, den Hauptteil sowie den Schluss. Denke daran, deinen Text mithilfe von Absätzen zu gliedern.
6. Lies deinen Text anschließend noch einmal. Überarbeite ihn gegebenenfalls.

Karl Mickel

Kindermund

Was ist das für ein Krach! Was muss ich, leider, hören?
Die Eltern sind entzweit und wollen sich zerstören
Und mich mit ihnen mit! Oh wollet doch bedenken
Von Schuld ist keine Spur, die Sach ist einzurenken!
Dass du, Papa, studierst, sollst du, Mama, nur loben
Wenn du, Mama, bist müd, sollst du, Papa, nicht toben.
Wer heut nicht weiter lernt, ist morgen nicht zu brauchen
Die Wissenschaft geht fort: da müssen Köpfe rauchen.
Was soll die Frau im Haus? wo Menschen sind, ist Leben
Im Leben wird sie klug und wird sie müde eben.
Der Staat, der seid ihr selbst, will Arbeitszeit verkürzen
Das Angebot erhöhn, die freie Zeit euch würzen
Mit Liebe, Kunst und Sport: was ist zuvor zu leisten?
Mehr Produktivität! das wissen doch die Meisten.
Was heute kostet Kraft, ist morgen unsre Freude
Dass ihr die Kraft besitzt: erfreut euch das nicht heute?
Warst du, Mama, nicht froh, als sie Papa genommen
Zum Fernstudenten an? Wie bist du heimgekommen
Papa, mit Blumen! als Mama der Orden schmückte.
Jetzt schreit ihr Ach und Weh, als ob euch all nichts glückte!

2 Nimm Stellung zu der folgenden Aussage. Begründe deine Meinung mithilfe des Gedichtes.

Das Gedicht ist heute nicht mehr aktuell. →

Arbeitsschritte
1. Überlege, ob du der Aussage zustimmst, widersprichst oder die Positionen gegeneinander abwägen möchtest.
2. Begründe deine Position. Belege deine Meinung mit passenden Textstellen.

Beurteilungsbogen
g5zz7t

3 Überprüfe deine Gedichtanalyse mithilfe des Beurteilungsbogens unter dem Online-Code. Überarbeite deinen Text gegebenenfalls.

8 Eine Kurzgeschichte produktiv erschließen und reflektieren

1 Stell dir vor, die Ich-Erzählerin aus der Kurzgeschichte „Ausgestochen" von Jagoda Marinic auf der rechten Seite würde ein Gespräch mit ihrem Freund beginnen. Verfasse diesen Dialog.
- Beginne, indem du den Perspektivwechsel im letzten Satz erklärst.
- Notiere in Stichpunkten die Aussagen des Mannes und die Gedanken der Ich-Erzählerin. Überlege, an welcher Stelle der Geschichte die Ich-Erzählerin ein Gespräch beginnen sollte.
- Formuliere den Dialog zwischen den beiden Figuren. Achte darauf, dass die Ich-Erzählerin ihre Sorgen dabei deutlich ausspricht.

Arbeitsschritte
1. Lies dir zunächst die Aufgabenstellung genau durch.
2. Lies den Text zweimal. Arbeite beim zweiten Mal Textstellen heraus, die sich auf die Gedanken der Figuren beziehen.
3. Formuliere stichwortartig, wie du den Perspektivwechsel am Ende des Textes verstehst: Wem sieht er nach?
4. Notiere die Textstelle mit Zeilenangabe, an der die Ich-Erzählerin deiner Meinung nach das Gespräch beginnen könnte.
5. Lege einen Schreibplan für das Gespräch an. Notiere, wer was sagt und antwortet und welche Informationen und Gefühle deutlich werden sollen.
6. Achte darauf, in deinem Text fehlende Informationen angemessen zu ergänzen.
7. Verfasse anschließend deinen Dialog.
8. Überprüfe deinen Text. Achte auf eine Textgliederung, eine zu den Figuren passende Sprache (mündlich, z.B. mit unvollständigen Sätzen, Redeunterbrechungen usw.) und deine Wortwahl. Verbessere gegebenenfalls die Rechtschreibung, Grammatik und Zeichensetzung.

→ **T5** Schreibpläne erstellen
Seite 245

→ **T5** Fehleranalyse und Textüberarbeitung
Seite 227–233

Jagoda Marinic

Ausgestochen

Er sitzt am Tisch des Cafés und erzählt mir von dieser Frau, der er begegnet ist, davon, wie glücklich er ist, dass er sie kennt. Sie scheint erschreckend bezaubernd zu sein, die Art von Frau, die ich immer beneidet habe, die ich nie um mich herum haben wollte, aus Angst, nichts mehr zu sein neben jemandem, der so viel ist. Mit jedem seiner Sätze schnürt er mir mehr und mehr die Kehle zu. Ich hebe den Blick von meinem Cappuccino zu seinen Augen, muss in ihnen sehen, wie unerreichbar sie ist, die Frau seiner Träume, und zum ersten Mal verabscheue ich die Welt seiner Träume, für das, was sie ihm an Träumen so schickt. Er rührt die Milch in seinem Kaffee um, strahlt mich an und scheint nicht die geringste Ahnung zu haben, nicht das kleinste Gespür dafür, was er mir mit seinen Erzählungen über sie, über seine Gefühle zu ihr antut. Er denkt, es freut mich, er denkt, ich fühle mit ihm, freue mich mit ihm, aber mir tut es nur weh, dass er sie kennt und dass er sie so sieht. Sie ist so stark, so stark, wie ich nie war und gewiss auch nie sein werde, es liegt nicht in meiner Natur. Ich bin stark im Schwachsein, aber das interessiert ihn gerade, während er mir von ihr vorschwärmt, nicht im Geringsten. Nach einer Ewigkeit des Gelähmtseins frage ich mich, woher diese Frau eigentlich ihre Großherzigkeit, ihren Zauber nimmt, ob sie denn überhaupt etwas Menschliches an sich hat, frage ich mich – nicht ihn. Von ihm habe ich ja schon unzählige Versionen darüber gehört, wie übermenschlich er sie findet, geradezu göttlich. Wie er zu seinem nächsten Satz ausholt, packe ich meine Tasche. Ich kann mir das nicht länger anhören. Ich dachte, ich fühle mit ihm, ich dachte, wir teilen etwas miteinander, und dann erzählt er ständig nur von ihr, lässt diese Hymne an diese verdammte Person, mit der ich es ohnehin nicht aufnehmen kann, nie ausklingen. Nie. Ich hasse ihn jetzt, hasse ihn mit meinem Blick, den ich ihm zuwerfe, bevor ich aufstehe und das Café verlasse. Und weiß, er sieht ihr nun nach und versteht sie ganz plötzlich nicht mehr.

2 Reflektiere deinen Dialogtext aus Aufgabe 1.
- Begründe, wie du beim Schreiben vorgegangen bist.
- Beziehe dich auf wichtige Aussagen und Besonderheiten des Originaltextes.
- Erläutere, worauf du beim Bearbeiten der Aufgabe 1 geachtet hast und ob dir dies gelungen ist. →

Arbeitsschritte

Beantworte vor dem Schreiben der Reflexion zu deinem Dialog die folgenden Fragen in Stichpunkten:

- Welche Gedanken und Gefühle der Ich-Erzählerin erscheinen dir wichtig und warum?
- Welche Aussagen des Mannes erscheinen dir wichtig und warum?
- Welche Textstelle hast du als Einstieg in deinen Dialog gewählt? Warum genau diese Stelle?
- Was war dir in dem Dialog der beiden wichtig und warum?
- Welche Entscheidungen hast du bei der Sprache der beiden getroffen: Verwenden sie Fragen oder formulieren sie Ausrufe? Wer treibt das Gespräch voran? Auf welcher Sprachebene reden die beiden miteinander? Hast du auffällige sprachliche Mittel verwendet? usw.

Beurteilungsbogen jb3xf4

3 Überprüfe deinen Dialog und deine Reflexion mithilfe des Beurteilungsbogens unter dem Online-Code. Überarbeite die Texte gegebenenfalls.

9 Ein Gedicht produktiv erschließen und reflektieren

1 Stell dir vor, das lyrische Ich verfasst einen Tagebucheintrag, in dem es darüber nachdenkt, wie sein Leben verläuft und was es aus seinem Leben machen möchte.

- Untersuche zuerst, in welcher Situation sich das lyrische Ich befindet und welche Eindrücke vom Leben beschrieben werden.
- Verfasse dann einen Tagebucheintrag, in dem du notierst, welche Gefühle und Gedanken dem lyrischen Ich durch den Kopf gehen könnten. Orientiere dich dazu an den folgenden Fragen: Wie denkt das lyrische Ich über die alte Generation? Was möchte es besser machen? Was kritisiert es an dem Leben der alten Generation? Was wünscht es sich für sein eigenes Leben?

→ T5 Schreibpläne erstellen Seite 245

Arbeitsschritte

1. Erschließe den Inhalt des Songtextes, indem du zu jeder Strophe in Stichpunkten notierst, worum es geht.
2. Notiere auffällige Textstellen, z. B. aussagekräftige Verben, Adjektive, sprachliche Bilder und Motive.
3. Lege einen Schreibplan für deinen Tagebucheintrag an, in dem du notierst, welche Gedanken und Gefühle dem lyrischen Ich an welcher Stelle des Textes durch den Kopf gehen könnten.
4. Verfasse deinen Tagebucheintrag mithilfe deines Schreibplans.
5. Lies deinen Tagebucheintrag anschließend noch einmal und überarbeite ihn gegebenenfalls. Achte dabei auf die Hinweise in der Aufgabenstellung.

Die Basis

Ich will euer Leben nicht

Ich will euer Leben nicht – ich will euer Leben nicht

Ich bin nicht geschaffen für ein Leben voller Zwang
was soll ich also machen wenn ich auf euch nicht kann
an alle Fakes „Wanna be some pisser"
ich mein die großen Kinder ihr Besserwisser
wollt mir in mein Leben reinreden das muss ich mir nicht geben
ich hab nur eins davon und jetzt wird meine Stimme beben
wenn ich euch erzähle was da draußen passiert
wo täglich irgendeiner den Verstand verliert
ich sehe Menschenmassen die früh das Haus verlassen
um Geld zu verdienen das sie sinnlos verprassen
seh Gestalten die Individuen verwalten
in Klassen einteilen und so ein Ganzes spalten

Refrain:
(Ich will euer Leben nicht)
ich will euer Leben nicht
ich will euer Leben nicht nein
(ich will euer Leben nicht)
ich will euer Leben nicht
ich will euer scheiß Leben nicht

Eine ganze Generation ist ohne Lebenslust
denn was immer man auch will das Leben sagt „Du musst"
tu dies tu das lass dies lass das ich hass das
denn es ist viel zu krass was ihr normal nennt
am Ende eines Daseins hat man alles verpennt
wenn man's macht wie ihr aber nicht mit mir
euer Leben ist mir einerlei das ist schon vorbei
ich will nach höherem streben und mach mich lieber frei
von Regeln und Gesetzen die die Meute aufhetzen
ätzend ist die Scheiße die man uns aufbrummt
ihr wollt dass die Revolution verstummt
dann schafft euch 'ne Basis auf der man klarkommt

(Wiederholung Refrain)

Ich bin gefangen in mir selber eingesperrt
bevor ich beginne wird mir alles verwehrt
doch ich komme niemals an wenn ihr mich nicht gehen lasst
und mir nach jedem Schritt eine Leine verpasst →

Kinder mit 'nem Willen kriegen was auf die Brillen
weil keiner Bock hat ihren Wissensdurst zu stillen
Selbstvertrauen aufbauen ist streng verboten
schon wandern kleine Seelen ins Reich der Toten
weil sie nicht verstehen was sie sehen
weil man ihnen nicht gibt wonach sie sich sehnen
alles kann nur besser sein und sei es nun der Tod
als lebenslanges Warten auf Erlösung aus der Not
bin Produkt einer Erziehung die mir nicht die Freiheit gönnt
mich selbst zu erkennen weil man was durchschauen könnt
geschrieben steht auf Papier ich sei geboren
doch frag ich mich manchmal was hab ich hier verloren

(Wiederholung Refrain)

(Niemals)
ich will euer Leben nicht
ich will euer Leben nicht nein
(ich will euer Leben nicht)
ich will euer Leben nicht
ich will euer scheiß Leben nicht

Ich will euer Leben nicht
ich will euer Leben nicht nein
(ich will euer Leben nicht)

2 Reflektiere nun deinen Tagebucheintrag aus Aufgabe 1.
- Begründe, wie du beim Schreiben vorgegangen bist.
- Beziehe dich dabei auf wichtige Textstellen und Besonderheiten des Songtextes.
- Kommentiere, worauf du beim Bearbeiten der Aufgabe geachtet hast und ob es dir gelungen ist.

Arbeitsschritte
Beantworte vor dem Schreiben der Reflexion zu deinem Tagebucheintrag die folgenden Fragen in Stichpunkten:
- Welche Stellen im Songtext erschienen dir besonders auffällig und warum?
- Wie bist du in deinem Text darauf eingegangen?
- Welche Eindrücke und Gefühle erschienen dir besonders wichtig?

Beurteilungsbogen
p2h8yu

3 Überprüfe deinen Tagebucheintrag und deine Reflexion mithilfe des Beurteilungsbogens unter dem Online-Code. Überarbeite die Texte gegebenenfalls.

Trainingsstation

Sprechen und Zuhören

In dieser Trainingsstation übst du vor anderen frei zu sprechen, indem du ein Thema aufbereitest und in einem Referat darüber informierst.
Im zweiten Teil lernst du, wie der Gebrauch von Sprache die Meinung über ein bestimmtes Thema beeinflusst. Dazu untersuchst du Ausdrücke aus dem Sprachgebrauch, die unsachlich oder abwertend wirken.
Wenn du vor Publikum eine Rede hältst, solltest du gut vorbereitet sein. Das trainierst du, indem du verschiedene Einleitungen und Vortragsweisen von Rednern vergleichst und selbst einen kreativen Schlussteil formulierst.
Manchmal verstehen sich Menschen nicht richtig: Mithilfe eines Modells gelingt es dir leicht, Situationen zu analysieren, in denen die Kommunikation misslingt.
Bei mündlichen Vorträgen hilft es, ein Protokoll anzufertigen. So kannst du im Nachhinein wichtige Ergebnisse nachlesen.

T1 Lösungen
u2f8zk

1 Referate gestalten

Ein Referat vorbereiten, halten und reflektieren

- Gliederung festlegen
- Karteikarten anlegen
- Handout erstellen
- Präsentationsmaterialien gestalten
- Referat üben und halten
- Feedback annehmen oder geben

1.1 Ein Referat vorbereiten

Es gibt mehrere Lösungsmöglichkeiten.

1 Lies die Gliederung zu einem Referat über die Schriftstellerin Else Lasker-Schüler. Ordne die Unterpunkte in einer sinnvollen Reihenfolge und schreibe sie auf.

Else Lasker-Schüler (1869–1945)

- Abgrenzung zur expressionistischen Lyrik
- zweite Ehe mit Herwarth Walden
- 1903 Scheidung von erstem Ehemann
- Briefwechsel mit Franz Marc
- Herkunft und Familie
- erste Ehe mit Berthold Lasker
- nach sieben Jahren Trennung von Walden
- 1912 Bekanntschaft mit Franz und Maria Marc
- Dramen, Romane, Gedichtbände
- 1899 Geburt des Sohnes Paul
- Flucht in die Schweiz

2 Begründe deine Entscheidung aus Aufgabe 1. Warum hast du bestimmte Unterpunkte an den Anfang bzw. an den Schluss gestellt?

3 Lies den folgenden Text über Else Lasker-Schüler. Ergänze anschließend die Karteikarte zu der Schriftstellerin und ihrer Familie auf der rechten Seite.

Else Lasker-Schüler und Familie

... ist geboren ... als ... in ...
Geschwister: ... Vater: ... Mutter: ...
Schulen: ...
...

Else Lasker-Schüler und ihre Familie

Else Schüler wurde am 11. Februar in Elberfeld (heute Wuppertal) als jüngstes von sechs Kindern geboren. Ihr Vater Aaron Schüler war Privatbankier, ihre Mutter stammte aus einer spanischen Kaufmannsfamilie, die sich in Deutschland niedergelassen hatte. Else Schüler besuchte erst das Lyzeum[1]. Nachdem sie schwer erkrankt war, erhielt sie Privatunterricht. Der Tod ihres Lieblingsbruders Paul traf sie sehr; sie war damals 13 Jahre alt. Ihre Mutter starb, als Else Schüler 21 Jahre alt war. Der Vater starb sieben Jahre später.

1 Gymnasium

4 Ordne die Informationen über den Maler Franz Marc aus dem folgenden Text den Stichpunkten zu.

biografische Daten | künstlerischer Werdegang

wichtige Bilder und Erfolge | politische Vorstellungen

Der Maler Franz Marc

1880 am 8. Februar in München geboren; Eltern: Wilhelm Marc (Maler), Sophie Maurice
1899 Abitur, einjähriger Militärdienst (Pflicht)
1900 Studienbeginn: Kunstakademie in München: Malerei
1903 Frankreichreise: beschäftigt sich mit den Malern des Impressionismus
1903 Abbruch des Studiums: bildet sich ab diesem Zeitpunkt im Selbststudium weiter
1904 Atelier in München, erste Tierbilder
1907 Heirat mit der Malerin Marie Schnür, Scheidung nach einem Jahr
1907 Studium der Werke van Goghs und Gauguins in Paris
1908 Sommer mit Maria Franck in Lenggries: Baumstudien und Pferdebilder, malt Tiere in einfachen Formen und kräftigen Farben (expressionistischer Stil)
1909 wichtige Münchner Kunsthändler kaufen Bilder und stellen sie aus →

1910 Freundschaft mit August Macke: Macke stellt den Kontakt zu Bernhard Koehler her, Koehler unterstützt Franz Marc finanziell
1910 erste Einzelausstellung mit 31 Gemälden
1910 Umzug nach Sindelsdorf: konzentriert sich nach dem Umzug auf Tiermotive: Symbol für Reinheit und Unschuld, Einklang mit der Natur, z. B. Liegender Hund im Schnee
1910 entwickelt eigene Farblehre: „Blau ist das männliche Prinzip, herb und geistig. Gelb das weibliche Prinzip, sanft, heiter und sinnlich."
1911 zweite Ehe mit Maria Franck
1911 gründet mit Wassily Kandinsky die Künstlervereinigung „Der Blaue Reiter", erste Ausstellung des „Blauen Reiters"
1912 zweite Ausstellung des „Blauen Reiters", Veröffentlichung des Almanachs[1] „Der Blaue Reiter" zusammen mit Wassily Kandinsky
1912–1916 Briefwechsel mit Else Lasker-Schüler
1914 Umzug nach Ried bei Kochel am See, malt gegenständliche und abstrakte Bilder
1910–1914 Die bekanntesten Gemälde entstehen: Der Tiger, Blaues Pferd I, Die gelbe Kuh, Der Turm der blauen Pferde, Tierschicksale; eines der letzten Gemälde (abstrakte Form) heißt „Kämpfende Formen"
1914 Beginn des I. Weltkriegs, an dem Marc teilnimmt; wie viele Expressionisten ist auch Franz Marc für den Krieg, da er durch ihn einen gesellschaftlichen Aufbruch erwartet
1914 Tod seines Freundes August Macke, Marc ändert seine Haltung zum Krieg und bezeichnet ihn als „gemeinsten Menschenfang"
1916 am 4. März wird Marc bei Verdun verwundet und stirbt

1 Jahrbuch zu einem bestimmten Thema

Nutze ein Textverarbeitungsprogramm.

5 Erstelle ein einseitiges Handout über den Maler Franz Marc.
- Schreibe in die Kopfzeile deinen Namen, Klasse und das Datum.
- Formuliere eine Überschrift.
- Nutze für die Gliederung deine Stichpunkte aus Aufgabe 4. Nenne alle wichtigen Informationen. Hebe Wichtiges durch Unterstreichungen oder Markierungen hervor.

6 Gestalte zu Else Lasker-Schüler und Franz Marc eine Visualisierung, z. B. ein Plakat, Folien für einen Overheadprojektor oder eine Präsentation. Nutze dazu die folgenden Textausschnitte.

Else Lasker-Schüler		Franz Marc
Gedicht „Versöhnung" →	Zeitschrift „Der Sturm"	← Holzschnitt
...	...	...

A Der Maler Franz Marc (1880–1916) und die Dichterin und Zeichnerin Else Lasker-Schüler (1869–1945) schrieben sich vom Herbst 1912 bis zu Marcs Tod im Jahr 1916 zahlreiche Karten und Briefe. Die Freundschaft war für beide künstlerisch sehr wichtig: Marc griff Geschichten von Else Lasker-Schüler auf, in denen sie sich als Prinz Yussuf von Theben darstellte. Genauso nahm Lasker-Schüler die Bilder von Franz Marcs als Anlass und schrieb und zeichnete Briefe und Bilder an den „Blauen Reiter".

B Franz Marc nahm im August 1912 mit der ihm persönlich nicht bekannten Else Lasker-Schüler Kontakt auf, indem er einen Holzschnitt an ihren Mann Herwarth Walden schickte. Er äußerte den Wunsch, dass er den Holzschnitt zusammen mit dem Gedicht „Versöhnung" von Frau Lasker-Schüler veröffentlichen dürfe. Daraufhin erschien im September 1912 in der expressionistischen Zeitschrift namens „Der Sturm" Marcs Holzschnitt auf dem Titelblatt. Auf der Rückseite war das Gedicht von Lasker-Schüler abgedruckt.

C „Ich bin Yussuf von Theben", schrieb Else Lasker-Schüler Anfang November 1912 in ihrem ersten Brief an Franz Marc. Marc war anscheinend neugierig und ließ sich auf dieses Spiel ein. Er selbst wurde zum Blauen Reiter. Der erste Brief von Marc an Lasker-Schüler, der noch existiert, besteht aus einem Bild, auf dem sich der Künstler neben einem Pferd stehend vorstellt: Er, der Blaue Reiter, präsentiere ihr sein blaues Pferd und er lässt sie von seiner Frau grüßen.

1.2 Ein Referat halten

1 Bereite nun mithilfe deiner Ergebnisse von Seite 158 bis 161 ein Referat über Else Lasker-Schüler und Franz Marc vor. Erstelle mithilfe deiner Gliederung sowie deinem Handout Karteikarten für den Vortrag.

2 Stelle Formulierungen zusammen, mit denen du beim Halten deines Referats von einem Thema zum nächsten überleiten kannst, z. B.: *Nun komme ich zu der besonderen Verbindung zwischen Else Lasker-Schüler und Franz Marc …*

3 Überprüfe noch einmal deine Visualisierungen. Notiere auf deinen Karteikarten, wann und wie du sie jeweils einsetzen kannst.

Beschrifte die Karteikarten nur auf einer Seite. Nummeriere die Karten, damit du nicht durcheinanderkommst.

4 Übe dein Referat. Achte dabei auf folgende Punkte.
- Stelle zu Beginn kurz deine Thema und die Gliederung vor.
- Entscheide, ob du das Handout vor oder nach deinem Vortrag austeilen möchtest.
- Achte darauf, möglich frei zu sprechen und deine Zuhörer anzusehen.
- Sprich deutlich, laut und nicht zu schnell. Lasse ab und zu eine Pause.

5 Überlege, welche Fragen die Zuhörer stellen könnten, und beantworte sie.

1.3 Ein Feedback geben und annehmen

Material
ru94uf

1 Auch die Zuhörer müssen sich bei einem Referat vorbereiten. Sieh dir den folgenden Beobachtungsbogen an. Übertrage ihn für das nächste Referat auf ein Blatt oder nutze den Online-Code.

Beobachtungsbogen für ein Referat				
Referat:				
Referent:	**Datum:**			
Inhalt		☺	😐	☹
Nennt der Referent zu Beginn das Thema, den Gegenstand und die Gliederung des Referats?				
Gelingen dem Referenten ein sinnvoller Einstieg und ein deutlicher Schluss? Ist das Referat klar gegliedert?				
Werden alle wichtigen Aspekte des Themas (z.B. Lebensdaten, Charakter und Werke des Schriftstellers; Merkmale der Epoche) erläutert?				
Ist der Inhalt insgesamt verständlich?				
Körperhaltung/Körpersprache		☺	😐	☹
Wendet sich der Referent mit dem Körper dem Publikum zu?				
Hält der Referent Blickkontakt zu den Zuhörern (nicht nur zum Lehrer)?				
Wirkt der Referent durch die Körperhaltung konzentriert und freundlich?				
Passen Mimik und Gestik zur Vortragssituation und zum Inhalt des Referats?				
Vortragsweise		☺	😐	☹
Spricht der Referent klar und deutlich?				
Variiert der Referent Lautstärke, Sprechtempo und Betonungen?				
Passen Ausdrucksweise und Wortwahl zum Thema?				
Gelingt es dem Referenten, das Interesse der Zuhörer zu wecken und zu halten?				
Kann der Referent auf Fragen und Kommentare der Zuhörer eingehen?				

→

Visualisierung/Veranschaulichung	☺	😐	☹
Unterstützen die Materialien den Vortrag?			
Sind die Materialien übersichtlich gestaltet und gut lesbar?			
Setzt der Referent sie passend zu den Ausführungen ein?			

2 Notiere beim nächsten Referat deine Beobachtungen in Stichpunkten im Beobachtungsbogen.

Die einzelnen Kriterien können auch in der Klasse aufgeteilt werden.

3 Formuliere mithilfe der folgenden Feedbackregeln eine Rückmeldung für den Referenten, z. B.: *Besonders hat mir gefallen …, Ich könnte mir vorstellen …*

Regeln für den Feedback-Geber

1. Beginne mit dem positivem Feedback. Nenne Gelungenes und Überzeugendes, teile dem Referenten seine Stärken mit. Ende ebenfalls mit einem positiven Punkt.
2. Gib ein genaues, konkretes und beschreibendes Feedback.
3. Schlage Verbesserungen vor, anstatt Kritik zu äußern.
4. Formuliere das Feedback als Ich-Botschaften.
5. Gib ein Feedback nur, um anderen zu helfen.

Regeln für den Feedback-Nehmer

1. Höre einfach nur zu.
2. Entschuldige und rechtfertige dich nicht.
3. Überlege dir selbst, welche Vorschläge der Feedback-Geber du annehmen willst und welche du für dich ablehnst.

4 Nenne ein Beispiel, wie eine Rückmeldung aussehen könnte, die für dich hilfreich wäre. Begründe dein Beispiel.

---

1 **EXTRA** Bereite ein Referat über den Maler Franz Marc und die Schriftstellerin Else Lasker-Schüler vor.
- Lies die Textausschnitte auf Seite 159 bis 161.
- Erstelle eine Gliederung, Karteikarten, ein Handout und Visualisierungen.
- Bereite deinen Vortrag vor und halte das Referat anschließend in der Klasse.
- Lasse dir im Anschluss ein Feedback geben. Merke dir die Hinweise für dein nächstes Referat.

2 Sprache in der Politik untersuchen

Meinungsbildung durch Sprache
Auf- und Abwertung von Sachverhalten

- **Euphemismus** (beschönigender Begriff)
- **Stigmawort** (negativ besetzter Begriff, von dem man sich abgrenzen möchte)

1 Im Rahmen der sprachkritischen Aktion „Unwort des Jahres“ wählt eine Jury jedes Jahr ein Wort aus der politischen Debatte aus, das sie als sachlich unangemessen, beschönigend oder abwertend kritisiert.
- Lies die Beispiele aus den vergangenen Jahren und die jeweilige Begründung.
- Fasse zusammen, warum die Wörter zu „Unwörtern des Jahres“ gewählt wurden.

Gutmensch (2015)
[Der Begriff ist] im Zusammenhang mit dem Flüchtlingsthema [...] besonders prominent geworden. Als „Gutmenschen“ wurden 2015 insbesondere auch diejenigen beschimpft, die sich ehrenamtlich in der Flüchtlingshilfe engagieren oder die sich gegen Angriffe auf Flüchtlingsheime stellen. Mit dem Vorwurf „Gutmensch“, „Gutbürger“ oder „Gutmenschentum“ werden Toleranz und Hilfsbereitschaft pauschal als naiv, dumm oder weltfremdes Helfersyndrom diffamiert[1].

1 herabsetzen, verunglimpfen

Sozialtourismus (2013)
Im Zuge der Diskussion um erwünschte und nicht erwünschte Zuwanderung nach Deutschland im letzten Jahr wurde von einigen Politikern und Medien mit dem Ausdruck „Sozialtourismus“ gezielt Stimmung gegen unerwünschte Zuwanderer, insbesondere aus Osteuropa, gemacht.

2 Sammle Vorschläge für aktuelle „Unwörter des Jahres“.

---

1 EXTRA Im Rahmen der sprachkritischen Aktion „Unwort des Jahres“ wählt eine Jury jedes Jahr ein Wort aus der politischen Debatte, das sie als sachlich unangemessen, beschönigend oder abwertend kritisiert. 1999 wurde das Wort „Kollateralschaden“ zum „Unwort des Jahres“ gewählt.
- Informiere dich über die Bedeutung des Wortes.
- Überlege, warum der Begriff kritisiert wurde.
- Recherchiere im Internet nach der Begründung für die Wahl zum „Unwort des Jahres“.

Surftipp
s6gn8a

2 EXTRA Stell dir vor, du bist Jurymitglied und sollst eine kurze mündliche Stellungnahme vorbereiten, warum die Begriffe „Gutmensch“ oder „Sozialtourismus“ „Unwörter des Jahres“ geworden sind. Verfasse diese Stellungnahme.

3 EXTRA Sammle Vorschläge für aktuelle „Unwörter des Jahres“. Begründe deine Auswahl.

3 Eine Rede vorbereiten und halten

Eine Rede halten

Aufbau
- interessante Einleitung
- klare Gliederung
- überzeugender Schlussappell

Argumentation
- überzeugende Argumente
- anschauliche Beispiele
- beim Thema bleiben
- klare, zum Adressaten passende Sprache

Vortragsweise
- direkte Ansprache der Zuhörer
- passende Gestik und Mimik
- sichere Körperhaltung
- laut, deutlich und betont sprechen

1 Lies die drei Einleitungen zum Thema „Friedliches Miteinander an unserer Schule“. Begründe mithilfe des Schaubildes „Eine Rede halten“, was an den Einleitungen gelungen ist und was nicht.

Liebe Klasse 10B,
so, ich fange jetzt mal an. Ich erzähle euch etwas über friedliches Zusammenleben, also genauer gesagt über friedliches Zusammenleben an unserer Schule. Ich habe mir ein paar Dinge überlegt, die sich hier an der Schule ändern müssen.

Verehrte Zuhörer, liebes Publikum,
es ist mir eine Ehre, heute zu euch sprechen zu dürfen. Bevor ich zum Thema meiner Rede komme, möchte ich zunächst, wenn ihr erlaubt, darauf eingehen, wie ich zum Thema meiner Rede gekommen bin. Nachdem ich sehr lange in vielen Büchern recherchiert hatte, habe ich mir überlegt, dass es vielleicht am interessantesten wäre, wenn ich über das Thema spreche, das ich nun ausgewählt habe. Ich hoffe, dass ihr das Thema auch interessant findet, aber ich bin mir nicht so ganz sicher. Nun, ich beginne einfach mal.

→

Liebe Mitschülerinnen und Mitschüler,
zu Beginn meiner Rede möchte ich euch von einem Erlebnis erzählen, das ich vor einigen Tagen hier in der Schule hatte. In der großen Pause kam es auf dem Schulhof zum Streit zwischen Schülern der achten Klasse. Sie warfen sich gegenseitig Beleidigungen an den Kopf, die Stimmung wurde immer aggressiver, und wenn nicht die Pausenaufsicht eingegriffen hätte, wäre es wohl zu einer Prügelei gekommen. Manche von euch haben sicher auch beobachtet, dass sich eine richtige Menschentraube um die streitenden Schüler gebildet hatte. Manche feuerten die beiden sogar regelrecht an. Keiner schritt ein, um den Streit zu schlichten. Diese Beobachtung hat mich eine Weile beschäftigt, und sie hat mich zu der Frage gebracht, über die ich heute zu euch sprechen möchte: Wie können wir es schaffen, an unserer Schule ein friedlicheres Miteinander zu erzielen?

Hörverstehen
de4j2y

2 Hör dir die unterschiedlichen Fassungen einer der Einleitungen aus Aufgabe 1 an. Entscheide, welche der Fassungen am besten gelungen ist.

3 Lies den Schlussteil aus einer Rede zum Thema „Friedliches Miteinander an unserer Schule". Untersuche, was daran gut gelungen ist und was noch überarbeitet werden muss.

Also, dann komme ich jetzt einmal zum Schluss. Ich hoffe, meine Rede hat euch nicht gelangweilt. Also, ich denke, es ist klar geworden, dass wir an unserer Schule mehr für ein friedliches Miteinander tun müssen, oder? Ich hätte da auch so ein paar Ideen, wie schon in der Rede gesagt. Also eine Streitschlichter-AG zu gründen, fände ich super, wie gesagt. Das ist natürlich alles etwas schwierig zu organisieren, aber es wäre toll, wenn wir das hinkriegen würden. Mal sehen. Wir können da ja nochmal bei Gelegenheit darüber nachdenken und dann mal planen. Ich fände es gut, wenn es klappt. So, das war's. Danke fürs Zuhören.

4 Überarbeite den Schlussteil mithilfe deiner Ergebnisse aus Aufgabe 3.

→ **T5** Sprachliche Mittel Seite 260/261

1 **EXTRA** Wähle aus den Sprechblasen aus Aufgabe 1 auf Seite 165/166 die beste Redeeinleitung aus. Überarbeite sie, indem du sie z. B. durch sprachliche Mittel noch spannender gestaltest.

2 **EXTRA** Erstelle ein Redemanuskript zu der Einleitung. Markiere, welche Stellen du bei einem Vortrag durch Betonungen, Pausen etc. besonders hervorheben möchtest.

3 **EXTRA** Überarbeite den Schluss der Rede aus Aufgabe 3. Erstelle auch dazu ein Redemanuskript.

4 Kommunikation untersuchen

situativer Kontext
- Gesprächsanlass
- Gesprächspartner und ihre Beziehung zueinander
- Ort und Zeit

Sender
verschlüsselt (durch Worte, Schrift, Gestik, Mimik etc.)

Nachricht enthält:
- Inhaltsaspekt: Sachinformation
- Beziehungsaspekt: Was denke ich über den anderen? Wie sehe ich mich selbst? Wie ist meine Beziehung zu dem anderen? Möchte ich, dass der andere etwas tut?

wird von **Empfänger** *entschlüsselt*

Kommunikation

gelingt, wenn Empfänger die Nachricht so entschlüsselt, wie der Sender sie gemeint hat.	misslingt, wenn Empfänger die Nachricht anders entschlüsselt, als der Sender sie gemeint hat.

1 Sieh dir das Bild an. Was könnte der Mann in dieser Situation antworten und warum? Ergänze dazu die Tabelle auf Seite 168 in deinem Heft.

Reaktion des Mannes	Was entschlüsselt der Mann?
a) Der Mann antwortet: „Du frierst aber auch immer schnell."	Der Mann stellt die Aussage in einen Zusammenhang mit dem persönlichen Kälteempfinden seiner Frau und deutet an, dass es gar nicht kalt ist.
b) Der Mann antwortet: „Ja, stimmt. Ist mir auch schon aufgefallen."	Der Mann nimmt die Nachricht als sachliche Information wahr.
c) Der Mann steht auf und stellt die Heizung an.	...
d) Der Mann antwortet: „Finde ich nicht."	...

2 Formuliere für die vier Antworten des Mannes in Aufgabe 1 eine Reaktion der Frau. Gehe davon aus, dass die Frau ihren Mann bei seinen jeweiligen Äußerungen **richtig versteht**, z. B.: *zu a) „Das kann sein. Aber ein Kälteempfinden ist immer subjektiv. Ich hätte besser gesagt: Mir ist kalt. Kannst du die Heizung höherstellen?"; ...*

3 Gehe jetzt davon aus, dass die Frau die Äußerungen ihres Mannes **nicht versteht**, also die Kommunikation misslingt. Formuliere für die vier Antworten des Mannes eine Reaktion der Frau, z. B.: *zu a) „Wieso frier' ich immer? Das stimmt gar nicht. Wenn du immer mit so einem dicken Pulli im Haus herumläufst, wundert es mich nicht, dass du nicht frierst."*

→ **Kapitel 5**
Seite 112

4 Überlege dir eine kurze Geschichte, bei der es ein Missverständnis gibt. Schildere diese einer Partnerin oder einem Partner. Nutze dazu die folgenden sprachlichen Besonderheiten.

Ausrufe- und Fragesätze | besonderer Satzbau

Wörter, die die Stimmung ausdrücken | sprachliche Mittel

---

1 EXTRA Untersuche, wieso in dem folgenden Textausschnitt Missverständnisse entstehen. Orientiere dich dazu am Schaubild auf Seite 167.

Karl Valentin

Im Hutladen (Ausschnitt)

Verkäuferin: Guten Tag. Sie wünschen?
Valentin: Einen Hut.
Verkäuferin: Was soll das für ein Hut sein?
Valentin: Einer zum Aufsetzen.

Verkäuferin: Ja, anziehen können Sie niemals einen Hut, den muss man immer aufsetzen.
Valentin: Nein, immer nicht – in der Kirche zum Beispiel kann ich den Hut nicht aufsetzen.
Verkäuferin: In der Kirche nicht – aber Sie gehen doch nicht immer in die Kirche.
Valentin: Nein, nur da und hie.
Verkäuferin: Sie meinen nur hie und da!
Valentin: Ja, ich will einen Hut zum Auf- und Absetzen.
Verkäuferin: Jeden Hut können Sie auf- und absetzen! Wollen Sie einen weichen oder einen steifen Hut?
Valentin: Nein – einen grauen.
Verkäuferin: Ich meine, was für eine Fasson[1] – wir haben allerdings schicke Fassonen in allen Farben.
Valentin: In allen Farben? – Dann hellgelb!
Verkäuferin: Aber hellgelbe Hüte gibt es nur im Karneval – einen hellgelben Herrenhut können Sie doch nicht tragen.
Valentin: Ich will ihn ja nicht tragen, sondern aufsetzen.
[…]

1 Form oder Machart, Schnitt von Kleidungsstücken

2 EXTRA Denke dir selbst eine ähnliche Geschichte aus. Schildere sie einer Partnerin oder einem Partner.

5 Protokolle erstellen

Ergebnisprotokolle erstellen

Ziel: Zusammenfassen von Ergebnissen, vorgebrachten Argumente oder Begründungen

- Beschlüsse, Abstimmungsergebnisse sowie anstehende Aufgaben und Verantwortlichkeiten festhalten

- im Präsens schreiben
- sachlich formulieren und gedankliche Verknüpfungen erstellen

- kann auch in Stichpunkten verfasst werden

1 Lies die Stichpunkte von einer Klassenratssitzung. Ordne sie in einer sinnvollen Reihenfolge.

TOP 1: Beschwerde über den Matheunterricht – Die Klasse beschwert sich, dass der Lehrer oft die Stunde überzieht. Der KL wird dieses Problem mit dem Kollegen besprechen.

Protokoll der Klassenratssitzung

Schulleitung bei Umformulierung der Schulordnung helfen

TOP 3: Umgang mit Laptops in der Pause

Protokollant: Fabian Müller

Die Klasse möchte wissen, wie die Schüler in den Pausen mit Handys umgehen dürfen. Anlass: Pausenaufsicht hat verlangt, die Geräte abgeschaltet in die Tasche zu stecken. Kritik an der Regelung in der Schulordnung – Einstimmig wird beschlossen: Klassensprecher informiert in einer offiziellen E-Mail die Schulleitung über dieses Problem – Klasse will Schulleitung bei der Umformulierung der Schulordnung helfen

Anwesende: ganze Klasse und Klassenlehrer

Datum: 07.03.2017,
Zeit: 10.00–10.45 Uhr,
Ort: Klassenraum

Gesprächsleitung: Cecile und Alexandra

08.03.2017; Fabian Müller

TOP 2: Lob – Lars berichtet, dass Iman ihm toll in Chemie geholfen habe.

2 Verfasse mithilfe der Stichpunkte aus Aufgabe 1 ein Ergebnisprotokoll. Achte darauf, Beschlüsse, Abstimmungsergebnisse sowie anstehende Aufgaben und Verantwortlichkeiten zu nennen.

---

1 **EXTRA** Erstelle zu der nächsten Diskussion in der Klasse, in der Klassenratssitzung oder Ähnlichem ein Ergebnisprotokoll. Nutze dazu die Informationen aus dem Schaubild auf Seite 169.

T2

Trainingsstation

Schreiben

In dieser Trainingsstation geht es darum, fit im Schreiben zu werden. Du übst das Schreiben von informierenden Texten, indem du gezielt Informationen aus Materialien zusammenstellst und daraus einen Sachtext verfasst. Darüber hinaus schreibst du eine Rede, in der du ein Publikum von deiner Meinung zu einem bestimmten Thema überzeugen möchtest. Außerdem trainierst du das Schreiben zu literarischen Texten: Du wiederholst das produktive Erschließen einer Kurzgeschichte, das analytische Schreiben einer Figurencharakterisierung zu einem dramatischen Text und das Schreiben einer Gedichtanalyse.
Zum Abschluss der Trainingsstation geht es um das Thema Film. Du lernst, wie du deine Meinung in einer Filmkritik zum Ausdruck bringen kannst.

T2 Lösungen
4ds2mz

1 Informieren

1.1 Einen Sachtext auf Grundlage von Materialien verfassen

Einen Sachtext verfassen

- **Material**
  - **Materialien auswerten**: Textverständnis sichern, Informationen zielgerichtet zusammenstellen, z. B. Stichpunkte, Mindmap, Zitate, Zusammenfassungen, …
- **Zielgruppe und Sprache**
  - **Zielgruppe**: Für wen ist der Text bestimmt: Erwachsene oder Jugendliche, Fachleute, Laien, offizielle Stellen, z. B. Behörde, Schulleitung, …?
  - **Sprache**:
    - einfache Sprache: überwiegend Hauptsätze, kurze Satzgefüge, keine Fachwörter, Verzicht auf Fremdwörter
    - gehobene Sprache: längere Satzgefüge, Fachsprache, Fremdwörter
- **Textsorte**
  - Geeignete Textsorte wählen, z. B. Bericht, Brief, Zeitungsartikel, Web-Beitrag, …
- **Textaufbau**
  - **Überschrift**: informativ oder Neugier weckend?
  - **Einleitung**: kurze Vorstellung des Themas/Sachverhalts
  - **Hauptteil**: alle für das Thema wichtigen Informationen in einer sinnvollen Reihenfolge
  - **Schluss**: Bewertung, kurze Zusammenfassung, Schlussfolgerung

1 Stell dir vor, du sollst zur Vorbereitung eines neuen Themas einen informierenden Text über Caspar David Friedrich verfassen. Entscheide, für wen du den Text schreiben könntest (Zielgruppe) und welche Sprache dafür angemessen ist.

2 Lies die Texte und sieh dir die Materialien auf Seite 173 bis 175 an. Stelle die wichtigsten Informationen in einer Tabelle zusammen.

	wichtige Begriffe	Stichpunkte
Text A	Landschaftsmalerei Caspar David Friedrich	…
Text B	…	…
…	…	…

A Man sagt, ich könne durchaus nichts anderes malen als Mondschein, Abendroth, Meer und Meeresstrand, Schneelandschaften, Kirchhöfe, wüste[1] Haiden, Waldströme, Klippenthäler[2] und Ähnliches", klagte Caspar David Friedrich 1822 einem befreundeten Dichter. Noch zehn Jahre zuvor hat der gebürtige Greifswalder seine Gemälde an Preußens König und die angesehensten Museen verkauft, nun ging das Geschäft nur noch schleppend. Lag es an der Monotonie der Motive? Nein, die kann man dem Poeten der Landschaftsmalerei eher nicht vorwerfen. C. D. Friedrich hat von den Kreidefelsen auf Rügen bis zum Watzmann bei Berchtesgaden ganz verschiedene Winkel Deutschlands auf der Leinwand in Szene gesetzt.
Aber eines stimmt: Friedrich liebte das geheimnisvolle Zwielicht, malte immer wieder Wolken, Nacht oder Dämmerung. [...] Er komponierte Bilder, wie man sie nie zuvor gesehen hatte [...]
Geboren am 5. September 1774, wuchs Caspar David Friedrich – das sechste von zehn Kindern – in eine aufgeklärte, von der Französischen Revolution und Napoleons Feldzügen aufgewühlte Zeit hinein. Sein schlichtes, frommes Elternhaus stand direkt neben dem Dom, es prägte ihn christlich. [...] Zur Ausbildung ging der Blondschopf trotzdem gen Norden, nach Kopenhagen. Er studierte von 1794 bis 1798 Zeichnen an der Kunstakademie, deren Ruf seinerzeit weit über die Grenzen Dänemarks ausstrahlte. Anschließend kehrte er zurück [...] nach Dresden. [...]
Seine Inspiration[3] holte sich der introvertierte[4] Zeichner jedoch eher vor den Toren der Stadt. Immer wieder zog er hinaus in die Sächsische Schweiz, reiste in den Harz, ins Riesengebirge, in die Sudeten und heimwärts an die Ostsee. [...]

1 nicht bewohnt
2 Felsental
3 kreative Einfälle
4 in sich gekehrt

B Erst allmählich wandte sich Friedrich mehr der Ölmalerei zu, entfachte dann allerdings schon mit einem seiner ersten Gemälde eine heftige Debatte in den Gazetten[5]: „Das Kreuz im Gebirge" (1808) hat die Gestalt eines Altarbilds, doch ist der Gekreuzigte kaum zu erkennen – die Landschaft drum herum dominiert. Ein Sakrileg[6], fanden manche. Für andere dagegen war es der neue Weg, das Erhabene der Schöpfung zu verdeutlichen.

5 Zeitungen
6 Vergehen gegen heilige Personen, Gegenstände oder Orte

C Mit 43 Jahren heiratete der einsame Wanderer recht überraschend die erst 25-jährige Caroline Bommer. Er wurde dreifacher Vater. Immer häufiger tauchten nun Menschen in seinen Bildern auf. [...] Im Spätwerk des großen Romantikers dominieren Friedhöfe und düstere Landschaften. [...]
Durch die „Jahrhundertausstellung" in Berlin 1906 wurde Caspar David Friedrich wiederentdeckt, aber erst nach dem Zweiten Weltkrieg erfuhr seine Kunst massiv neue Aufmerksamkeit. [...] Alle großen europäischen Museen kauften nun mindestens ein Friedrich-Bild.

D 1798 wohnte Caspar David Friedrich in Dresden, einem Zentrum der Romantiker. Ab 1800 verdiente er seinen Lebensunterhalt als freier Künstler. Auf seinen Wanderungen hatte er zahlreiche Landschaftszeichnungen erstellt, die er dann in seinem Atelier nutzte. Dabei setzte er oft verschiedene Landschaftsteile zusammen, um seinem Bild den gewünschten Ausdruck zu verleihen. Seinen künstlerischen Durchbruch hatte er mit dem Bildpaar „Der Mönch am Meer" und „Abtei im Eichwald". Beide Gemälde wurden 1812 durch den König von Preußen erworben.

E

Bild von Caspar David Friedrich mit dem Titel „Kreidefelsen auf Rügen".
Das Bild entstand im Jahr 1818, nach Friedrichs Hochzeitsreise auf die Insel.

F Auf vielen Landschaftsbildern des Malers sieht man Figuren in Rückenansicht. Sie lassen das Gefühl von Einsamkeit entstehen. Der Betrachter schaut mit der Figur auf die Landschaft und identifiziert sich mit ihr. Die Darstellung steht für das romantische Motiv der Sehnsucht nach der Ferne, aber auch nach dem Unendlichen.

G Die Gemälde von C. D. Friedrich vermitteln einen Zustand der Gefühle und beschreiben ihn durch Naturdarstellungen. Der Himmel, das Meer oder die Wälder können Empfindungen vermitteln, wenn der Betrachter für sie offen ist. Dazu soll er sich in die Stimmung des Künstlers hineinversetzen. Die von C. D. Friedrich gestalteten Landschaften stehen für Einsamkeit, Tod und die Hoffnung auf Erlösung. Sie sind von seinem christlichen Glauben geprägt.

H C. D. Friedrich: Lebensdaten

1774	1794–1798	1808	1812	1818	1822	1835	1840	…	1906
geboren	Studium lebt in Dresden	„Kreuz im Gebirge"	Durchbruch als Künstler preußischer König kauft Gemälde	Heirat Hochzeitsreise nach Rügen	Verkauf von Bildern nach Moskau und St. Petersburg	schwerer Schlaganfall	Tod		„Jahrhundertausstellung"

I Anzahl berühmter Gemälde von Caspar David Friedrich in deutschen Museen

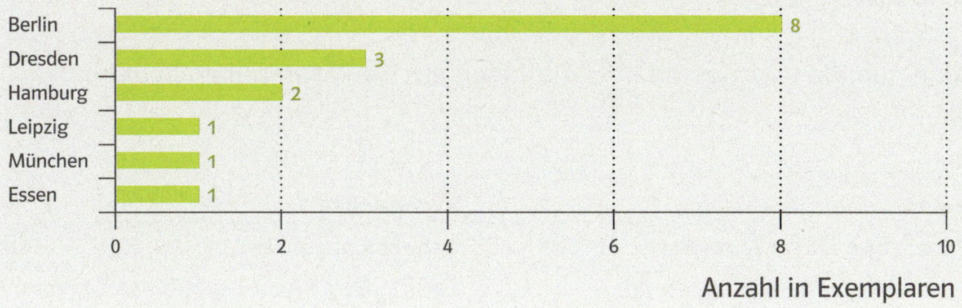

3 Ordne den Materialien A, B und C die folgenden Überschriften zu, z. B.:
Material A –> Kunst nicht mehr gefragt; Material B –> …

Europa zeigt Interesse	Viele Landschaftsmotive
Durchbruch mit Ölgemälden	Der Weg des Künstlers
Kunst nicht mehr gefragt	Heirat und neue Motive

4 Ordne die folgenden Randnotizen ebenfalls den Materialien A, B und C zu. Ergänze sie zu den Überschriften in Aufgabe 3.

Museen in Europa: kaufen Bilder	Sechste von zehn Kindern
dreifacher Vater	„Jahrhundertausstellung" Berlin 1906: Wiederentdeckung
Heirat mit 43 Jahren	Studium 1794–1798
Anregungen durch Reisen	Spätwerk
1822: Geschäfte gehen schlecht	Elternhaus: christlich
1812: preußischer König kauft Gemälde	1808: „Das Kreuz im Gebirge": Streit um Darstellung
Kunstakademie in Kopenhagen	neuartige Bilder
geboren: 05.09.1774	Landschaftsmaler
Ölmalerei: Streit um erstes Gemälde	Caroline Bommer, 25 Jahre
Rückkehr nach Dresden	

5 Arbeite aus den Materialien D bis I die wichtigsten Informationen heraus. Formuliere zu den einzelnen Texten Überschriften und halte wichtige Aussagen in Stichpunkten fest.

6 Ordne nun die wichtigsten Informationen aus den Materialien in einer Tabelle.

Themen	Stichpunkte
biografische Daten/Familie	geboren am ... in ...
Werke: Erfolge und Misserfolge	1808: „Das Kreuz im Gebirge", Streit um ...
Besonderheiten der künstlerischen Arbeit	neuartige Bildgestaltung, ...
...	...

7 Formuliere mithilfe deiner Ergebnisse aus Aufgabe 1 bis 6 einen informierenden Text über den Maler Caspar David Friedrich.
- Notiere zunächst passende Zwischenüberschriften, die deinen Text in sinnvolle Absätze gliedern.
- Formuliere eine interessante Überschrift,
- Verfasse eine Einleitung, in der du in das Thema einführst und die Lesenden neugierig machst.
- Schreibe einen Hauptteil, in dem du die wichtigsten Informationen zu dem Maler wiedergibst.
- Fasse am Schluss das Wichtigste kurz zusammen und nimm Stellung zu dem Thema.

---

1 EXTRA Verfasse mithilfe der Materialien auf Seite 173 bis 175 für deine Mitschülerinnen und Mitschüler einen informierenden Text über den Maler Caspar David Friedrich, der als Einstieg in das Thema *Romantik* dient.
- Orientiere dich am Schaubild auf Seite 172.
- Notiere die wichtigsten Informationen in übersichtlicher Form, z. B. einer Tabelle oder Mindmap.
- Verfasse einen informierenden Text mit Überschrift, Einleitung, Hauptteil und Schluss.

→ T5 Internetrecherche Seite 238

2 EXTRA Überlege dir einen alternativen Schluss. Formuliere darin, welche Bedeutung Caspar David Friedrich heute noch hat. Du kannst dazu im Internet recherchieren.

1.2 Eine Rede verfassen

Eine Rede verfassen

Einleitung
- Begrüßung
- Thema nennen
- Interesse wecken

Hauptteil
- gegenwärtigen Zustand beschreiben
- Forderungen ableiten
- Argumente mit Beispielen verknüpfen
- Gegenargumente entkräften
- steigernd oder kontrovers gliedern

Schluss
- Blick in die Zukunft werfen
- an die Zuschauer appellieren

1 In der Schule wird darüber diskutiert, ob das Fach Friedenserziehung eingeführt werden soll. Eine Schülerin soll dazu eine Rede für die Schulkonferenz verfassen und hat sich bereits einige Notizen gemacht. Bringe diese mithilfe des Schaubildes in eine sinnvolle Reihenfolge.

Dagegen könnte man sagen, dass es schon genügend Fächer gibt und die Schülerinnen und Schüler bereits so viele Stunden pro Woche Unterricht haben. Dem ließe sich aber entgegnen, dass ___. Ein möglicher Kompromiss wäre, dass ___.

Jeden Tag erfahren wir in der Schule, wie schwierig es schon untereinander ist, friedlich miteinander umzugehen. Es gibt Streit. ___ Wie soll da erst Frieden zwischen Ländern möglich sein, wenn es in der Schule schon nicht klappt?

Liebe Schülerinnen und Schüler, liebe Lehrerinnen und Lehrer, liebe Eltern, „Wenn wir wahren Frieden in der Welt erlangen wollen, müssen wir bei den Kindern anfangen", hat der indische Pazifist und Widerstandskämpfer Mahatma Gandhi einmal gesagt. Wenn wir heute darüber diskutieren, ob wir das Fach Friedenserziehung an unserer Schule einführen möchten, dann liefert dieses Zitat darauf direkt die Antwort. ___

Zum Schluss möchte ich noch einmal auf das Zitat von Gandhi zurückkommen. Die Kinder von heute sind es, die die Welt von morgen bestimmen werden. Daher möchte ich an die Schulkonferenz appellieren ___.

Doch wie soll der Unterricht in den regulären Fächern die Erziehung zum Frieden leisten? Die Lehrpläne sind schon voll mit Unterrichtsstoff. Daher ___.

2 Überlege dir weitere Argumente, Beispiele und Erläuterungen, die in der Rede eingebaut werden könnten. Ergänze dann die Notizen aus Aufgabe 1.

3 Verfasse nun eine vollständige Rede mithilfe deiner Ergebnisse aus Aufgabe 1 und 2.

---

1 **EXTRA** Sollte das Fach Friedenserziehung an deiner Schule für alle Schülerinnen und Schüler eingeführt werden? Formuliere passende Pro- und Kontra-Argumente. Entscheide dich für eine Position.

2 **EXTRA** Bereite eine Rede für die Schulkonferenz vor, in der du deine Position vertrittst und diese begründest. Ergänze dafür den folgenden Schreibplan.

Schreibplan: Eine Rede verfassen

Aufbau	Planungsnotizen	Formulierungshilfen
Anrede/ Begrüßung	Wer ...	Lehrerinnen und Lehrer, Mitschülerinnen und Mitschüler, Eltern
Einleitung	...	• In letzter Zeit viel über Einführung des neuen Faches „Friedenserziehung" diskutiert • Viele Argumente für beide Seiten • Meine Position: Für die Einführung des Faches ...
Begründung/ Argumentation	1. Argument ...	...
	Erläuterung/Beispiele: ...	...
	...	...
	...	...
Schluss	...	...

Kapitel 2
Seite 44/45

Sprachliche Mittel
Seite 260/261

3 **EXTRA** Verfasse eine Rede für die Schulkonferenz mithilfe deines Schreibplans aus Aufgabe 2 EXTRA.

4 **EXTRA** Überlege, an welchen Stellen du deine Rede durch den Einsatz sprachlicher Mittel noch überzeugender gestalten könntest. Überarbeite deinen Text entsprechend.

2 Zu literarischen Texten schreiben

2.1 Eine Kurzgeschichte produktiv erschließen

Kurzgeschichten produktiv erschließen

Dialoge gestalten
- Dialoge verfassen
- Dialoge fortsetzen
- inneren Monolog schreiben

Erzählsituation verändern
- Erzählverhalten (auktorial, personal, neutral)
- Erzählperspektive (Innensicht/Außensicht)
- Erzählform (1./3. Person)

Geschichte fortsetzen
- eine nicht vollständige Geschichte fortsetzen
- ein offenes Ende weiterschreiben
- eine Geschichte vor dem offenen Einstieg beginnen

1 Lies die Geschichte. Überlege, was vorher geschehen sein könnte und wie es weitergehen könnte.

Pea Fröhlich

Der Busfahrer

Er wusste, dass sie an der nächsten Station einsteigen würde, und freute sich. Wenn Platz war, saß sie immer so, dass er sie im Rückspiegel sehen konnte.

Meistens las sie, manchmal schaute sie auch auf die Straße. Er konnte an ihrem Gesicht ablesen, ob es ihr gut ging. Im Winter trug sie einen braunen Pelz mit einem passenden Käppchen und im Sommer weiße oder blaue Kleider. Einmal hatte sie die Haare aufgesteckt, es stand ihr nicht und jemand musste es ihr gesagt haben, denn am nächsten Tag sah sie wieder aus wie sonst. Sie war ihm sehr vertraut und er hätte sie gerne angesprochen, aber er wagte es nicht. Er fürchtete sich nur davor, dass sie einmal nicht mehr einsteigen würde. Vielleicht, dass sie die Arbeitsstelle wechselte. Für ihn war das die schönste Zeit am Tag, die fünf Stationen, die sie immer mit ihm fuhr. Diesmal sah er sie schon von weitem. Sie stand da und lachte einen Mann an, der den Arm um sie gelegt hatte. Sie verpasste das Einsteigen, weil der Mann sie küsste.

2 Schreibe einen Anfang zu der Geschichte. Wähle dazu einen der folgenden Einstiege und setze sie fort.

A Seit fünf Jahren machte er diesen Job schon. Und der war nicht gerade abwechslungsreich. Seit letzter Woche aber …

B Sie wohnte nicht weit weg von ihrer Arbeitsstelle. Nur fünf Stationen brauchte sie mit dem Bus. Ihm fiel auf …

3 Die Geschichte ist aus der Sicht des Busfahrers geschrieben. Schreibe die Geschichte aus der Sicht der Frau.

4 Stell dir vor, dass die Frau in den leeren Bus einsteigt und der Busfahrer sie anspricht. Formuliere passend zu den Zeilen 16 bis 21 einen Dialog mit Regieanweisungen.

Sie betritt wie immer den Bus. Der Fahrer dreht sich herum und schaut sie an.
Der Busfahrer Guten Morgen …
Die Frau (abwesend) …
…

5 Schreibe in einem inneren Monolog auf, was dem Busfahrer am Ende der Geschichte durch den Kopf gehen könnte.

6 Überlege dir eine Situation, in der jemand eine andere oder einen anderen mag, sich aber nicht traut, die Person anzusprechen.
- Verfasse eine Kurzgeschichte dazu. Orientiere dich dabei am Text „Der Busfahrer". Schreibe in der „Ich-Form".
- Vergleiche die beiden Kurzgeschichten anschließend miteinander. Beschreibe, wie sich der Wechsel der Erzählsituation auswirkt.

7 Wähle einen deiner Texte aus Aufgabe 2 bis 6 aus. Verfasse eine Reflexion dazu.
- Begründe, wie du beim Schreiben vorgegangen bist.
- Beziehe dich dabei auf wichtige Zitate und Besonderheiten des Originaltextes.
- Kommentiere, worauf du beim Bearbeiten der Aufgabe jeweils geachtet hast und ob dir dies gelungen ist.

---

1 EXTRA Lies die Geschichte „Der Busfahrer" auf Seite 179. Sieh dir anschließend das Schaubild „Kurzgeschichten produktiv erschließen" auf der gleichen Seite an. Wähle zwei produktive Schreibaufträge aus und bearbeite sie.

2 EXTRA Verfasse zu deinen Schreibprodukten aus Aufgabe 1 EXTRA eine Reflexion.
- Begründe, wie du beim Schreiben jeweils vorgegangen bist.
- Beziehe dich dabei auf wichtige Zitate und Besonderheiten des Originaltextes.
- Kommentiere, worauf du beim Bearbeiten der Schreibprodukte jeweils geachtet hast und ob dir dies gelungen ist.

2.2 Eine Figurencharakterisierung verfassen

Figurencharakterisierung

Einleitung

Allgemeine Angaben
Name der Figur; Titel des Werks, aus dem die Figur stammt; Autor, Bedeutung der Figur

Hauptteil

Beschreibung der Figur
Geschlecht, Aussehen, Merkmale, Beruf, Bildung, Gesellschaftsschicht

Verhalten und Einstellungen der Figur
allgemein, gegenüber anderen, in bestimmten Situationen, Veränderungen im Verhalten

Auswirkungen
auf die Handlung und auf andere Figuren

Schluss

- Bewertung der Figur;
- Beurteilung der Glaubwürdigkeit;
- eigenen Standpunkt zur Figur

1 Lies die Ausschnitte A bis D aus der tragischen Komödie „Der Besuch der alten Dame" von Friedrich Dürrenmatt. Stelle zusammen, welche Informationen du über die Figur des Lehrers erhältst. Fertige dazu eine Mindmap an.

→ Mindmaps erstellen Seite 240

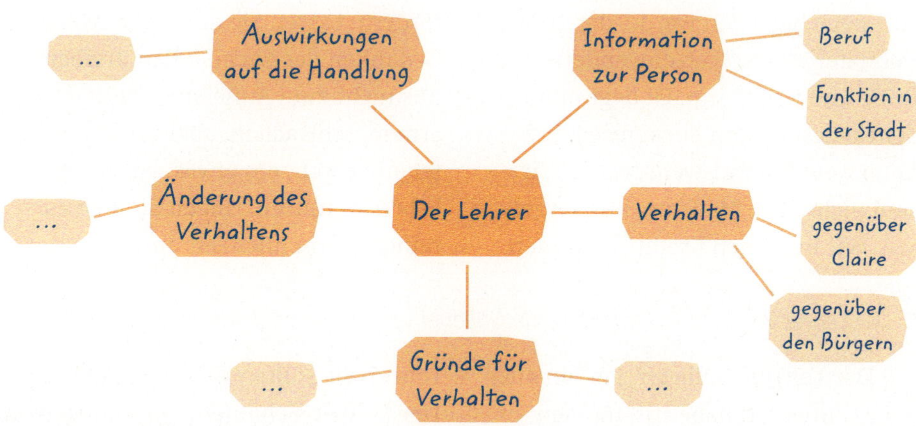

A *Die alte Dame kommt am Bahnhof an*

Der Lehrer Seit mehr denn zwei Jahrzehnten korrigiere ich die Latein- und Griechischübungen der Güllener Schüler, doch was Gruseln heißt, Bürgermeister, weiß ich erst seit einer Stunde. Schauerlich, wie sie aus dem Zuge stieg, die alte Dame mit ihren schwarzen Gewändern. […] →

B *In der Peterschen Scheune schlagen der Arzt und der Lehrer Claire ein Geschäft vor.*

[…] **Claire Zachanassian** Was wollt ihr denn?

[…] **Der Lehrer** *mutig* Frau Zachanassian. Reden wir offen miteinander. Versetzen Sie sich in unsere traurige Lage. Seit zwei Jahrzehnten pflanze ich in dieser verarmten Gemeinde die zarten Keime der Humanität, rumpelt der Stadtarzt zu den tuberkulösen und rachitischen Patienten mit seinem alten Mercedes. Wozu diese jammervollen Opfer? Des Geldes wegen? Wohl kaum. Unsere Besoldung ist minim[1], eine Berufung ans Kalberstädter Obergymnasium lehnte ich schlankweg ab, der Arzt einen Lehrauftrag der Universität Erlangen. Aus reiner Menschenliebe? Auch dies wäre übertrieben. Nein, wir harrten aus, all die endlosen Jahre, und mit uns das ganze Städtchen, weil es eine Hoffnung gibt, die Hoffnung, daß die alte Größe Güllens auferstehe, daß die Möglichkeit aufs neue begriffen werde, die unsere Heimaterde in so verschwenderischer Hülle und Fülle birgt. Öl liegt unter der Niederung von Pückenried, Erz unter dem Konradsweilerwald. Wir sind nicht arm, Madame, nur vergessen. Wir brauchen Kredit, Vertrauen, Aufträge, und unsere Wirtschaft, unsere Kultur blüht. Güllen hat etwas zu bieten: Die Platz-an-der-Sonne-Hütte. […] Lassen Sie uns nicht ein Leben lang vergeblich geharrt haben. Wir bitten um kein Almosen, wir bieten ein Geschäft.

Claire Zachanassian Wirklich. Das Geschäft wäre nicht schlecht.

Der Lehrer Gnädige Frau! Ich wußte, daß Sie uns nicht im Stich lassen würden!

Claire Zachanassian Nur nicht auszuführen. Ich kann die Platz-an-der-Sonne-Hütte nicht kaufen, weil sie mir schon gehört. […]

Der Lehrer Frau Zachanassian! Sie sind ein verletztes liebendes Weib. Sie verlangen absolute Gerechtigkeit. Wie eine Heldin der Antike kommen Sie mir vor, wie eine Medea[2]. Doch weil wir Sie im tiefsten begreifen, geben Sie uns den Mut, mehr von Ihnen zu fordern: Lassen Sie den unheilvollen Gedanken der Rache fallen, treiben Sie uns nicht zum Äußersten, helfen Sie armen, schwachen, aber rechtschaffenen Leuten, ein etwas würdigeres Leben zu führen, ringen Sie sich zur reinen Menschlichkeit durch!

1 schweizerisch für minimal

2 Ratwissende; Figur aus der griechischen Mythologie, die ein Kind umbrachte

C *Der Lehrer versucht in Ills Laden, die Güllener vom Mord an Ill abzubringen.*

[…] **Der Lehrer** Güllener. Ich bin euer alter Lehrer. Ich habe still meinen Steinhäger[3] getrunken und zu alledem geschwiegen. Doch nun will ich eine Rede halten, vom Besuch der alten Dame in Güllen. […] Güllener! Ich will die Wahrheit verkünden, auch wenn unsere Armut ewig währen sollte!

Frau Ill Sie sind betrunken, Herr Lehrer. Sie sollten sich schämen!

Der Lehrer Schämen? Du solltest dich schämen, Weib, denn du schickst dich an, deinen Gatten zu verraten! […] Das Verhängnis ist bedenklich gediehen! […] Ich protestiere! Angesichts der Weltöffentlichkeit! Ungeheuerliche Dinge bereiten sich vor in Güllen!

Die Güllener stürzen sich auf ihn, doch →

3 hochprozentiger Alkohol aus Wacholder

kommt in diesem Augenblick Ill von rechts in alten zerschlissenen Kleidern.

Ill Was ist los in meinem Laden? […]

Der Lehrer Die Wahrheit, Ill. Ich erzähle den Herren von der Presse die Wahrheit. Wie ein Erzengel erzähle ich mit tönender Stimme. *Er schwankt.* Denn ich bin ein Humanist[4], ein Freund der alten Griechen, ein Bewunderer Platos[5].

Ill Schweigen Sie.

Der Lehrer Aber die Menschlichkeit –

Ill Setzen Sie sich.

Schweigen.

Der Lehrer *ernüchtert* Setzen. Die Menschlichkeit soll sich setzen. Bitte – wenn auch Sie die Wahrheit verraten. *Er setzt sich taumelnd auf das Fass.* […] Ich wollte Ihnen helfen. Aber man schlug mich nieder, und auch Sie wollten es nicht. Ach, Ill. Was sind wir für Menschen. Die schändliche Milliarde brennt in unseren Herzen. Reißen Sie sich zusammen, kämpfen Sie um Ihr Leben, setzen Sie sich mit der Presse in Verbindung, Sie haben keine Zeit mehr zu verlieren.

Ill Ich kämpfe nicht mehr. […]

Der Lehrer steht auf, mühsam, schwankend.

Der Lehrer Bin nüchtern. Auf einmal. *Er geht schwankend auf Ill zu.* Sie haben recht. Vollkommen. Sie sind schuld an allem. Und nun will ich Ihnen etwas sagen, Alfred Ill, etwas Grundsätzliches. […] Man wird Sie töten. Ich weiß es, von Anfang an, und auch Sie wissen es schon lange, auch wenn es in Güllen sonst niemand wahrhaben will. Die Versuchung ist zu groß und unsere Armut zu bitter. Aber ich weiß noch mehr. Auch ich werde mitmachen. Ich fühle, wie ich langsam zu einem Mörder werde. Mein Glaube an die Humanität ist machtlos. Und weil ich es weiß, bin ich ein Säufer geworden. Ich fürchte mich, Ill, so wie Sie sich gefürchtet haben. Noch weiß ich, daß auch zu uns einmal eine alte Dame kommen wird, eines Tages, und daß dann mit uns geschehen wird, was nun mit Ihnen geschieht, doch bald, in wenigen Stunden vielleicht, werde ich es nicht mehr wissen. *Schweigen.* Noch eine Flasche Steinhäger.

Ill stellt ihm eine Flasche hin, der Lehrer zögert, dann nimmt er die Flasche entschlossen zu sich.

Der Lehrer Schreiben Sie sie auf. *Er geht langsam hinaus.*

4 jemand, der von der Achtung der Würde des Menschen geprägt ist

5 antiker griechischer Philosoph

D *Im Saal des „Goldenen Apostels" ruft der Lehrer die Bürger zur Annahme des Angebots, Ill für eine Milliarde zu töten, und damit indirekt zum Mord auf.*

Der Lehrer Güllener. Wir müssen uns klar sein, daß Frau Zachanassian mit dieser Schenkung etwas Bestimmtes will. Was ist dieses Bestimmte? Will sie uns mit Geld beglücken, mit Gold überhäufen, die Wagnerwerke sanieren, die Platz-an-der-Sonne-Hütte, Bockmann? Ihr wißt, daß dies nicht so ist. Frau Claire Zachanassian plant Wichtigeres. Sie will für ihre Milliarde Gerechtigkeit, die Gerechtigkeit. Sie will, daß sich unser Gemeinwesen in ein gerechtes verwandle. Diese Forderung läßt uns stutzen. Waren wir denn nicht ein gerechtes Gemeinwesen? […] Gemeinde von Güllen! Dies der bittere Tatbestand: Wir duldeten die Ungerechtigkeit. Ich erkenne nun

→

durchaus die materielle Möglichkeit, die uns die Milliarde bietet; ich übersehe keineswegs, daß die Armut die Ursache von so viel Schlimmem, Bitterem ist, und dennoch: Es geht nicht um Geld, – *Riesenbeifall* – es geht nicht um Wohlstand und Wohlleben, nicht um Luxus, es geht darum, ob wir Gerechtigkeit verwirklichen wollen, und nicht nur sie, sondern auch all die Ideale, für die unsere Altvordern gelebt und gestritten hatten und für die sie gestorben sind, die den Wert unseres Abendlandes ausmachen! *Riesenbeifall.* Die Freiheit steht auf dem Spiel, wenn die Nächstenliebe verletzt, das Gebot, die Schwachen zu schützen, mißachtet, die Ehe beleidigt, ein Gericht getäuscht, eine junge Mutter ins Elend gestoßen wird. *Pfuirufe.* Mit unseren Idealen müssen wir nun eben in Gottes Namen Ernst machen, blutigen Ernst. *Riesenbeifall.* Reichtum hat nur dann Sinn, wenn aus ihm Reichtum an Gnade entsteht: Begnadet aber wird nur, wer nach der Gnade hungert. Habt ihr diesen Hunger, Güllener, diesen Hunger des Geistes, und nicht nur den anderen, profanen, den Hunger des Leibes? Das ist die Frage, wie ich als Rektor des Gymnasiums ausrufen möchte. Nur wenn ihr das Böse nicht aushaltet, nur wenn ihr unter keinen Umständen in einer Welt der Ungerechtigkeit mehr leben könnt, dürft ihr die Milliarde der Frau Zachanassian annehmen und die Bedingung erfüllen, die mit dieser Stiftung verbunden ist. Dies, Güllener, bitte ich zu bedenken. *Tosender Beifall.*

Schreibe die Antworten der Aufgaben 2 bis 8 als zusammenhängenden Text auf.

2 Verfasse mithilfe deiner Mindmap aus Aufgabe 1 eine Figurencharakterisierung. Formuliere eine passende Überschrift. Bearbeite anschließend die folgenden Aufgaben.

3 Schreibe eine Einleitung. Nutze dazu den folgenden Satz.

In dem Drama ______ spielt die Figur ______ eine wichtige Rolle ______.

Formuliere auch bei anderen Sinnabschnitten eine Überleitung, dann wirkt der Text zusammenhängend.

→ T5 Mittel der Textverknüpfung Seite 225/226

4 Leite mit einem Satz zum Hauptteil der Figurencharakterisierung über. Nutze dazu die Formulierungshilfen. Achte darauf, deinen Text in Absätze zu gliedern.

Formulierungshilfen für Überleitungen

- Von der Einleitung zum Hauptteil: Im Folgenden möchte ich …; Wie die nachfolgende Charakterisierung zeigen soll, ist der Lehrer eine Figur, die …
- Zwischen den einzelnen Punkten des Hauptteils: Dazu passt, dass …; Im Gegensatz zu …; Aber auch …; … worauf ich im nächsten Absatz genauer eingehen werde; Als nächstes …; Wie schon im letzten Absatz genannt, …
- Vom Hauptteil zum Schluss: Aus der Analyse ergibt sich …; Zusammenfassend kann man festhalten …; Insgesamt …

5 Beschreibe die Figur des Lehrers.
- Notiere mithilfe der Textausschnitte A und C die wichtigsten Informationen zu der Figur, z. B.: *Lehrer für Latein und Griechisch, arbeitet am …*
- Formuliere anschließend einen zusammenhängenden Text.
- Überlege dir eine Überleitung zum Verhalten und den Einstellungen des Lehrers.

6 Untersuche das Verhalten und die Einstellungen des Lehrers.
- Notiere mithilfe der Textausschnitte A, B und C Informationen über das Verhalten und die Einstellung des Lehrers gegenüber anderen Personen.
- Formuliere einen zusammenhängenden Text, z. B.: *Seine Meinung über Claire ist … (Seite …, Zeile …)./Der Lehrer verhält sich Claire gegenüber … (Seite …, Zeile …)/…*
- Überlege dir eine Überleitung zu den Veränderungen im Verhalten des Lehrers.

7 Untersuche, wie sich der Lehrer im Verlauf der Handlung verändert.
- Notiere alle Informationen über die Reden des Lehrers. Worum geht es inhaltlich? Welche Absichten verfolgt er?
- Formuliere einen zusammenhängenden Text. Vergleiche dabei die Ansprachen der Figur, z. B.: *In Ills Laden betrinkt sich der Lehrer …/Er droht …/Sein Ziel ist es, …/Zunächst hat er noch die Einstellung, dass …/Im Verlauf der Szene …/Am Ende …/Der Lehrer weiß, …/Zugleich sieht er auch die Folgen …*
- Überlege dir eine Überleitung zum Schluss der Figurencharakterisierung.

8 Verfasse einen Schluss, in dem du die Informationen über den Lehrer kurz zusammenfasst und die Figur bewertest.

Die Figur des Lehrers kann man zusammenfassend als ___.
Ich finde, dass Friedrich Dürrenmatt mit dieser Figur ___. Sie ist ___.

9 Überarbeite deine Figurencharakterisierung mithilfe des ESAU-Verfahrens.

→ **Kapitel 3** Seite 64/65

---

1 EXTRA Verfasse eine Figurencharakterisierung zur Figur des Lehrers in der tragischen Komödie „Der Besuch der alten Dame“ von Friedrich Dürrenmatt.
- Lies dazu die Textausschnitte auf Seite 181 bis 184. Stelle die wichtigsten Informationen in einer Mindmap zusammen.
- Verfasse eine Einleitung, in der du Autor und Titel des Werkes, aus dem die Figur stammt, nennst und ihre Bedeutung herausstellst.
- Untersuche das Verhalten des Lehrers gegenüber Claire und den Bürgern.
- Arbeite die Einstellungen des Lehrers, seine Moral und Normen, heraus.
- Stelle die Veränderungen bei der Figur im Verlauf des Stückes dar.
- Formuliere einen passenden Schluss.
- Überarbeite deine Figurencharakterisierung mithilfe des ESAU-Verfahrens.

→ **T5** Mindmaps erstellen Seite 240

→ **Kapitel 3** Seite 64/65

2.3 Eine Gedichtanalyse verfassen

Aufbau einer Gedichtanalyse

- **Einleitung**
  - Autor, Titel, Textart, Erscheinungsjahr (wenn bekannt) und Thema nennen
- **Hauptteil**
  - Inhalt Strophe für Strophe in eigenen Worten wiedergeben
  - Gedicht formal beschreiben: Strophe, Vers, Reimschema und Metrum
  - Deutungsansätze zur Sprechsituation, Aussageabsicht, Stimmung und sprachliche Mittel formulieren
- **Schluss**
  - Wichtige Ergebnisse zusammenfassen
  - Gesamtaussageabsicht darstellen
- **Formales**
  - Wichtige Aussagen mit Zitaten belegen
  - Text in Einleitung, Hauptteil und Schlussteil gliedern

1 Lies das folgende Gedicht. Erkläre, wie der Titel „Mit Haut und Haar" zu verstehen ist.

Das Gedicht stammt aus dem Jahr 1981.

Ulla Hahn

Mit Haut und Haar

Ich zog dich aus der Senke deiner Jahre
und tauchte dich in meinen Sommer ein
ich leckte dir die Hand und Haut und Haare
und schwor dir ewig mein und dein zu sein.

Du wendetest mich um. Du branntest mir dein Zeichen
mit sanftem Feuer in das dünne Fell.
Da ließ ich von mir ab. Und schnell
begann ich vor mir selbst zurückzuweichen

und meinem Schwur. Anfangs blieb noch Erinnern
ein schöner Überrest der nach mir rief.
Da aber war ich schon in deinem Innern
vor mir verborgen. Du verbargst mich tief.

Bis ich ganz in dir aufgegangen war:
da spucktest du mich aus mit Haut und Haar.

2 Analysiere das Gedicht.
- Erstelle dazu einen Schreibplan, indem du Notizen und Formulierungshilfen zu den folgenden Punkten festhältst.
- Schreibe eine Einleitung, in der du Titel, Autorin, Textsorte, Erscheinungsjahr und Thema nennst.
- Fasse den Inhalt jeder Strophe mit eigenen Worten zusammen.
- Beschreibe die äußere Form des Gedichtes (Verse, Strophen, Reime und Rhythmus). Achte auf Abweichungen vom Reimschema. Begründe, Inwieweit diese zum Inhalt des Textes passen.
- Beschreibe die Entfremdung der Partner. Belege deine Aussagen mithilfe von Textzitaten.
- Stelle dar, wie das lyrische Ich mit der Situation umgeht. Untersuche, wie sich diese Haltung in der Sprache widerspiegelt.

→ T5 Schreibpläne erstellen Seite 245

→ T4 Zitieren und Paraphrasieren Seite 220/221

3 Verfasse mithilfe deiner Ergebnisse aus Aufgabe 2 einen zusammenhängenden Text mit Einleitung und Hauptteil. Achte darauf, deinen Text in Abschnitte zu gliedern.

4 Ergänze nun den Schluss deiner Gedichtanalyse. Bewerte dazu das Gedicht und begründe deine Meinung.

5 Überprüfe deine Gedichtanalyse mithilfe der Checkliste auf Seite 23. Verbessere sie gegebenenfalls.

---

1 EXTRA Analysiere das Gedicht „Mit Haut und Haar" von Ulla Hahn auf Seite 186.
- Schreibe eine Einleitung, in der du Titel, Autorin, Textsorte, Erscheinungsjahr und Thema benennst.
- Fasse den Inhalt jeder Strophe mit eigenen Worten zusammen.
- Beschreibe die äußere Form des Gedichtes. Achte auf Besonderheiten. Begründe, inwieweit diese zum Inhalt des Textes passen.
- Beschreibe die Entfremdung der Partner. Belege deine Aussagen mithilfe von Textzitaten.
- Stelle dar, wie das lyrische Ich mit der Situation umgeht. Untersuche, wie sich diese Haltung in der Sprache widerspiegelt.
- Bewerte am Schluss das Gedicht und begründe deine Meinung.

2 EXTRA Ist das Gedicht heute noch aktuell? Begründe deine Meinung an drei konkreten Beispielen aus deinem Alltag.

3 Eine Filmkritik schreiben

Einen Film erschließen
- Titel und Regisseur, ggf. Erscheinungsjahr nennen
- Inhalt erschließen
- Gestaltung erfassen
- Besonderheiten beschreiben
- Thema und Hauptaussage erschließen

Sieh dir noch einmal die Mittel der Filmgestaltung auf Seite 209 bis 211 an.

1 **Wähle einen aktuellen Film aus. Notiere in einer Tabelle Stichpunkte zu den Kriterien aus dem Schaubild.**

Einen Film erschließen	
Titel und Regisseur	
Inhalt ...	Szene 1: ... ...
...	...

Eine Filmkritik schreiben
- Interessante Überschrift formulieren
- Thema und Hauptaussage formulieren
- kurze Zusammenfassung formulieren
- Zuordnung zu Filmgenre vornehmen, ggf. mit ähnlichen Filmen vergleichen
- Film bewerten (positiv und negativ): Glaubhaftigkeit der Schauspieler, technische und gestalterische Besonderheiten bewerten
- Fazit mit eigener Meinung

2 Formuliere einen kurzen Satz, in dem du das Thema und die Hauptaussage eines Films nennst.

3 Fasse die Handlung deines Films in eigenen Worten zusammen.

4 Benenne das Filmgenre des von dir ausgewählten Films. Recherchiere gegebenenfalls im Internet. Notiere auch Beispiele für ähnliche Filme aus dem Genre oder Filme, die vom gleichen Regisseur gemacht wurden.

→ **T5** Internetrecherche Seite 238

5 Überlege, ob dir der Film gefallen hat oder nicht. Begründe deine Entscheidung, z. B. indem du die Leistung der Schauspieler oder die Besonderheiten in der Technik oder Gestaltung bewertest.

6 Bewerte den von dir gewählten Film.
- Formuliere noch einmal kurz, was dir gefallen hat und was nicht.
- Achte darauf, deine eigene Meinung deutlich herauszustellen.

---

1 **EXTRA** Verfasse eine Kritik zu einem Film deiner Wahl. Orientiere dich dazu an den Schaubildern auf Seite 188. Achte darauf, deine eigene Meinung deutlich herauszustellen.

T3

Trainingsstation

Lesen – Umgang mit Texten und Medien

T3 Lösungen
aa94wk

In dieser Trainingsstation vertiefst du dein Wissen über den Umgang mit literarischen Texten, Sachtexten und Medien. Bei den literarischen Textsorten trainierst du noch einmal, Dramentexte zu analysieren, die Merkmale von Kurzgeschichten zu erkennen und Gedichte zu untersuchen.
Im Sachtextteil setzt du dich mit den Besonderheiten von Reden auseinander.
Im Umgang mit Medien kannst du noch einmal die Kriterien für eine Filmanalyse wiederholen.

1 Umgang mit literarischen Texten

literarische Texte

- **Epik** (erzählende Texte), z. B. Roman, Kurzgeschichte, …
- **Lyrik** (Gedichte), z. B. Liebesgedicht, Liedtexte, …
- **Dramatik** (Theaterstücke), z. B. Komödie, Tragödie, …

1.1 Ein Drama analysieren

Dramenanalyse

- **Figuren**
  - Hauptfiguren (Spieler und Gegenspieler)
  - Nebenfiguren (notwendig für die Handlung)
  - Randfiguren (keine Beeinflussung der Handlung)
- **Zentraler Konflikt**
  - Entstehung durch gegenläufige Interessen der Hauptpersonen
- **Ort und Zeit**
  - Einheit von Ort und Zeit (keine Ortswechsel, Aufführungszeit entspricht in etwa der dargestellten Zeit, einsträngige Handlung)
  - keine Einheit von Ort und Zeit (Ortswechsel, Aufführung kann langen Zeitraum umfassen, mehrsträngige Handlung)
- **Aufbau des Dramas**
  - **Exposition** (Einführung in das Drama)
  - **Peripetie** (Umschwung der Handlung)
  - **Katastrophe** (tragischer Schluss des Dramas)

Eine Einleitung zur Dramenanalyse verfassen

1 Welche Informationen müssen in der Einleitung einer Dramenanalyse enthalten sein? Ergänze den folgenden Lückentext zu der tragischen Komödie „Der Besuch der alten Dame“.

_____ wurde von _____ verfasst. Es geht um eine alte Dame mit Namen _____. Vor vielen Jahren geschah in der Kleinstadt _____. Das _____ wurde von _____ begangen, an dem sich die alte Dame nun _____. Dazu hat sie zunächst die Stadt _____ und macht jetzt den _____ ein _____. Sie verlangt, dass _____. Am Ende _____.

2 Notiere mithilfe deines Ergebnisses aus Aufgabe 1, welche Informationen in die Einleitung einer Dramenanalyse gehören.

Die Figuren eines Dramas analysieren

Nutze die Informationen aus dem Schaubild auf Seite 191.

1 Teile die Figuren des Dramas mithilfe der Figurenliste auf Seite 58 in Hauptfiguren, Nebenfiguren und Randfiguren ein. Begründe deine Zuordnung.

2 Notiere, welche Besonderheiten dir zu den Namen der Figuren auffallen.

3 Ergänze mithilfe deiner Ergebnisse aus Aufgabe 1 und 2 den folgenden Lückentext.

Friedrich Dürrenmatt teilt die Figuren in ___ ein. Die Hauptfiguren sind ___. Zu den Nebenfiguren gehören wichtige Personen der Stadt Güllen, zum Beispiel ___ oder ___. Sie beeinflussen die Handlung durch ___.
Es gibt zahlreiche ___, die keinen Einfluss auf die ___ haben. Sie treten auf, um ___. Bei der Namensgebung lassen sich einige Besonderheiten feststellen. Der Autor verwendet ___.

Nutze die Checkliste auf Seite 66.

4 Wähle eine Figur aus dem Drama aus und analysiere sie. Lies dazu noch einmal die entsprechenden Texte in Kapitel 3. Beantworte die folgenden Fragen.
- Wie wird das äußere Erscheinungsbild der Figur beschrieben?
- Welche Lebensumstände sind bekannt?
- Wie verhält sich die Figur allgemein und gegenüber anderen Figuren?
- Was erfährt man über das Innere der Figur?
- Welche Auswirkungen hat die Figur auf die Handlung und andere Figuren?

Raum und Zeit eines Dramas analysieren

1 Notiere, welche Orte im Drama „Der Besuch der alten Dame" vorkommen.

2 Erläutere mithilfe der folgenden Textausschnitte, welche Bedeutung die Orte für die Figuren haben.

Im Konradsweilerwald

Claire Zachanassian steigt aus der Sänfte, betrachtet den Wald.

Claire Zachanassian Das Herz mit deinem und meinem Namen, Alfred. Fast verblichen und auseinandergezogen. Der Baum ist gewachsen, sein Stamm, seine Äste dick geworden wie wir selber. […] Auf diesem Findling küßten wir uns. Vor mehr als 45 Jahren. Wir liebten uns unter diesen Sträuchern, unter dieser Buche, zwischen Fliegenpilzen im Moos. Ich war siebzehn und du noch nicht zwanzig. […] →

In Ills Laden

[…] **Die erste Frau** Und Butter. Zweihundert Gramm.

Die zweite Frau Und Weißbrot. Zwei Kilo.

Ill Wohl geerbt, die Damen, wohl geerbt.

Die beiden Frauen Schreiben's auf.[1]

Ill Alle für einen, einer für alle.

Die erste Frau Noch Schokolade für zwei zwanzig.

Die zweite Frau Vier vierzig.

Ill Auch aufschreiben?

Die erste Frau Auch.

1 Einkauf auf Kredit

Zeitgleich auf Claires Hotelbalkon

Der Butler serviert das Morgenessen, bringt die Post. […]

Claire Zachanassian Die Post. Ike[2] schreibt. Nehru[3]. Sie lassen gratulieren. […] Laß die Dupont-Aktien aufkaufen, Boby. […]

Der Butler Der Präsident der Weltbank, gnädige Frau. Eben von New York hergeflogen.

Claire Zachanassian Ich bin nicht zu sprechen. Er soll wieder zurückfliegen.

2 Spitzname des früheren US-Präsidenten Eisenhower

3 früherer Ministerpräsident Indiens

3 Ergänze mithilfe deiner Ergebnisse aus Aufgabe 1 und 2 den Lückentext.

Im Drama „Der Besuch der alten Dame" gibt es keine Einheit des ___.
Die Schauplätze wechseln oft. Die Orte haben unterschiedliche Funktionen.
Anhand des Geschehens im Konradsweilerwald zum Beispiel wird ___.
In Ills Laden lässt sich erkennen, wie ___. Von Ills Laden wird immer wieder auf den Balkon von Claires Hotel gewechselt. Dort ___. Anhand des Wechsels erkennt der Zuschauer ___.
Es gibt noch weitere Orte, zum Beispiel das Gasthaus der Stadt Güllen. Dort ___.

4 Erläutere, was in der Vergangenheit in Güllen geschah. Lies dazu gegebenenfalls noch einmal die Textausschnitte in Kapitel 3.

5 Überlege, welche Auswirkungen die Ereignisse in der Vergangenheit auf die Gegenwart haben.

6 Ergänze mithilfe deiner Ergebnisse aus Aufgabe 4 und 5 den Lückentext.

Friedrich Dürrenmatt verwendet im Drama mehrere Zeitebenen. Zum einen erfährt der Zuschauer sehr ausführlich, was in der ___ geschah. Vor 45 Jahren ___.
Dieses Geschehen hat Auswirkungen auf die Gegenwart. Claire kommt ___.
Die Ereignisse der Vergangenheit sind also nicht abgeschlossen, da ___.

Den zentralen Konflikt in einem Drama analysieren

1 Übertrage die folgende Tabelle zweimal in dein Heft. Notiere in die eine Tabelle Informationen aus der Vergangenheit und in die andere Informationen aus der Gegenwart.

Claires Interessen	Ills Interessen	Interessen der Bürger
...	...	...

2 Stelle in einem zusammenhängenden Text dar, welchen Konflikt es in der Vergangenheit in Güllen gab.

3 Analysiere den zentralen Konflikt in der Gegenwart. Erläutere, vor welche Entscheidung Ill und die Bürger von Claire gestellt werden.

4 Benenne, ab welchem Zeitpunkt die Bürger und Ill nicht mehr frei handeln können. Begründe deine Entscheidung.

Den Aufbau eines Dramas beschreiben

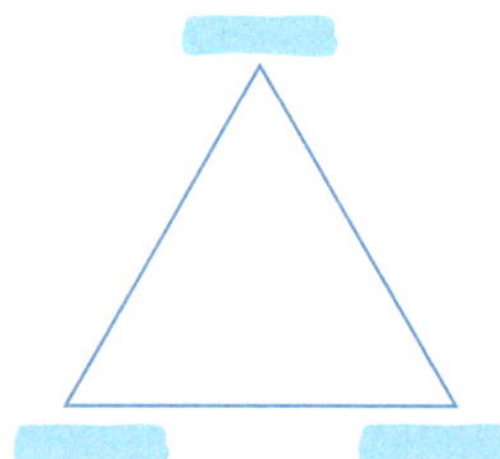

1 Übertrage die Skizze in dein Heft. Ergänze mithilfe des Schaubildes auf Seite 191 die Fachbegriffe.

2 Ergänze in deiner Skizze zum Aufbau eines Dramas Stichpunkte zum Drama „Der Besuch der alten Dame".

---

1 EXTRA Analysiere das Drama „Der Besuch der alten Dame" von Friedrich Dürrenmatt. Orientiere dich dazu am Schaubild auf Seite 191. Fertige mithilfe eines Präsentationsprogramms Folien zu den folgenden Punkten an.
- Folie zur Einleitung: Textsorte, Autor, Titel und knappe Übersicht über die Handlung
- Folie zu den Figuren: Haupt-, Neben- und Randfiguren
- je eine Folie zu den Figuren Claire und Ill
- Folie zum Ort: Bedeutung für die Personen und die Handlung
- Folie zur Zeit: Zeitebenen; was geschah/geschieht wann?
- Folie zum zentralen Konflikt: Entscheidungen, vor denen Ill und die Bürger stehen
- Folie zum Aufbau des Dramas
- Folie zum Schluss: Bewertung der Bedeutung des Stückes in heutiger Zeit

1.2 Eine Kurzgeschichte analysieren

Kurzgeschichten analysieren

Merkmale

- geringer Textumfang
- kleiner Ausschnitt aus dem Leben
- wenig Figuren
- wenig Ortswechsel
- alltägliche Situation im Mittelpunkt
- unmittelbarer Einstieg, fehlende Einleitung
- offenes Ende

Erzählsituationen

- Erzählform: Ich-Erzähler oder Er/Sie-Erzähler
- Erzählperspektive:
  Außensicht (Erzähler blickt von außen auf das Geschehen, kein Einblick in die Gedanken und Gefühle der Figuren)
  Innensicht (Erzähler hat Einblick in die Gedanken und Gefühle der Figuren)
- Erzählverhalten:
  auktorial (Erzähler weiß alles)
  personal (Erzähler kennt nur die Gedanken und Gefühle einer Figur)
  neutral (Erzähler beschreibt Geschehen ohne Innensichten)

Sprache

- Satzbau: Kurze oder lange Sätze? Satzgefüge oder überwiegend Hauptsätze? Sätze zum Teil unvollständig?
- Wortwahl: Sachlich oder emotional? Häufung bestimmter Wortarten?
- Sprachebene:
  Umgangssprache
  Sprache einer Gruppe (Jugendsprache, Fachsprache)
  Schriftsprache
- sprachliche Mittel:
  Wiederholungen
  Übertreibungen
  Sprachbilder (Symbole, Metaphern, Personifikationen)

1 Lies die Kurzgeschichte. Untersuche sie anschließend mithilfe der Aufgaben 2 bis 6 auf Seite 197.

Reiner Kunze

Clown, Maurer oder Dichter

Ich gebe zu, gesagt zu haben: Kuchenteller. Ich gebe ebenfalls zu, auf die Frage des Sohnes, ob er allen Kuchen auf den Teller legen solle, geantwortet zu haben: allen. Und ich stelle nicht in Abrede, dass der Kuchen drei Viertel der Fläche des Küchentischs einnahm. Kann man denn aber von einem zehnjährigen Jungen nicht erwarten, dass er weiß, was gemeint ist, wenn man Kuchenteller sagt? Das Händewaschen hatte ich überwacht, und dann war ich hinausgegangen, um meine Freunde zu begrüßen, die ich zum →

Der Text ist aus rechtlichen Gründen in alter Rechtsschreibung gedruckt.

Kartoffelkuchenessen eingeladen hatte. Frischer Kartoffelkuchen von unserem Bäcker ist eine Delikatesse.

Als ich in die Küche zurückkehrte, kniete der Sohn auf dem Tisch. Auf einem jener Kuchenteller, die nur wenig größer sind als eine Untertasse, hatte er einen Kartoffelkuchenturm errichtet, neben dem der schiefe Turm zu Pisa senkrecht gewirkt hätte.

Ich sparte nicht mit Stimme.

Ob er denn nicht sähe, dass der Teller zu klein sei.

Er legte sich mit der Wange auf den Tisch, um den Teller unter diesem völlig neuen Gesichtspunkt zu betrachten.

Er müsse doch sehen, dass der Kuchen nicht auf diesen Teller passe.

Aber der Kuchen passe doch, entgegnete er. Das eine Blech lehnte am Tischbein, und auch das andere war fast leer.

Ich begann, mich laut zu fragen, was einmal aus einem Menschen werden solle, der einen Quadratmeter Kuchen auf eine Untertasse stapelt, ohne auch nur einen Augenblick daran zu zweifeln, dass sie groß genug sein könnte.

Da standen meine Freunde bereits in der Tür.

„Was aus dem Jungen werden soll?", fragte der erste, meine Worte aufnehmend. Er peilte den Turm an. „Der Junge offenbart ein erstaunliches Gefühl für Balance. Entweder er geht einmal zum Zirkus, oder er wird Maurer."

Der zweite ging kopfschüttelnd um den Turm herum. „Wo hast du nur deine Augen?", fragte er mich. Erst jetzt entdeckte ich, dass die von mir geschnittenen Kuchenstücke geviertelt waren, als wären wir zahnlose Greise. Mein Freund sah die größeren Zusammenhänge. „Siehst du denn nicht, dass in dem Jungen ein Künstler steckt?", sagte er. „Der Junge hat Mut zum Niegesehenen. Er verknüpft die Dinge so miteinander, dass wir staunen. Er hat schöpferische Ausdauer. Vielleicht wird aus ihm sogar ein Dichter, wer weiß."

„Eher ein richtiger oder ein genialer Soldat", sagte der dritte, den ich jedoch sogleich unterbrach. „Soldat? Wieso Soldat?", fragte ich auf die Gefahr hin, dem Sohn die Wörter wieder abgewöhnen zu müssen, die zu erwarten waren, sobald sich dieser Freund seiner Armeezeit erinnerte. Er antwortete:

„Ein richtiger Soldat, weil er auch den idiotischsten Befehl ausführt. Und ein genialer Soldat, weil er ihn so ausführt, dass das Idiotische des Befehls augenfällig wird. Ein Mensch wie er kann zum Segen der Truppe werden." Ich hoffte, der Sohn würde das meiste nicht verstanden haben. Am Abend hockte er sich jedoch zu Füßen seiner Schwester aufs Bett und fragte sie, was zu werden sie ihm rate: Clown, Maurer oder Dichter. Soldat zu werden, zog er nicht in Betracht, weil er es dann mit Vorgesetzten wie seinem Vater zu tun haben könnte. Seitdem bedenke ich, wer bei uns zu Gast ist, bevor ich eines meiner Kinder kritisiere.

2 Entscheide, welche Antwort am besten das Thema der Geschichte trifft. Beachte dabei die gesamte Geschichte. Begründe deine Entscheidung.
Es geht um …
a) eine Einladung des Erzählers zum Kartoffelkuchenessen.
b) ein Missverständnis zwischen Vater und Sohn.
c) die unterschiedliche Bewertung des Verhalten eines Kindes.
d) eine ungerechtfertigte Kritik am Verhalten eines Kindes.
e) …

Du kannst auch selbst eine Antwort formulieren.

3 Verfasse eine Einleitung für die Untersuchung der Kurzgeschichte. Ergänze dazu den folgenden Satz.

In der ___ mit dem Titel ___ von ___ geht es um ___.

4 Fasse den Inhalt des Textes kurz in eigenen Worten zusammen.

Achte darauf, dass du auf Einzelheiten verzichtest, nichts hinzufügst und im Präsens schreibst.

5 Untersuche die Kurzgeschichte nun genauer.
- Stelle dar, wie es zu dem Missverständnis zwischen Vater und Sohn kommt. Untersuche dabei auch die Reaktionen der beiden.
- Erläutere, was der Vater am Verhalten des Kindes kritisiert. Beurteile, ob die Vorwürfe zu Recht gemacht werden.
- Untersuche die Reaktion der Besucher: Wie deuten sie das Verhalten des Jungen? Nimm Stellung zu der Frage, ob ihre Deutungen ernst gemeint sind.
- Untersuche mithilfe des Schaubildes auf Seite 195 die sprachlichen Besonderheiten und die Erzählsituation des Textes.
- Arbeite abschließend heraus, welche Einsichten Vater und Sohn aus dem Geschehen ziehen.

6 Begründe, warum es sich bei dem Text um eine Kurzgeschichte handelt. Belege die Merkmale von Kurzgeschichten mithilfe von Textzitaten.

→ **Kapitel 5** Seite 108

---

1 EXTRA Analysiere die Kurzgeschichte „Clown, Maurer oder Dichter" auf Seite 195 bis 197. Formuliere dazu eine Einleitung, einen Hauptteil und einen Schluss. Orientiere dich am Schaubild auf Seite 195.

1.3 Ein Gedicht analysieren

Form

- **Vers**
  - Zeile im Gedicht
  - taktmäßig gegliedert: **Rhythmus**
- **Strophe**
  - Verbindung mehrerer Verse
- **Reim**
  - Paarreim, Kreuzreim, umarmender Reim
- **Metrum**
  - regelmäßige Abfolge betonter und unbetonter Silben
    Jambus: unbetonte – betonte Silbe
    Trochäus: betonte – unbetonte Silbe
    Anapäst: zwei unbetonte Silben – eine betonte Silbe
    Daktylus: eine betonte und zwei unbetonte Silben

Sprachliche Bilder und Motive

- **Sprachliche Bilder**
  - **Metapher**
    Häusermeer
  - **Vergleich**
    Straßen wie ein Labyrinth
  - **Personifikation**
    Der Verkehr schläft noch.
  - **Symbol**
    Blaue Blume (wiederkehrendes Symbol in der Romantik)
- **Motive**
  - im Gedicht wiederkehrend, z. B. Eigenschaften *(laut)*, Farben *(blau)*, Gefühle *(Angst)*, Gegenstände *(Hut)*, …

1 Lies das Gedicht „Kaffeehaus" auf Seite 199/200. Erkläre, wer in dem Gedicht zu wem spricht.

Bas Böttcher

Kaffeehaus

Wir sitzen
unter Gästen
gucken in Kästen
trinken aus Tassen
klicken den Button[1]

incognito[2] unter Nerds und Arbeitslosen
in verwaschenen Shirts und Poetenposen
im Kaffeehaus zwischen Anzugtyp und Webentwickler
sind wir – die anonymen Lyriker

Wir bleiben versteckt und entrückt
weil sich jedes Café beglückt
mit kleinsten Spuren schmückt
„Schon Brecht hat hier Käsekuchen verdrückt!"
„Und ganz genau an diesem Orte
futterten Genies schon Torte!"

Kein Café in Prag wo Kafka kein Kaffee soff
Wo Pasternak saß, saß vorher schon Bulgakow
Und hier trank Heinrich Heine Wein
Und da verschlang der Ringelnatz Kringel

Wir sitzen
unter Gästen
gucken in Kästen
trinken aus Tassen
klicken den Button

kühne Beobachter, Zyniker[3] und anonyme Lyriker
wir lungern in Gaststätten und Kaffee-Ketten
hinter Laptoptastaturen und Gazetten[4]
und grinsen, wenn jemand verkündet
„Schon Celan hat hier Zigarren angezündet."

Wo der Kaffee zwar schlecht, doch das Image echt echt ist
bevölkern wir Tische und Theken im Gedächtnis
an unsere Helden der Lyrik
„Die saßen und aßen hier Frühstück!" →

1 englisch für Knopf
2 unerkannt
3 bissiger Mensch, der Wertgefühle anderer herabsetzt
4 ironischer Begriff für eine Zeitung

Incognito unter Nerds und Arbeitslosen
in verwaschenen Shirts und Poetenposen
zwischen den Stühlen und dem Tischkicker
lauern wir!
Die anonymen Lyriker!

Ein Gedicht inhaltlich erschließen

1 Beschreibe in kurzen Sätzen, welche Beobachtungen das lyrische Ich in den einzelnen Strophen macht.

2 Untersuche die äußere Form des Gedichtes. Orientiere dich dazu am Schaubild auf Seite 198.

3 In seinem Gedicht verwendet Bas Böttcher verschiedene sprachliche Mittel.
- Arbeite die Metapher heraus. Nenne die Textstelle und erkläre die Metapher mit eigenen Worten.
- Nenne Beispiele aus dem Text für eine Alliteration, eine Anapher und einen Ausruf.

4 Untersuche die Verben in den einzelnen Strophen. Erläutere den Zusammenhang zwischen den verwendeten Verben und dem Inhalt des Gedichtes.

5 Untersuche nun die Sprache des Gedichtes genauer.
- Wo verwendet Böttcher Jugendsprache?
- Welche Aussage ist eher umgangssprachlich?

6 Notiere in Stichpunkten, welche Motive in dem Gedicht eine wichtige Rolle spielen.

7 Benenne, an wen sich das Gedicht richtet. Was will Bas Böttcher mit diesem Gedicht aussagen? Was kritisiert er?

Eine Gedichtanalyse verfassen

1 Verfasse nun mithilfe deiner Ergebnisse aus den Aufgaben auf Seite 200 eine Gedichtanalyse.

- Formuliere einen Einleitungssatz, in dem du Autor, Titel, Textsorte und das Thema nennst.
- Fasse den Inhalt des Gedichtes kurz mit eigenen Worten zusammen.
- Beschreibe im Hauptteil deiner Analyse die äußere Form des Gedichtes. Gehe auf die verwendeten sprachlichen Mittel und die verwendete Sprache ein. Erläutere, wie diese die inhaltlichen Aussagen unterstützen. Belege deine Aussagen mithilfe von Textzitaten.
- Nimm Stellung zur folgenden Aussage. Begründe deine Meinung und beziehe dich dabei auf den Text.

Das Gedicht handelt vom Alltag in einem Kaffeehaus.

---

1 EXTRA Lies das Gedicht „Kaffeehaus" von Bas Böttcher auf Seite 199/200. Untersuche die äußere Form sowie die verwendeten sprachlichen Mittel und Motive. Notiere deine Ergebnisse in Stichpunkten.

Orientiere dich an den Schaubildern auf Seite 198.

2 EXTRA Beschreibe mit eigenen Worten, wie die Verwendung der sprachlichen Mittel den Inhalt des Gedichtes verstärkt.

3 EXTRA Benenne, an wen sich das Gedicht richtet. Was will Bas Böttcher mit diesem Gedicht aussagen? Was kritisiert er?

4 EXTRA Verfasse eine Gedichtanalyse mit Einleitung, Hauptteil und Schluss. Formuliere am Schluss eine Stellungnahme zu der folgenden Aussage.

Das Gedicht handelt vom Alltag in einem Kaffeehaus.

5 EXTRA Forme das Gedicht in einen kurzen Text um.

2 Umgang mit Sachtexten

2.1 Eine Rede analysieren

Reden analysieren

Redesituation
- Redner, Publikum, Kontext der Rede

Inhalt
- Textverständnis klären, Sprechhandlungen untersuchen

Aufbau
- Funktion der einzelnen Abschnitte klären

Sprachliche Mittel
- siehe Übersicht auf Seite 260/261

1 Sieh dir die Bilder an und lies den Zeitungsausschnitt. Beantworte anschließend die Fragen zur Redesituation.
- Welche politische Funktion und Bedeutung hat der Redner?
- Wie viele Menschen verfolgen die Rede vor Ort? Aus welchen Personen besteht das Publikum?
- Was ist der Anlass der Rede und in welchem Rahmen findet sie statt?

Berlin – Über Stunden hatten die 4000 geladenen Gäste, die versammelte deutsche Polit-Prominenz und ein ganzer Tross an Sicherheitskräften bei tropischen Temperaturen vor dem Brandenburger Tor ausgeharrt. Dann endlich sprach Barack Obama. Vor historischer Kulisse auf dem komplett abgeriegelten – wenn auch nicht komplett gefüllten – Pariser Platz hielt der amerikanische Präsident seine mit Spannung erwartete Rede. Es war der Höhepunkt des ersten offiziellen Berlin-Besuchs für den US-Staatschef.

2 Lies nun die Rede von Barack Obama. Beantworte anschließend die Fragen zum Textverständnis auf Seite 205.

Barack Obama

Rede am Brandenburger Tor in Berlin, 19. Juni 2013

Hallo Berlin, ich danke Ihnen, Kanzlerin Merkel, für Ihre Führungsrolle, Ihre Freundschaft und das Vorbild Ihres Lebenslaufs – von der Kindheit im Osten zum Regierungsoberhaupt eines freien und vereinigten Deutschlands. Wie ich bereits sagte, sehen Angela und ich nicht gerade unseren Vorgängern im Amt ähnlich. Aber die Tatsache, dass wir heute hier stehen können, an dieser Trennlinie, wo eine Stadt gespalten war, spricht für sich. Keine Mauer kann dem Drang nach Frieden, Freiheit und Gerechtigkeit standhalten, der in der Seele des Menschen brennt.

Lieber Regierender Bürgermeister Wowereit, verehrte Gäste und insbesondere Bürger von Berlin, ich danke Ihnen für dieses außergewöhnliche Willkommen. Es ist so warm, und ich fühle mich so wohl hier, dass ich mein Jackett ausziehen werde. Ich fordere alle auf, die das auch tun wollen, das jetzt zu tun. Wir können im Freundeskreis auch informell sein. […]

Wenngleich ich nicht der erste amerikanische Präsident bin, der an diesem Tor spricht, freut es mich, hier zu sein und auf der östlichen Seite zu stehen, um der Vergangenheit Tribut zu zollen. Man kann das Schicksal dieser Stadt in wenige Worte fassen: Wollen wir frei leben oder in Ketten? Unter Regierungen, die unsere Menschenrechte wahren oder unter Regimes, die diese unterdrücken? Wollen wir in einer offenen Gesellschaft leben, die die Unverletzbarkeit des Einzelnen achtet, oder in abgeschotteten Gesellschaften, die die Seele ersticken? Als freie Völker haben wir diese Überzeugung schon vor Langem geäußert. Als Amerikaner glauben wir, dass alle Menschen gleich geschaffen sind – mit dem Recht auf Leben, Freiheit und dem Streben nach Glück.

Und als Deutsche haben Sie in Ihrem Grundgesetz festgehalten, dass die Würde des Menschen unantastbar ist. Auf der ganzen Welt haben Nationen sich verpflichtet, die Allgemeine Erklärung der Menschenrechte einzuhalten, die die inhärente Würde und die Rechte aller Mitglieder der menschlichen Familie anerkennt.

Und das ist es, was hier in Berlin all diese Jahre auf dem Spiel stand. Und weil mutige Menschenmengen diese Mauer erklommen, weil korrupte Diktaturen neuen Demokratien weichen mussten, weil Millionen auf diesem Kontinent jetzt die frische Luft der Freiheit atmen, können wir sagen, hier in Berlin, hier in Europa – unsere Werte haben gewonnen. Die Offenheit hat gesiegt. Die Toleranz hat gesiegt. Und die Freiheit hat gesiegt, hier in Berlin.

Und doch müssen wir mehr als zwei Jahrzehnte nach diesem Triumph zugeben, dass es in unseren westlichen Demokratien manchmal Selbstgefälligkeit

→

geben kann. Heute kommen Menschen oft an Orten wie diesem zusammen, um der Geschichte zu gedenken – nicht, um Geschichte zu schreiben. Heute stehen wir keinen Betonmauern gegenüber, keinem Stacheldraht. Es stehen keine Panzer mehr an der Grenze. Es gibt keine Besuche in Atomschutzbunkern. […]

Die heutigen Bedrohungen sind nicht so düster wie vor einem halben Jahrhundert, aber der Kampf für Freiheit und Sicherheit und Menschenwürde, dieser Kampf geht weiter. Und ich bin hierhergekommen, in diese Stadt der Hoffnung, weil die Prüfungen unseres Zeitalters den gleichen Kampfgeist verlangen, der Berlin vor einem halben Jahrhundert auszeichnete. […]

Heben wir also heute den Blick und denken an diesem Tag an einen Frieden mit Gerechtigkeit, den sich unsere Generation für die Welt wünscht. Frieden mit Gerechtigkeit sollte mit dem Beispiel beginnen, mit dem wir zu Hause vorangehen. Wir wissen aus der eigenen Geschichte, dass Intoleranz zu Ungerechtigkeit führt […]. Wenn wir den Glauben anderer achten, die in Kirchen und Synagogen, in Moscheen und Tempeln beten, dann befinden wir uns in größerer Sicherheit. Wenn wir die Einwanderer begrüßen mit ihren Talenten und Träumen, dann werden wir erneuert. Wenn wir uns für unsere schwulen und lesbischen Brüder und Schwestern einsetzen und ihre Liebe und ihre Rechte vor dem Gesetz gleichstellen, dann verteidigen wir auch unsere Freiheit. Wir sind freier, wenn alle Menschen und alle Völker ihr eigenes Glück verfolgen können.

Solange es Mauern in unseren Herzen gibt, die uns von jenen trennen, die nicht aussehen wie wir oder nicht so denken wie wir oder nicht den gleichen Glauben haben wie wir, dann müssen wir uns mehr gemeinsam anstrengen, um diese Mauern einzureißen.

Frieden mit Gerechtigkeit bedeutet eine freie Wirtschaft, die die Talente und der schöpferischen Kraft des Einzelnen freien Lauf gibt. […]

Frieden mit Gerechtigkeit bedeutet jenen, die um Freiheit kämpfen, die Hand zu reichen – ganz gleich, wo sie leben. […]

Frieden mit Gerechtigkeit bedeutet, nach einer Welt ohne Atomwaffen zu streben – ganz gleich, wie weit dieser Traum entfernt sein mag. […]

Frieden mit Gerechtigkeit bedeutet, dass wir es nicht zulassen, dass unsere Kinder auf einem unwirtlichen Planeten leben müssen. […]

Frieden mit Gerechtigkeit bedeutet, dass wir unserer moralischen Verpflichtung nachkommen. Und wir haben die moralische Verpflichtung und auch großes Interesse daran, die verarmten Regionen der Welt zu unterstützen. Wenn wir Wachstum fördern, ersparen wir einem heute geborenen Kind ein Leben in extremer Armut […].

Und sollte jemand die Frage stellen, ob unsere Generation den Mut hat, diesen Prüfungen zu begegnen […], dann sollen sie nach Berlin kommen. Hier werden sie Menschen finden, die sich aus den Ruinen des Krieges erhoben haben, um die Früchte des Friedens zu genießen. Von dem Schmerz der Trennung zur Freude der Wiedervereinigung. Und hier hören sie auch von Menschen, die hinter einer Mauer gefangen waren und den Kugeln widerstanden haben, die über Minenfelder gelaufen sind, Tunnel gegraben haben, von Gebäuden gesprungen sind und die Spree durchschwommen haben – um ihr Grundrecht auf Freiheit zu erreichen.

Diese Mauer ist nun eine Sache der Geschichte. Aber wir müssen ebenfalls Geschichte schreiben. Und die Helden, die vor uns gelebt haben, ermahnen uns dazu, ebenso diese hohen Ideale anzustreben – sich um junge Menschen zu kümmern, die in ihren Ländern keinen Arbeitsplatz finden, wie auch um Mädchen, die nicht zur Schule gehen dürfen. Wir müssen unsere eigene Freiheit bewahren, aber auch an die denken, die im Ausland nach Freiheit streben. Dies ist die Lektion der Jahrhunderte. Das ist der Geist von Berlin. Und der größte Tribut, den wir unseren Vorgängern zollen können, ist, dass wir ihre Arbeit für Frieden und Gerechtigkeit nicht nur in unseren Ländern, sondern für die gesamte Menschheit fortsetzen.

Vielen Dank *(Obama auf Deutsch, dann weiter Englisch)* und Gottes Segen. Gott segne die Deutschen und die Amerikaner. Vielen Dank.

3 Was meint Obama in der Textstelle: „Keine Mauer kann dem Drang nach Frieden, Freiheit und Gerechtigkeit standhalten, der in der Seele des Menschen brennt." (Zeile 6 bis 8)? Schreibe die richtige Antwort in dein Heft.
a) Der Freiheitswille der Menschen ist stärker als Zwang und Herrschaft.
b) Die Mauer war nicht massiv genug gebaut und stürzte deshalb ein.
c) Die Menschen sehnen sich nach Freiheit, erreichen diese aber nie.

4 Worin sieht Obama das „Schicksal" Berlins (vgl. Zeile 16 bis 21)? Schreibe die richtige Antwort in dein Heft.
a) Berlin hat es noch nicht geschafft, sich aus seinen Ketten zu befreien.
b) Die Menschen in Berlin leben in einer offenen Gesellschaft.
c) Berlins Geschichte zeigt, dass es sich lohnt, sich für ein Leben in Freiheit einzusetzen.

5 Erkläre mit eigenen Worten, was Obama mit folgendem Satz meint.

„Heute kommen Menschen oft an Orten wie diesem zusammen, um der Geschichte zu gedenken – nicht, um Geschichte zu schreiben." (Zeile 38/39)

6 Erläutere, welche Forderung Obama aus dem Satz in Aufgabe 5 ableitet.

7 Obama stellt seine Rede unter das Motto „Frieden mit Gerechtigkeit". Notiere, in welchen politischen Entscheidungen sich dieser „Frieden mit Gerechtigkeit" laut Obama zeigt.

8 Die folgenden Erklärungen verdeutlichen die Funktion der einzelnen Abschnitte von Obamas Rede. Ordne sie in die Tabelle ein.

a) Ansprache des Publikums, Motivation zum Handeln durch Bestärkung und Lob

b) Aufzeigen der Aktualität des Kampfes für Freiheit, Vorbereitung des Aufrufs zum mutigen Handeln

c) Ansprache des Publikums, Bezug zu Gott als Schlusswort

d) Auflockerung der Atmosphäre, Erwerb von Sympathie

e) Veranschaulichung vom „Frieden mit Gerechtigkeit“, Kriterien für einen solchen Frieden, Aufstellen von Forderungen

f) „Frieden mit Gerechtigkeit“ als Appell, auch heute noch gegen Mauern anzukämpfen und für Toleranz einzutreten

g) Betonung der gemeinsamen Werte von Deutschland und Amerika und der Leistung der Friedlichen Revolution in Deutschland

Abschnitt	Inhalt	Funktion
Zeile 1 bis 8	Ansprache Angela Merkels, Bezug zum Ort der Rede	Höflichkeit, Verweis auf die historische Bedeutung des Schauplatzes
Zeile 9 bis 13	Begrüßung offizieller Gäste, Aufforderung: Jacketts auszuziehen	…
Zeile 14 bis 35	Bezugnahme auf die Leistung Berlins in der Vergangenheit: Entscheidung für Freiheit und gegen Unterdrückung	…
Zeile 36 bis 47	Gefahr des Verlusts von Engagement durch Gefühl der Sicherheit und des Wohlstands	…
Zeile 48 bis 59	heutige Generation wünscht sich Frieden mit Gerechtigkeit, in dem Toleranz und Freiheit herrschen	…
Zeile 60 bis 76	Frieden mit Gerechtigkeit zeigt sich in freier Wirtschaft, Stärkung der Freiheit, Abschaffung von Atomwaffen, Erhalt des Planeten, moralischem Handeln	…
Zeile 77 bis 95	Begründung, warum Berlin Aufgabe eines Friedens mit Gerechtigkeit erfüllen kann	…
Zeile 96/97	Dank und Segenswunsch	…

9 Verfasse mithilfe deiner Ergebnisse aus Aufgabe 3 bis 8 eine strukturierte Inhaltsangabe zur Rede Obamas. Nutze dafür die Formulierungshilfen.

Formulierungshilfen für eine strukturierte Inhaltsangabe

- Zu Beginn der Rede begrüßt Obama …
- Dabei bezieht er sich auf …
- Er fordert die Zuhörer dazu auf … und erreicht damit einleitend, dass …
- Obama erinnert an …
- Er fragt, …
- Anschließend betont er …
- Damit spricht er … an.
- Obama kritisiert …
- Er warnt davor, …
- Daraufhin appelliert er an …
- Er veranschaulicht dies anhand von …
- Er zieht daraus den Schluss, dass …
- Abschließend verweist er darauf, dass …
- Zum Schluss bedankt sich Obama …

10 Nenne für die folgenden sprachlichen Mittel Beispiele aus der Rede.

Achte auf die Markierungen im Text.

Captatio benevolentiae | Metapher | Anapher | Parallelismus | Akkumulation/Wiederholung

11 Wähle drei sprachliche Mittel aus. Erkläre, welche Wirkung der Redner damit erzielen möchte, z. B.: *Durch die Captatio benevolentiae zu Beginn (Zeile ▬ bis ▬) erreicht Obama, dass …; Er verwendet die Metapher „…“ (Zeile ▬ bis ▬), um …*

12 Nimm Stellung zu der folgenden Aussage eines Zuhörers von Obamas Rede.

Obama hat mich durch seine Rede davon überzeugt, dass wir auch heute noch Verantwortung für den Frieden in der Welt haben und dass wir weiter für Gerechtigkeit kämpfen müssen.

---

1 EXTRA Sieh dir die Bilder auf Seite 202 an und lies den Zeitungsausschnitt. Notiere Stichpunkte zur Redesituation der Rede von Barack Obama.

2 EXTRA Lies die Rede auf Seite 203 bis 205. Erstelle zu den folgenden Abschnitten Notizen als Vorarbeit zu einer strukturierten Inhaltsangabe.

Zeile 1 bis 8 | Zeile 9 bis 13 | Zeile 14 bis 35 | Zeile 36 bis 47

Zeile 48 bis 59 | Zeile 60 bis 76 | Zeile 77 bis 95 | Zeile 96/97

→ **Kapitel 2**
Seite 38/39

3 EXTRA Notiere zu jedem Abschnitt aus Aufgabe 2 EXTRA, welche Funktion dieser für die Argumentationsstruktur der Rede hat. Nutze dafür Verben zur Redewiedergabe.

4 EXTRA Verfasse eine strukturierte Inhaltsangabe zu der Rede von Barack Obama. Nutze dazu deine Ergebnisse aus den vorherigen Aufgaben.

5 EXTRA Benenne, welche sprachlichen Mittel in den markierten Textstellen verwendet wurden. Erkläre, welche Wirkung damit erzielt wird.

6 EXTRA Nimm Stellung zu der folgenden Einschätzung des Journalisten Matthias Kolb.

„Weniger Atomwaffen. Das ist schon das Konkreteste, was der US-Präsident in seiner Rede in Berlin zu bieten hat. Weil Obama aber seinen Charme spielen lässt, wird er vom Publikum bejubelt."

3 Umgang mit Medien

Kameraperspektive

- **Froschperspektive** (Blick von unten nach oben)
- **Normalsicht** (Blick aus gleicher Höhe)
- **Vogelperspektive** (Blick von oben nach unten)
- **Schuss-Gegenschuss-Verfahren** In einer Bildfolge werden die Gesichter der Darsteller während ihres Dialogs abwechselnd gezeigt.

Einstellungsgrößen

Panorama	Der weite Blick geht über eine ausgedehnte Landschaft.
Totale	Die Darsteller sind zu sehen, aber die Umgebung herrscht vor. Es wird ein Überblick über den gesamten Handlungsort gegeben.
Halbtotale	Die Darsteller werden vollständig in ihrer direkten Umgebung gezeigt. Personen und Umgebung nehmen einen vergleichbaren Raum ein.
Amerikanisch	Der Darsteller wird von Kopf bis zu den Knien gezeigt.
Halbnah	Der Darsteller wird von Kopf bis Hüfte gezeigt. Der Schwerpunkt liegt auf der Gestik.
Nah	Es werden der Kopf und Teile des Oberkörpers gezeigt.
Groß	Der Darsteller wird mit einer Aufnahme des Kopfes gezeigt. Der Schwerpunkt liegt auf der Mimik.
Detail	Nur Teile der Person oder eines Gegenstandes werden gezeigt. Auf sie soll besonders aufmerksam gemacht werden.

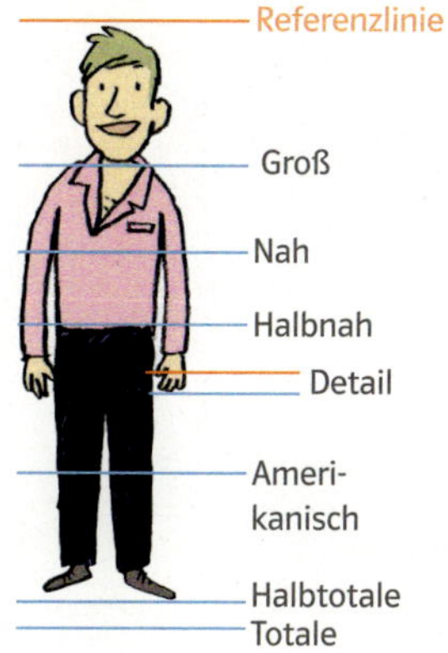

1 Ordne die folgenden Bilder den passenden Kameraperspektiven zu.

A

B

C

2 Ordne die folgenden Bilder den passenden Einstellungsgrößen zu.

D

E

F

3 Erkläre mithilfe der folgenden Bilder das Schuss-Gegenschuss-Verfahren.

G

H

4 Sieh dir die Bilder auf Seite 210 an. Überlege, ob diese auf für dich eher subjektiv (mitfühlend) oder eher objektiv (beobachtend) wirken. Begründe deine Entscheidung, indem du auf die Kameraeinstellung, die Kameraperspektive und den Bildaufbau eingehst.

5 Recherchiere im Internet nach Bildern aus dem „Making-of[1]" des Films „Life of Pi". Vergleiche die Bilder mit den Bildern aus dem fertigen Film in Kapitel 6. Notiere die fantastischen Elemente und wie sie filmisch umgesetzt wurden.

1 gemeint ist der Blick hinter die Kulissen

6 Verfasse eine kurze Geschichte, die du selbst erlebt hast. Ersetze dabei die menschlichen Protagonisten durch Tiere und transportiere die Handlung in eine fiktive Welt.

7 Erstelle ein Storyboard zu deiner Geschichte aus Aufgabe 6. Notiere zu jedem Bild die Einstellungsgröße und die Kameraperspektive. Beschreibe, wie die Szene jeweils wirken soll.

---

1 EXTRA Sieh dir die Bilder auf Seite 210 an. Bestimme, welche Einstellungsgrößen und Kameraperspektiven gezeigt werden.

2 EXTRA Recherchiere im Internet nach Beispielen für die fehlenden Einstellungsgrößen und Kameraperspektiven aus Aufgabe 1 EXTRA.

3 EXTRA Verfasse zu mindestens zwei Bildern eine kurze Beschreibung für ein Storyboard.

4 EXTRA Erkläre, wodurch in der Szene aus Aufgabe 3 EXTRA Subjektivität oder Objektivität erreicht wird.

5 EXTRA Sieh dir einen fantastischen Film deiner Wahl an.
- Beschreibe die fiktiven und realistischen Elemente. Fertige dazu eine Tabelle an.
- Wähle aus dem Film ein Standbild aus, z. B. das Filmcover, oder recherchiere nach einem Bild im Internet. Erläutere daran das Fantastische.

→ **Kapitel 6**
Seite 124/125

T4

Trainingsstation

Reflexion über Sprache

T4 Lösungen
8v54mf

In dieser Trainingsstation kannst du die Kompetenzen zu Grammatik, Rechtschreibung und Sprachbetrachtung passend zu den Kapiteln üben. Im Grammatikteil überprüfst du dein Wissen über Zeitformen, Satzglieder und Zeichensetzung. Zudem kannst du wiederholen, wie du mithilfe von Wortbeziehungen, Paraphrasen und Mitteln der Textverknüpfung deine eigenen Texte abwechslungsreicher gestalten kannst.
Um deine Texte fehlerfrei zu schreiben oder Fehler im Anschluss zu korrigieren, kannst du im Rechtschreibteil noch einmal die wichtigsten Regeln wiederholen. Zudem kannst du noch einmal nachschauen, wie du deine Schreibprodukte mithilfe von Wörterbüchern oder Computerprogrammen überarbeiten kannst.

1 Grammatik

1.1 Wortebene

Tempus der Verben

Tempus (Zeitform) des Verbs

Plusquamperfekt (Vorvergangenheit)

zeigt an, dass Ereignisse zeitlich noch vor Handlungen liegen, die im Präteritum stehen.

ich hatte gesehen
ich war gelaufen

Präteritum (Vergangenheit)

zeigt an, dass Ereignisse vorbei sind.

ich sah
ich lief

Perfekt (Vorgegenwart)

zeigt an, dass Ereignisse schon begonnen haben und noch andauern; wird in der gesprochenen Sprache als Vergangenheitsform verwendet.

ich habe gesehen
ich bin gelaufen

Präsens (Gegenwart)

zeigt an, dass ein Ereignis im Moment stattfindet. Auch Gefühle/Stimmungen oder etwas allgemein Gültiges kann damit ausgedrückt werden. Es wird auch als Alternative zum Futur gebraucht.

ich sehe
ich laufe

Futur (Zukunft)

zeigt an, dass ein Ereignis noch nicht begonnen hat.

ich werde sehen
ich werde laufen

Zeitenfolge

1 Lies die Inhaltsangabe eines Schülers zum Gedicht „Magere Kost" von Hilde Domin. Verbessere den falschen Gebrauch der Zeitformen, z. B.: *ging → geht, ...*

In dem Gedicht „Magere Kost" von Hilde Domin, erschienen im Jahre 1962 im Buch „Rückkehr der Schiffe" des Fischer Verlags, ging es um ein lyrisches Ich, das jemanden vermisst. Das Gedicht zeigte, dass niemand weiß, wie lange wir lebten. Deswegen soll man zweimal darüber nachdenken, was man tut, weil manche Fehler nicht zu verbessern sind.
Am Anfang des Gedichts beschrieb das lyrische Ich, dass es keine Lust auf das Leben und auf sich selbst hatte. Es wollte nichts mehr und vermisste jemanden, der sehr wichtig war. Das lyrische Ich will diese Person wieder zurück. Das Leben macht keinen Spaß mehr, weil es sich allein fühlte.

Beachte, dass Inhaltsangaben immer im Präsens geschrieben werden.

2 Lies die Rede „Niemals Gewalt!“ von Astrid Lindgren auf Seite 32/33. Benenne das Tempus der Verben, das überwiegend verwendet wird.

3 Fasse die Rede mündlich in wenigen Sätzen zusammen. Erkläre die unterschiedliche Verwendung der Zeitformen, die dir zwischen der geschriebenen Rede und deiner mündlichen Zusammenfassung auffällt.

4 Lies die Kurzgeschichte „Streuselschnecke“ von Julia Franck auf Seite 102/103.
- Bestimme das Tempus der Verben. Nenne die Zeitform, die am häufigsten verwendet wird.
- Setze den ersten Abschnitt des Textes ins Präsens. Beschreibe, was sich verändert.
- Setze anschließend den ersten Abschnitt des Textes ins Futur. Beschreibe, was sich verändert.

---

1 EXTRA Forme die Kurzgeschichte „Der Busfahrer“ von Pea Fröhlich auf Seite 179 ins Präsens und ins Futur um. Beschreibe, was sich dadurch verändert.

Modus der Verben

Modus des Verbs

Indikativ
Wirklichkeitsform:
Sie hat ihm geschrieben.

Konjunktiv

Imperativ
Befehlsform/Aufforderungsform:
Geh mir aus dem Weg.

Konjunktiv I
Aussagen können wiedergegeben werden (indirekte Rede):
Er sagte, er verstehe nichts.

Bei Gleichheit von Konjunktiv I und Indikativ wird die Ersatzform ***Konjunktiv II*** verwendet:
Ich sagte, ich schreibe ihm. →
Ich sagte, ich schriebe ihm.

Konjunktiv II
Möglichkeitsform, Wunschform:
Ginge er nur diesen Weg.

Bei Gleichheit von Konjunktiv II und Indikativ wird die Ersatzform ***würde*** verwendet:
Sie kämpften. →
Sie würden kämpfen.

Formen	Indikativ, Aktiv	Indikativ, Passiv	Konjunktiv, Aktiv	Konjunktiv, Passiv
Vergangenheit: Plusquamperfekt	ich hatte geliebt	ich war geliebt worden	ich hätte geliebt	ich wäre geliebt worden
Vergangenheit: Präteritum	ich liebte	ich wurde geliebt	ich liebte	ich würde geliebt
Vergangenheit: Perfekt	ich habe geliebt	ich bin geliebt worden	ich habe/ hätte geliebt	ich sei geliebt worden
Gegenwart (Sprechzeitpunkt): Präsens	ich liebe	ich werde geliebt	ich liebe/ liebte	ich werde/ würde geliebt
Zukunft: Futur I	ich werde lieben	ich werde geliebt werden	ich werde/ würde lieben	ich werde/ würde geliebt werden
Zukunft: Futur II	ich werde geliebt haben	ich werde geliebt worden sein	ich werde/ würde geliebt haben	ich werde/ würde geliebt worden sein

→ Unregelmäßige Verben Seite 254/255

→ Konjunktivformen Seite 256/257

1 Übertrage die Tabelle in dein Heft. Konjugiere zwei Verben deiner Wahl.

Konjunktiv I in der indirekten Rede verwenden

1 Lies den Textausschnitt aus „Der Besuch der alten Dame" von Friedrich Dürrenmatt auf Seite 60. Ordne alle Verben in die Tabelle ein. Forme sie anschließend in den Konjunktiv I der indirekten Rede um.

Indikativ	Konjunktiv I der indirekten Rede
es rührt mich	es rühre sie
ich war	ich sei
...	...

2 Forme die wörtliche Rede aus der Kurzgeschichte „Die Tochter" von Peter Bichsel auf Seite 110/111 in die indirekte Rede um. Setze dazu die richtigen Konjunktiv I-Formen ein.

„Sie ist wie deine Schwester", sagte die Frau, „sie hat das alles von deiner Schwester." (Zeile 37/38)
Die Frau sagte, sie ___ wie seine Schwester und sie ___ das alles von seiner Schwester.

„Erinnerst du dich, wie schön deine Schwester singen konnte." (Zeile 38)
Die Frau fragte, ob er sich ___, wie schön seine Schwester singen ___.

→

„Andere Mädchen rauchen auch", sagte die Mutter. (Zeile 39)
Die Mutter sagte, dass andere Mädchen auch ______.

„Ja", sagte er, „das habe ich auch gesagt." (Zeile 40)
Er entgegnete, dass er das auch gesagt ______.

„Ihre Freundin hat kürzlich geheiratet", sagte die Mutter. (Zeile 41)
Die Mutter antwortete, dass ihre Freundin kürzlich geheiratet ______.

Sie wird auch heiraten, dachte er, sie wird in der Stadt wohnen. (Zeile 41/42)
Sie ______ auch heiraten, dachte er, sie ______ in der Stadt wohnen.

---

1 EXTRA Hör dir Rede von Johannes Rau auf Seite 48/49 an oder lies die Rede auf Seite 54/55. Gib die wichtigsten Aussagen in indirekter Rede wieder. Verwende die Verben zur Redewiedergabe, z. B.: *Johannes Rau stellt die These auf, dass vor drei Jahren die Hälfte der Deutschen den Begriff Globalisierung noch nie gehört hätte …*

Sprechhandlungen: Verben zur Redewiedergabe

erläutern, zitieren, kritisieren, die These aufstellen, darauf hinweisen, fordern, argumentieren, in Frage stellen, veranschaulichen, behaupten, definieren, sich auf etwas beziehen, schlussfolgern, fragen, wiederholen, auf etwas verweisen, feststellen, bitten, (be-)urteilen, daran erinnern

Konjunktiv II verwenden

1 Setze in die Lücken die passenden Konjunktiv II-Formen ein.

Wenn der Tiger dem Hauptdarsteller gegenüber dankbar ______ (sein), ______ (haben) der Film ein schöneres Ende.

Wenn sich Pi nach dem Wunder mit den Fischen bei Gott ______ (bedanken), ______ (sein) der Bezug zur Bibel besser zu erkennen.

Wenn der Tiger dem Jungen weiterhin den Platz auf dem Rettungsboot ______ (verweigern), ______ (sein) die Spannung gestiegen.

2 Sieh dir deine Filmkritik von Seite 130/131 noch einmal an. Erweitere dein Fazit, indem du fünf Verbesserungsvorschläge im Konjunktiv II hinzufügst, z. B.: *Hätte der Hauptdarsteller …*

---

1 EXTRA Erweitere deine Filmkritik von Seite 131. Formuliere dazu Verbesserungsvorschläge im Konjunktiv II, z. B.: *Wäre der Film …*

Imperativ verwenden

Imperativ

- **Bildung**
  - **starke Verben**
    Imperativ = Verbstamm
    springen:
    spring (Sg.),
    springt (Pl.)
  - **schwache Verben**
    Imperativ = Verbstamm + e
    überlegen:
    überlege (Sg.),
    überlegt (Pl.)
  - **Stammvokal**
    von e nach i
    helfen:
    hilf (Sg.),
    helft (Pl.)
- **Verwendung**
  - **Wunsch**: Mach das doch!
  - **Aufforderung**: Bleibt stehen!
  - **Verbot**: Tu das nicht!
  - **Befehl**: Seid sofort still!

1 Lies die Rede zum Nato-Einsatz im Kosovo von Joschka Fischer auf Seite 42/43. Schreibe die Imperative mit Personalpronomen heraus.

2 Notiere zu den Imperativen aus Aufgabe 1 jeweils die Singular- und Pluralformen.

3 Überprüfe, ob du in deiner eigenen Rede von Seite 44/45 Imperative verwendet hast. Ergänze Imperative an geeigneten Stellen.

4 Sieh dir das Kommunikationsmodell auf der nächsten Seite an. Überlege, auf welcher der vier Ebenen Imperative verwendet werden. Schreibe sie heraus.

Kommunikationsmodell

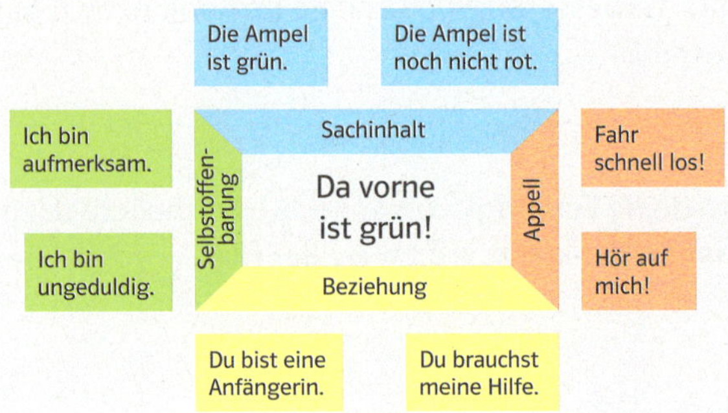

5 Forme die Imperative aus Aufgabe 4 in den Plural um.

1 EXTRA Überlege dir zu dem Kommunikationsmodell oben ein weiteres Beispiel. Formuliere dazu Sätze für die vier Seiten. Nutze auch Imperative.

1.2 Satzebene

Satzglieder bestimmen

Satzglieder

Mithilfe der Satzgliedfrage kann man die Satzglieder und ihre inhaltliche Information erkennen.

Prädikat
- Frage: *Was geschieht oder was tut jemand?*
- hat ein Verb als Bestandteil.
- steht im Hauptsatz immer an zweiter Satzgliedstelle.

Subjekt
- Frage: *Wer oder was?*
- steht im Nominativ.

Objekt
- Fragen: *Wessen?* (Genitivobjekt), *Wem oder was?* (Dativobjekt) oder *Wen oder was?* (Akkusativobjekt)
- ergänzt einen einfachen Satz um weitere Informationen.
- kann aus einem Nomen/Substantiv oder einem Pronomen bestehen.

Adverbialbestimmung
- Fragen: *Wann?* (Zeit), *Wo?* (Ort), *Wie?* (Art und Weise), *Warum?* (Grund)
- beschreibt die Umstände eines Geschehens genauer.
- steht meist zusammen mit einer Präposition:
  Zeit: *in, nach, während …*
  Ort: *vor, hinter, über …*
  Art und Weise: *mit, mittels, anhand, durch …*
  Grund: *wegen, durch, infolge, …*

1 Bestimme mithilfe der Umstellprobe die Satzglieder, z. B.:
Marie spielt in ihrer Freizeit Fußball. → In ihrer Freizeit spielt Marie Fußball.
Wer? Marie → Subjekt / Was tut jemand? jemand spielt → Prädikat /
Wen oder was? Fußball → Akkusativobjekt / Wann? in ihrer Freizeit → Adverbialbestimmung der Zeit

a) Meine beste Freundin fährt nächsten Sommer nach Paris.
b) Der Patient bedarf nach der schweren Operation der Ruhe.
c) Die Ärztin gab dem Patienten zur Beruhigung eine Spritze.

2 Überarbeite den folgenden Text, indem du die Satzgliedstellung veränderst, z. B.: Gespannt fragte ich: „...", ...

Durch die Umstellung von Satzgliedern kann man einen Text z. B. spannender gestalten.

Ich fragte gespannt: „Glaubst du etwa, dass sie es waren?" Schmal wurden Nickys Augen. „Es ist möglich." Und er fuhr fort nach einem Blick auf die Uhr: „Im Blue Moon sind sie vielleicht noch. Ziemlich langsam ist die Bedienung dort."
Nach dem Telefon griff ich. „Sofort rufen Sie mich an, wenn Sie jemanden verhaften", beendete ich das Telefonat schließlich und legte den Hörer auf. Wir warteten dann. Ein Wort sprach keiner von uns. Das Telefon läutete endlich. Den Hörer nahm ich ab und lauschte gespannt. Ich sagte „o.k." und wandte mich an Nicky: „Durch die Küche hat einer versucht zu entwischen. Aber geschnappt haben sie ihn." „Eine Art von Beweis scheint das ja zu sein", entgegnete Nicky lächelnd. Zustimmend nickte ich.

Merke

Ein **Attribut** fügt Wörtern eine zusätzliche Information hinzu und bestimmt den Inhalt des Wortes näher. Attribute sind keine eigenständigen Satzglieder, sondern ein Teil von diesen. Sie können nicht frei im Satz verschoben werden. Sie bleiben bei ihrem Bezugswort und können mithilfe von *was für ein/e ...?* erfragt werden. Attribute können unterschiedliche **Formen** haben.
- **attributive Adjektive und Partizipien**: *ein **himmlischer** Genuss, bei **strahlendem** Sonnenschein*
- **attributives Adverb**: ***sehr** elegant, **extra** billig, ein **besonders** kompetenter Berater*
- **präpositionales Attribut**: *die Marke **mit dem gewissen Extra***
- **Genitivattribut**: *das schönste Gefühl **der Welt***
- **Attributsätze** (als Nebensatz): *ein Vergleich, **der sich lohnt***

3 Lies die Kurzgeschichte „Die Tochter" von Peter Bichsel auf Seite 110/111. Notiere Beispiele für verschiedene Attribute.

1 EXTRA Sieh dir deinen Erzählplan von Seite 112/113 an. Überlege, wie du deine Erzählung mithilfe von umgestellten Satzgliedern und der Verwendung von Attributen noch spannender gestalten kannst. Notiere einige Beispiele dazu.

Zitieren und Paraphrasieren

Zitate und Paraphrasen nutzen

Textbelege
- Form: in Anführungszeichen, Seiten- und Zeilenangabe der Quelle, Auslassungen in eckigen Klammern
- in den eigenen Text integriert
  → Position (vorangestellt, eingeschoben, nachgestellt)
  → Umfang (ganzer Satz, Satzteile, wichtige Wörter)

Paraphrasen
- sinngemäße Wiedergabe von Textpassagen
- Konjunktiv I zur Redewiedergabe

Denke an die Anführungszeichen.

1 Lies die Strophe aus dem Gedicht „Alt geworden“. Schreibe anschließend die folgenden Sätze in dein Heft. Setze den markierten Vers als Zitat ein.

Detlev Liliencron

Alt geworden

[…]
Regen rauschte viel hernieder,
Viele Jahre rauschten hin.
Waldesschatten, kleiner Garten
Grauer Bart umwächst das Kinn.

Durch die Personifikation wird ausgedrückt, dass Zeit vergangen ist: ___ (Vers 2)
___ (Vers 2) ist eine Personifikation, die ausdrückt, dass Zeit vergangen ist.
Es ist Zeit vergangen: ___ (Vers 2). Dies wird mithilfe einer Personifikation ausgedrückt.

2 Lies noch einmal die Kurzgeschichte „Zuerst den Linken“ von Selim Özdogan auf Seite 98/99. Ergänze zu den folgenden Aussagen passende Zitate aus dem Text. Denke an die korrekten Satzzeichen und nenne Seite und Zeile der Zitate.

Um hinter das Geräusch zu kommen: ___ (Seite ___, Zeile ___)
___ (___), schildert der Protagonist die folgende Nacht.
Am Ende beschreibt die Nachbarin, dass ___ (___) und entschuldigt sich so bei dem Protagonisten.

3 Formuliere die Zitate aus Aufgabe 2 in eigenen Worten. Achte darauf, dass deine Paraphrase nicht den Sinn des Textes verändert.

4 Lies den folgenden Textausschnitt. Formuliere einen kurzen Text zum Inhalt des Dramas, in dem du die markierten Textstellen als Zitate verwendest. Nutze unterschiedliche Positionen für die Zitate.

Friedrich Dürrenmatt

Der Besuch der alten Dame

[…]

Der Bürgermeister Unter einer Bedingung, haben gnädige Frau gesagt. Darf ich diese Bedingung wissen?

Claire Zachanassian Ich will die Bedingung nennen. Ich gebe euch eine Milliarde und kaufe mir dafür die Gerechtigkeit.

Totenstille.

Der Bürgermeister Wie ist das zu verstehen, gnädige Frau?

Claire Zachanassian Wie ich es sagte.

Der Bürgermeister Die Gerechtigkeit kann man doch nicht kaufen!

Claire Zachanassian Man kann alles kaufen.

[…]

5 Überlege, wie du die markierten Textstellen aus Aufgabe 4 in eigenen Worten formulieren kannst. Schreibe sie auf und nenne auch die Textstelle, auf die du dich beziehst.

---

1 EXTRA Sieh dir deine Figurencharakterisierung von Seite 64/65 an. Prüfe, ob du alle Textzitate richtig verwendet hast. Überlege, ob du einige Zitate auch mit Paraphrasen umschreiben kannst.

Zeichensetzung im Satz

Zeichensetzung nutzen

Durch Satzzeichen wird ein Text für den Leser übersichtlicher, verständlicher und inhaltlich eindeutig. Die Zeichensetzung wird genutzt, um …

- Aussagen **voneinander zu trennen**, z. B. durch Punkt, Komma, Gedankenstrich, …
- Aussagen **anzukündigen**, z. B. durch Doppelpunkt, …
- Aussagen zu **kennzeichnen**, z. B. durch Punkt, Fragezeichen, Ausrufezeichen, Anführungszeichen, …
- Aussagen **hervorzuheben**, z. B. durch Doppelpunkt, Ausrufezeichen, …

Regeln der Kommasetzung anwenden, um …

- **Teile einer Aufzählung** voneinander zu trennen, z. B.: *Ahornholz, Eichenholz,* […].
- **Einschübe** vom restlichen Satz abtrennen, z. B.: *Oskar, der alte Hund, roch sehr stark.*
- zwei Hauptaussagen zu trennen (**Satzreihe**), z. B.: *Sogar in die Zukunft konnte er sehen, sie wollte das aber nicht wahrhaben.*
- die Hauptaussage (Hauptsatz) von einer Nebenaussage (Nebensatz) innerhalb eines **Satzgefüges** zu trennen, z. B.: *Während er allein wartete, hatten sich seine Mutter und seine Schwester zusammen in die Küche gesetzt.*
- Missverständnissen vorzubeugen, z. B.: *Er träumte jeden Tag, den absoluten Geruch erschaffen zu können.* oder *Er träumte, jeden Tag den absoluten Geruch erschaffen zu können.*

1 Schreibe den folgenden Textausschnitt in dein Heft. Ergänze dabei alle fehlenden Satzzeichen. Orientiere dich an den Regeln zur Zeichensetzung in den Schaubildern.

Im Text fehlen elf Kommas, vier Punkte und ein Doppelpunkt.

Patrick Süskind

Das Parfum (Ausschnitt)

Jeder Mensch roch anders niemand wußte das besser als Grenouille der Tausende und Abertausende von Individualgerüchen kannte und Menschen schon von Geburt an witternd unterschied Und doch – es gab ein parfümistisches Grundthema des Menschendufts ein ziemlich simples übrigens ein schweißig-fettes käsig-säuerliches ein im ganzen reichlich ekelhaftes Grundthema das allen Menschen gleichermaßen anhaftete und über welchem erst in feinerer Vereinzelung die Wölkchen einer individuellen Aura schwebten. Diese Aura aber die höchst komplizierte unverwechselbare Chiffre des *persönlichen* Geruchs war für die meisten Menschen ohnehin nicht wahrnehmbar Die meisten Menschen wußten nicht daß sie sie überhaupt besaßen und taten überdies alles um sie [...] zu verstecken

2 Überprüfe die Zeichensetzung in deiner Filmkritik von Seite 131.

---

1 EXTRA Formuliere zu jeder Regel in den Schaubildern auf Seite 222 ein eigenes Beispiel.

Wortbeziehungen nutzen

Wortbeziehungen

Wortfamilien
Wörter einer Wortfamilie lassen sich auf den oder die Stämme eines Wortes zurückführen, z. B. *gehen* → *Gang, Geher, gehen, Vergehen, Gehsteig, gangbar, Gehhilfe, ...*

Wortfelder
Wortfelder werden von bedeutungsähnlichen Wörtern einer Wortart gebildet, z. B. *sehen* → *blicken, schauen, glotzen, gaffen, spannen, stieren, ...*

Wortfelder

Hyperonyme
(Oberbegriffe): *Fächer*

Hyponyme
(Unterbegriffe): *Deutsch, Mathematik, ...*

Homonym
gleich geschrieben, gleich gesprochen: *Bank/Bank*

Synonyme
bedeutungsgleich: *Mahl/Essen*
Wortfelder: *sprechen, flüstern, antworten, ...*

Homophon
verschieden geschrieben, gleich gesprochen: *Lied/Lid*

Homograph
gleich geschrieben, verschieden gesprochen: *modern* (verwesen)/ *modern* (neuzeitlich)

Antonyme
gegensätzliche Bedeutung: *klein/groß*

1 Lies den Text. Beantworte anschließend die folgenden Fragen. Nutze dazu ein Wörterbuch und die Informationen aus dem Schaubild auf Seite 223.
- Welche Tiere können mit dem Wort „Kuh" bezeichnet werden?
- In welcher Beziehung stehen die Wörter „Kuh" und „Rind"?
- In welcher Beziehung stehen die Wörter „Kuh", „Stier" und „Bulle"?
- In welcher Beziehung stehen die Wörter „Stier" und „Bulle"?

Heilige Kühe

Eine Kuh soll heilig sein? In unseren Breiten ist das kaum vorstellbar. Mensch und Tier sind sich im Laufe der Entwicklung fremd geworden. Wir denken bei einer Kuh vielleicht an Milchproduktion oder Rinderwahn, kaum aber an das Göttliche. Denn schließlich ist das Rind das älteste Milch- und Arbeitstier des Menschen und als solches uns allen vertraut. Doch noch älter als die Zähmung und Züchtung der Rinder ist ihre Verehrung.

[…] Die vedischen[1] Schriften sind die ältesten überlieferten religiösen Schriften der Menschheit und Grundlage des Hinduismus. Schon in diesen uralten Schriften wird von der Kuh als „Erfüllerin aller Wünsche" oder einfach als „Wunschkuh" gesprochen, und bereits damals waren die Gaben der Kuh besonders wertvoll. Seit jeher haben sie auch religiöse Bedeutung. Tote wurden zur Verbrennung mit Butterschmalz übergossen […]. Doch die Bedeutung der heiligen Kühe beschränkt sich nicht allein auf rituelle, kultische Gesichtspunkte. Die Kuh ist für die vegetarisch lebenden Hindus auch ökonomisch von großem Wert. Denn die Heiligkeit schützt die Tiere – sofern sie stark genug sind – nicht vor dem Einsatz als Arbeitstier. Kühe sind die größten Helfer in der indischen Landwirtschaft. Die Kraft der Tiere hilft bei der Feldbestellung und beim Transport von schweren Gegenständen. […] Die Wertschätzung, die die Hindus den traditionellen Arbeitstieren entgegenbringen, hat neben religiösen also auch ökonomische Wurzeln. […]
Wir finden es befremdlich, wenn ein Hindu, der kaum genug zu essen für sich und seine Familie aufbringt, das Wenige auch noch mit den heiligen Tieren teilt. Doch ist es nicht noch kurioser, wenn man dem geliebten Vierbeiner das vitaminreiche Menü mit einem Petersilienblatt serviert und andererseits massenhaft industriell „erzeugte" Tiere isst?

1 heilige Schriften der Inder

2 Nenne weitere Beispiele für Wortfelder. Orientiere dich dazu am Schaubild auf Seite 223.

3 Lies die Einleitung des Textes „Heilige Kühe". Erkläre, wie darin die Wörter „Kuh" und „Rind" verwendet werden. Kläre mithilfe eines Wörtebuches, ob die die Verwendung der Grundbedeutung der Wörter entspricht.

4 Erkläre, ob und welche Bedeutungsunterschiede die folgenden Wörter haben. Benenne, welche Bezeichnungen abwertend gebraucht werden.

Nutze ein Wörterbuch als Hilfe.

Pfarrer · Pastor · Priester · Pfaffe · Pope · Schwarzrock

Pater · Bischof · Vikar · Kaplan · Kardinal · Rabbiner

5 Nenne einen Oberbegriff für die Bezeichnungen in Aufgabe 4.

6 Überlege mithilfe des Textes auf Seite 224, wie Wortbeziehungen helfen können, einen Text sprachlich zu verbessern.

---

1 **EXTRA** Überlege, wie Wortbeziehungen helfen können, Texte sprachlich zu verbessern. Überarbeite einen selbstverfassten Text mithilfe von Wortbeziehungen.

Orientiere dich an den Schaubildern auf Seite 223.

Mittel zur Textverknüpfung

Verknüpfungen in Texten erkennen und herstellen

Um einen zusammenhängenden Text zu produzieren, muss man einzelne Sätze miteinander verknüpfen. Dazu nutzt man zum Beispiel Verknüpfungswörter:

Konjunktionen	Adverbien	Pronomen
(denn, aber, nachdem, …)	(deshalb, infolgedessen, damit, …)	(diese, jener, ihre, …)
*Krimis sind nichts für schwache Nerven, **denn** es wird eine gehörige Portion Spannung gezeigt.*	*Die Tatmotive sind häufig nicht eindeutig, **deshalb** weiß man oft nicht, wem man trauen kann.*	*Schauplätze sind manchmal Schlösser oder Burgen, **deren** besondere Atmosphäre zur Spannung beiträgt.*

1 Ergänze im Text die passenden Verknüpfungswörter.

dieser | von wo | auch | nachdem | infolgedessen | bei dem

denn | dabei | dadurch | auch | welches | als

Die Serie „Sherlock“

Nicht nur die Londoner Polizei bittet Sherlock Holmes bei kniffligen Fällen um Hilfe, ___ Privatpersonen suchen immer wieder den Rat des genialen Ermittlers. So Sebastian Wilkes, ___ es in seiner Bank zu einem merkwürdigen Einbruch gekommen war, ___ ein Gemälde bedrohlich entstellt worden war.
Holmes und Dr. Watson finden heraus, dass die Drohung offenbar an den Hong-Kong-Experten des Geldinstituts gerichtet war. ___ wird kurz darauf unter rätselhaften Umständen tot aufgefunden. ___ wird Holmes' Neugierde angestachelt, umso mehr, ___ kurz darauf ein Journalist unter ähnlich mysteriösen Vorzeichen ums Leben kommt. ___ beginnen Holmes und Watson ihre Recherche auf eigene Faust. ___ stellt sich heraus, dass beide Opfer regelmäßig einen Trödelladen in Chinatown aufsuchten, ___ sie die Spur ins National Antiquities Museum führt, ___ eine große Sammlung alter chinesischer Kulturgüter beherbergt. ___ hier wird eine Mitarbeiterin bedroht: Soo Lin Yao gibt Holmes und Watson den Hinweis, dass ein chinesischer Geheimbund hinter der Mordserie steckt – eine wertvolle Information, ___ dessen Bosse setzen alles daran, die zwei unliebsamen Schnüffler mundtot zu machen.

---

1 EXTRA Lies deine Parallelgeschichte von Seite 99. Ergänze sinnvolle Verknüpfungswörter.

2 Rechtschreibung

2.1 Fehleranalyse und Textüberarbeitung

Fehleranalyse und Textüberarbeitung

- Korrekturzeichen verwenden
- Texte sprachlich überarbeiten
- Texte stilistisch überarbeiten

Korrekturzeichen verwenden

Zeichen	Bedeutung	Beispiel
A	Ausdruck	Die Hauptfigur des Romans ist absolute Bombe.
Gr	Grammatikfehler	In dem Textausschnitt beschreibt der Ich-Erzähler ein Konflikt zwischen seinen Eltern.
R	Rechtschreibfehler	Der Erzähler stellt den Handlungsablauf chronologisch da.
Sb	Satzbau	Die Hauptfigur wurde ausführlich ____, bevor die Geschichte weiterging.
St	falsche Satzstellung	Dürfen Lernende ihr Handy im Unterricht benutzen, lernen sie einen Umgang mit den neuen Medien sinnvoll.
M	Modus	Er sagte, er weiß es nicht.
T	Tempus	Bevor er die Tür schloss, verließ er den Raum.
W	Wortwahl, Wiederholung	Das Beispiel unterstreicht das Argument und veranschaulicht das Argument.
Z	Zeichensetzung	Ich bin der Ansicht dass dieses Argument sehr gewichtig ist.

1 Im folgenden Text wurden einige Fehler bereits unterstrichen. Ordne diesen die passenden Korrekturzeichen zu.

Das Gedicht „Magere Kost" von Hilde Domin handelt von einem lyrischen Ich_ das in ein dunkles dunkles loch voller trauer und Depressionen gefallen wurde. Es vergisst alltägliche Sachen und meint, es lohnt sich nicht mehr, den Finger zu heben, nicht einmal mehr für die blumen _ die es gießen muss, gar nichts mehr erwarte es.

2 Verbessere den folgenden Text. Übertrage ihn in dein Heft. Schreibe nur in jede zweite Zeile und lasse Platz für Randbemerkungen.

- Markiere mithilfe der Tabelle auf Seite 227 die Fehler. Achte auch auf den Ausdruck, die Wortwahl und Wiederholungen.
- Notiere die passenden Korrekturzeichen in der Randspalte.
- Schreibe die Sätze verbessert in die Zeile darunter.

Die Kurzgeschichte Regentropfen von Michaela Borchert handelt von einer frau die auf dem Weg vom Park nachhause war und an vergangenes denken musste. Am Abend wird sie von ihrem Sohn abgeholt und er fragte sie ob sie fertig für dass Heim ist. Die zentrale Aussage der Kurzgeschichte ist, das man seine Träume und sein Leben weiter leben oder träumen sollte auch wenn man enttäuscht wird.

1 EXTRA Tausche deine Rede von Seite 44/45 mit einer Partnerin oder einem Partner. Überprüfe die Rede mithilfe der Korrekturzeichen.

2 EXTRA Überarbeite nun deine Rede mithilfe der Rückmeldungen aus Aufgabe 1 EXTRA.

Texte stilistisch überarbeiten

E **Ergänzen (erweitern, hinzufügen)**	**S** **Streichen (weglassen)**	**A** **Austauschen (an die Stelle etwas anderes setzen)**	**U** **Umstellen (verschieben, vertauschen)**
• fehlende Wörter (Sb) • Satzglieder (Sb) • Nebensätze und Sätze (Sb)	• überflüssige Wörter (A) • Satzglieder (Sb) • Nebensätze (Sb)	• nicht passende Wörter (A/W) • Satzglieder (Sb) • Nebensätze (Sb)	• unstimmige Reihenfolge der Wörter (St) • Satzglieder (Sb) • Nebensätze (Sb)
Beispiel: *Experten behaupten, dass* (die) *sinnvolle Anwendung von PCs im Unterricht zu einer gezielteren Nutzung im privaten Bereich führt.*	Beispiel: *Die Hauptfigur im Roman hat keine richtigen Freunde, ~~sie hat~~ nur ihren Hund, dem sie viel Zeit widmet.*	Beispiel: *Nachdem der Protagonist in dem ersten Absatz seiner Mutter alles erzählt,* teilt *~~erzählt~~ diese am* das Geschehene mit *Abend dem Vater.*	Beispiel: *Mit der Metapher* (1) *die* (3) *Situation* (2) *wird verdeutlicht.* (4)

1 Verbessere mithilfe des ESAU-Verfahrens den folgenden Text. Übertrage ihn in dein Heft. Schreibe nur in jede zweite Zeile und lasse Platz für Randbemerkungen. Schreibe die Sätze abschließend verbessert in die Zeile darunter.

„Regentropfen“ wie die Überschrift schon vermuten lässt, könnten die drei Punkte für Nachdenklichkeit stehen, jedoch könnten sie ebenfalls für drei Tropfen stehen, welche durch das Gesicht fließen. Die Kurzgeschichte besteht aus sechs Sinnesabschnitten, die aus unregelmäßig vielen Versen bestehen. Im ersten Sinnabschnitt lehnt die Protagonistin an einem Baum. Die Frau ist nachdenklich und nicht mehr psychisch fit. Ebenfalls wird deutlich die Zerbrechlichkeit der Person. Sie ______ „dünne Haare“ und die „harte knorrige Rinde“ des Baumes steht metaphorisch für das „Altwerden“ der Protagonistin. Die Protagonistin leidet eventuell an Alzheimer. […]

St → Umstellen
→ Wie die Überschrift „Regentropfen“ schon …

1 EXTRA Tausche deine Rede von Seite 44/45 mit einer Partnerin oder einem Partner. Überprüfe die Rede mithilfe des ESAU-Verfahrens.

2 EXTRA Überarbeite nun deine Rede mithilfe der Rückmeldung aus Aufgabe 1 EXTRA.

Individuelle Fehlerarten erkennen

1 Sieh dir die Tabelle an. Ermittle mithilfe der folgenden Aufgaben deine häufigsten Fehlerarten. Überprüfe deine Ergebnisse mit einem Wörterbuch. Achte in Zukunft beim Schreiben von Texten besonders auf diese Fehlerschwerpunkte.

Fehlerart	Tipps
Groß- und Kleinschreibung	• auf die Nomensignale und Nachsilben achten
Fremdwörter	• im Wörterbuch nachschlagen
Getrennt- und Zusammenschreibung	• die beteiligten Wortarten und die entsprechenden Regeln nachschauen • im Wörterbuch nachschlagen
gleich und ähnlich klingende Laute (d/t, g/k, v/f, ä/e, äu/eu)	• verlängern (d/t, g/k) • ableiten (e/ä, eu/äu) • merken: Vorsilbe „ver-“ (v/f), (end-/ent-), (wieder/wider) • im Wörterbuch nachschlagen
s-Laute	• kurze Vokale beachten (ss) • langen Vokal/Diphthong beachten (ß) • stimmhafte Aussprache beachten (s)/am Wortende verlängern
das – dass	• durch „welches, dieses, jenes“ ersetzen (das) • steht nach Verben des Meinens, Sagens, Denkens, Wahrnehmens (dass)
Kommasetzung	• Konjunktion beachten (Satzreihe) • Konjunktionen und Verbstellung beachten (Satzgefüge) • „um/anstatt zu + Infinitiv“ beachten (Infinitivsatz)

Nutze gegebenenfalls den Regelteil eines Wörterbuches (vgl. Seite 232).

2 Bilde mithilfe der folgenden Wortgruppen Sätze in der richtigen **Groß- und Kleinschreibung**. Begründe deine Entscheidungen mithilfe der entsprechenden Regel.

a/angst und b/Bange | s/Schuld sein | r/Recht haben | im e/Entferntesten | im b/Besonderen | die e/Eine | der a/Andere | die m/Meisten | es ist g/Gang und g/Gebe | des w/Weiteren | die b/Beiden | im a/Allgemeinen | zum e/Einen und zum a/Anderen | im w/Wesentlichen

3 Formuliere zu den **Fremdwörtern** eine deutsche Entsprechung. Nutze dazu ein Nachschlagewerk.

Konnotation | Toupet | diminuieren | bilingual | fungieren | orthodox | reversibel | akkurat | konform | euphorisch | akribisch | innovativ

4 Schreibe zu den folgenden Wörtern jeweils ein **verwandtes Wort** auf.

Temperament | Abonnement | Charakter | Finanzen

5 Schreibe folgende Sätze richtig auf. Achte besonders auf die **Getrennt- und Zusammenschreibung**.

a) AUFDERKLASSENKONFERENZKONNTEMAXVONDENVORWÜRFENSEINER MITSCHÜLERNICHTFREIGESPROCHENWERDEN.

b) ZUHAUSEWARENWIEDEREINMALALLEAUFRÄUMARBEITENVOM WOCHENENDELIEGENGEBLIEBEN.

c) SANDRAHATTEAUFDERSCHULFEIERWIRKLICHPERFEKTKLAVIERGESPIELT. SIEWIRKTEDABEI,ALSWÜRDEIHRDASGANZLEICHTFALLEN.

6 Ergänzt in den folgenden Texten die **gleich und ähnlich klingenden Laute**. Wende dazu die dir bekannten Rechtschreibstrategien an.

Anstatt en■los vieler Worte, hier kurz und prägnant:
Nach den Gra■wanderungen und En■täuschungen der letzten Jahre hat unsere Schule en■lich wieder eine Theater-AG! Sei■ Kurzem kooperieren wir mit dem Theater unserer Sta■. Kommt doch aufs Gera■ewohl bei uns vorbei. Ihr sei■ herzlich willkommen!

Naturschutz ist wichti_!
Niemand wird uns widersprechen: Es ist wichti_ und unbedingt nöti_, dass wir uns um die Erhaltung der Natur kümmern! Immer wieder sehen wir uns mit den negativen Folgen unseres unachtsamen Handelns konfrontiert. Das kann keiner widerlegen. Noch ist die Natur an vielen Stellen herrli_ und prächti_ anzusehen, der Pflanzenwuchs ist üppi_ und die Flüsse sind klar, doch schon bald werden wir selbst unsere nähere Umgebun_ nicht mehr wiedererkennen. Noch zu viele Bürger wi_ersetzen sich den Bestimmungen des Umweltschutzes oder halten diese gar für überflüssi_!

7 Das oder dass? Notiere den folgenden Text mit der richtigen Schreibung von **das/dass** in deinem Heft.

Das/ss das/ss mit dem Das/ss oder dem Das/ss das/ss Komplizierteste sei, das/ss es im Grammatikunterricht gibt, das/ss ist nur eine Behauptung, aber das/ss es leicht sei, das/ss kann man auch nicht sagen.

---

1 EXTRA Untersuche mithilfe der Tabelle auf Seite 229 den letzten von dir geschriebenen Text. Achte besonders auf die häufigen Fehlerarten.

Du kannst deinen Text auch von einer Partnerin oder einem Partner überprüfen lassen.

2.2 Wörterbücher und Rechtschreibprüfung in Textverarbeitungsprogrammen nutzen

Wörterbücher nutzen

Aufbau eines Wörterbuches

Alphabetisches Wörterverzeichnis
- alle Wörter in ihrer sogenannten Grund- oder Zitierform, z. B. bei Nomen/Substantiven: Nominativ Singular, bei Verben: Infinitiv Präsens, …
- Angaben zum Gebrauch und Bedeutung eines Wortes
- z. T. Infokästen zu Besonderheiten

Regelteil
- enthält Regeln der Rechtschreibung und Zeichensetzung
- meist werden Beispiele zu den Regeln genannt
- z. T. wird aus dem alphabetischen Wörterverzeichnis auf den Regelteil verwiesen

1 Sieh dir in deinem Wörterbuch das alphabetische Wörterverzeichnis und den Regelteil an. Erkläre die Funktion der beiden Teile mit eigenen Worten.

2 Beantworte mithilfe deines Wörterbuches die folgenden Fragen.

a) Was bedeutet „onomatopoetisch"? Auf welcher Silbe wird das Wort betont?

b) Aus welcher Sprache stammt das Wort „Elixier"? Wie lautet der Plural?

c) Was versteht man unter einem „Claqueur"? Wie spricht man das Wort aus?

d) Wie wird das Wort „Rendezvous" getrennt? Wie lautet der Plural?

3 Entscheide mithilfe der folgenden Regel, wie die folgenden Wörter geschrieben werden. Achte auf die unterschiedlichen Bedeutungen, die manche Verbpaare haben können.

Regel
Zwei nebeneinanderstehende Verben (Tätigkeitswörter) schreibt man getrennt. Bei Verbindungen von Verben (Tätigkeitswörtern) mit „bleiben" und „lassen" kann zusammengeschrieben werden, wenn eine übertragene (neue, nicht aus den Einzelteilen erkennbare) Bedeutung gemeint ist. Getrennt- und Zusammenschreibung gilt auch für „kennen lernen/kennenlernen".

Beispiele
- schreiben lernen, lesen üben, spazieren gehen, auf dem Stuhl sitzen bleiben, *aber:* in diesem Schuljahr sitzenbleiben (nicht versetzt werden)
- den Luftballon platzen lassen, *aber:* die Party platzenlassen (absagen)

a) er hat seinen Freund fallen/lassen

b) die Freunde sind in der Kneipe hängen/geblieben

c) er wollte sich nicht mehr so gehen/lassen

d) durch den Urlaub ist viel Arbeit liegen/geblieben

e) sie wollte ihren Freund sitzen/lassen

f) er wollte sie nicht gehen/lassen

g) er hat das Glas fallen/lassen

1 EXTRA Nutze zur Überarbeitung deiner Figurencharakterisierung von Seite 64/65 ein Wörterbuch. Verwende gegebenenfalls den Regelteil.

Rechtschreibprüfung in Textverarbeitungsprogrammen nutzen

1 Übertrage den folgenden Text in ein Textverarbeitungsprogramm. Aktiviere dann die Rechtschreibüberprüfung.
- Überprüfe, welche Fehler das Programm erkennt.
- Notiere, welche Fehler nicht erkannt wurden. Ordne diese den Fehlerarten in der Tabelle auf Seite 229 zu.

Lieber Jonas,

FÜr die Schule – du weisst schon, mein Deutschlerer mal wieder! – soll ich doch tatsächlig mein Referat über meinen London Besuch schriftlich aus arbeiten. Ausgerechnet ich, wo ich doch si gut und gern schreibe. na ja, dank der Rechtschreibprogramme ist das heute zu Tage alles kein Problem mehr. einfach den Text eintippen, dann klick klick klich und schon ist alles wi3der richtig. Aber jetzt zu wichtigerem. Hasst du schon mitgekriegt, das Lilly neuerdings …

2 Notiere, welche Vor- und Nachteile die Rechtschreibprüfung hat.

Die Rechtschreibprüfung in Textverarbeitungsprogrammen nutzen	
Vorteile	Nachteile
• …	• …

1 EXTRA Übertrage deinen informierenden Text von Seite 88/89 in ein Textverarbeitungsprogramm.
- Überprüfe die Rechtschreibung und Grammatik.
- Überprüfe deinen Text anschließend selbst noch einmal. Nutze gegebenenfalls ein Wörterbuch.

T5

Trainingsstation

Lern- und Arbeitstechniken

In dieser Trainingsstation findest du noch einmal alle Arbeitstechniken in alphabetischer Reihenfolge.
Die Arbeitstechniken unterstützen dich, Informationen aus Texten zu sammeln und darzustellen. Ebenfalls helfen sie dir, Informationen besser zu verstehen, Texte zu schreiben, zu überarbeiten oder vorzutragen. Auch kannst du einige Arbeitstechniken beim selbstständigen Lernen oder bei der Zusammenarbeit mit anderen nutzen.
Du kannst diese Techniken auch in anderen Fächern anwenden.

Lern- und Arbeitstechniken

Cluster erstellen

- Das Thema wird in die Mitte eines Blattes geschrieben und eingekreist.
- Alle Begriffe, die einem spontan einfallen, schreibt man um das Thema herum, kreist sie ein und verbindet sie mit dem Hauptbegriff.
- Die Begriffe können weitere Ideen hervorrufen, die auch notiert werden und dann mit dem Thema oder auch mit den anderen Ideen verbunden werden.

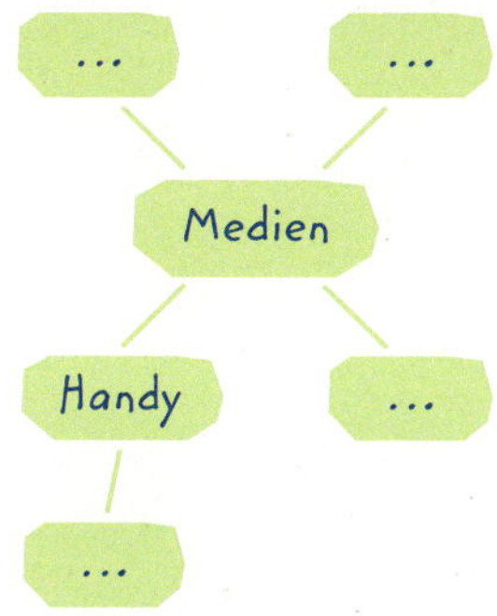

Diagramme verstehen und auswerten

1. Man liest die Überschrift und benennt das Thema.
2. Man bestimmt, welche Art von Diagramm gewählt wurde.
3. Man prüft, aus welcher Quelle das Diagramm stammt und wann es erstellt wurde.
4. Man untersucht, welche Angaben durch die einzelnen Elemente (z. B. Balken, x-Achse, y-Achse usw.) gemacht werden.
5. Unbekannte Begriffe werden nachgeschlagen.
6. Im Anschluss werden die Einzelinformationen in Stichwörtern zusammengefasst.

- Was genau erfährt man durch das Diagramm?
- Was ist wichtig, was ist eher unwichtig?
- Welche Ergänzungen würde man machen?

Exzerpte anfertigen

Ein **Exzerpt** ist eine **schriftliche Kurzfassung** eines gelesenen Textes. Es enthält die **wichtigsten Informationen und Aussagen eines Textes**.

Schritt 1
Zunächst liest man den Text mehrmals, um sich einen Überblick zu verschaffen.

Schritt 2
Man notiert, z. B. in einer Tabelle die wichtigsten Informationen zu dem Text:
- Autor, Titel und Quelle
- wann man den Text gelesen hat
- Thema und Unterthemen

Schritt 3
Man fasst die wichtigsten Aussagen in Stichworten zusammen. Wichtige Textstellen und Begriffe können auch wörtlich aufgeschrieben werden. Wichtig ist dabei, dass die Zitate in Anführungszeichen gesetzt und die passenden Zeilen dazu notiert werden.

Schritt 4
Man kann zum Abschluss die eigene Meinung und Anmerkungen hinzufügen.

ESAU-Verfahren

ESAU ist die Abkürzung für **Ergänzen**, **Streichen**, **Austauschen** und **Umstellen**.
Ergänzen: Fehlende Wörter, Satzglieder, Nebensätze und Sätze ergänzen.
Streichen: Überflüssige Wörter, Satzglieder, Nebensätze werden weggelassen.
Austauschen: Nicht passende Wörter, Satzglieder, Nebensätze werden ersetzt.
Umstellen: Reihenfolge der Wörter ist unstimmig. Satzglieder, Nebensätze und Textabschnitte werden umgestellt.

Feedback geben

Ablauf

- Gebt zunächst nur positive Rückmeldungen: *Was war gut, was hat euch gefallen?*
- Geht dann auf den Inhalt ein: *Was habt ihr gelernt, was möchtet ihr euch merken?*
- Macht Verbesserungsvorschläge: *Was kann beim nächsten Mal besser gemacht werden?*

Feedback-Regeln

- Formuliert aus der Ich-Perspektive, z. B. *„Ich finde, dass …“*, *„Ich hatte den Eindruck, dass …“*
- Gebt genaue Rückmeldungen, z. B. *„Besonders gut fand ich, dass …“*

Mögliche Feedback-Methoden

- Sammelt in einer Redekette fünf positive Rückmeldungen und fünf Verbesserungsvorschläge.
- Wählt vor der Präsentation zwei Schüler aus: Einer notiert während des Vortrages Lob, einer Verbesserungsvorschläge.

Fishbowl-Diskussionen

Schritt 1

Das Diskussionsthema wird festgelegt.

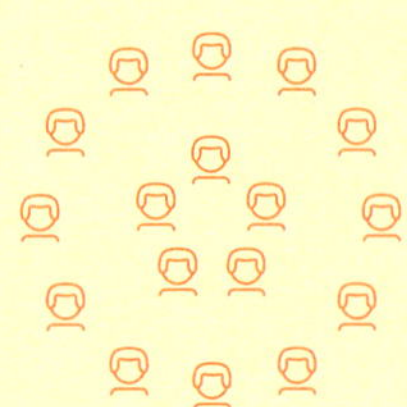

Schritt 2

Die Teilnehmer bereiten sich auf die Diskussion vor. Dazu bekommen sie Material, mit dem sie sich auseinandersetzen müssen, z. B. einen Text mit Pro- und Kontra-Argumenten.

Schritt 3

Je nach Gruppengröße bilden fünf bis acht Personen einen Stuhlkreis (Fishbowl). Eine Person wird als Moderator bestimmt und achtet darauf, dass die Redebeiträge nicht zu lang sind und die Teilnehmer ausreden können. Die restlichen Teilnehmenden sitzen außen herum und verfolgen die Diskussion. Sie notieren Fragen, Beobachtungen oder Ergebnisse.

Schritt 4

Die Zuhörer im Außenkreis können durch „Abschlagen“ mit einer Person im Innenkreis tauschen und mitdiskutieren.

Schritt 5

Alle Teilnehmenden geben ein Feedback zu der Diskussion. Danach werden die Ergebnisse zusammengefasst.

Flussdiagramme erstellen

Mithilfe eines **Flussdiagramms** kann man eine **Kette von Vorgängen**, **zeitlichen Abläufen** oder **Ereignissen veranschaulichen**. Dazu schreibt man die Informationen in der richtigen Reihenfolge nebeneinander und verbindet sie mit Pfeilen. Flussdiagramme können sich auch verzweigen, wenn z. B. mehrere Ereignisse gleichzeitig stattfinden.

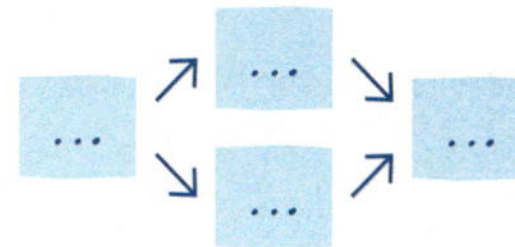

Gruppenmix

Phase 1

Bearbeitet den euch zugeteilten Text mithilfe der Aufgaben. Bildet dazu gleich große Gruppen. An jedem Thema sollten mindestens zwei Gruppen arbeiten.

Phase 2

Bildet nun neue Arbeitsgruppen, in denen je ein Gruppenmitglied aus der ersten Arbeitsphase vertreten ist.
Stellt euch gegenseitig eure Ergebnisse aus den Arbeitsphasen vor.

Handouts erstellen

Ein **Handout** ist ein sogenannter Handzettel für die Zuhörenden. Auf diesem werden **wichtige Informationen übersichtlich** dargestellt. Das Handout kann referatsbegleitend oder nachträglich ausgeteilt werden.

- Beschränkt euch auf eine Seite. Erstellt es mit einem Textverarbeitungsprogramm.
- Schreibt in die Kopfzeile Name, Klasse und Datum.
- Formuliert als Überschrift das Referatsthema.
- Orientiert euch an der Gliederung eures Referates.
- Führt alle wichtigen Informationen in Stichpunkten auf. Hebt Wichtiges durch Unterstreichungen oder Fettdruck hervor.
- Gebt am Schluss die Quellen an, die ihr bei eurem Referat verwendet habt.

Ihr könnt an der Seite Platz für Notizen einplanen.

Ich – Du – Wir (think – pair – share)

1. Phase: Ich

Löst die gegebenen Aufgaben selbstständig. Macht euch Notizen, damit ihr mit euren Mitschülern in den folgenden Arbeitsphasen darüber sprechen könnt.

2. Phase: Du

Tauscht euch mit einem Partner über eure Aufgaben aus. Vergleicht, welche Ergebnisse übereinstimmen und wo ihr noch Informationen ergänzen müsst.

3. Phase: Wir

Besprecht eure Ergebnisse anschließend in der Gruppe. Ergänzt eure Informationen und bereitet eine kleine Präsentation für die Klasse vor.

Infoplakate gestalten

Ein **Infoplakat** sollte:
- aus einem großen Bogen Papier oder Karton bestehen.
- eine interessante Überschrift haben.
- übersichtlich und von allen Plätzen aus gut lesbar sein.
- nur Stichworte und Bilder mit den wichtigsten Informationen enthalten.
- Wichtiges durch Schriftgröße, Farben oder Unterstreichungen betonen.

Inhaltsangaben schreiben

1. Einleitung
Es werden die Textsorte, der Titel, die Quelle, der Autor und das Thema genannt.

2. Hauptteil
- Die wichtigsten Aussagen sind vollständig, Details sind weggelassen.
- Die Reihenfolge der Aussagen stimmt.
- Zusammenhänge werden durch den Einsatz von Konjunktionen und Adverbien verdeutlicht.
- Die Inhaltsangabe steht im Präsens.
- Die Sprache ist sachlich und knapp.
- Es finden keine Bewertungen statt.
- Es werden eigene Worte verwendet.

Internetrecherche

1. Vorarbeit
- Legt **geeignete Suchbegriffe** zu eurem Thema fest.

2. Recherche
- Wählt eine **Suchmaschine** aus und gebt eure Suchbegriffe ein.
- **Überfliegt** die angebotenen Seiten. Überlegt, ob sie zu eurem **Thema passen**. Sind sie verständlich geschrieben? Ist das Thema getroffen? …
- Trefft eine **Vorauswahl**. Seht euch dazu die Internetadressen und die Überschriften der angezeigten Seiten an.

3. Texte auswählen
- Überfliegt die Texte aus eurer Vorauswahl.
- Wählt zwei bis drei Texte aus. Achtet auf **Verständlichkeit** und **Aktualität** der Informationen.
- Notiert die **Internetadresse** und schreibt in Stichpunkten auf, welche **Informationen** die jeweilige Seite enthält.

Kurzvorträge halten

1. Vorbereiten

- Wichtige Stichwörter werden auf Karteikarten geschrieben.
- Der Vortrag wird mithilfe der Karteikarten geübt.

2. Präsentieren

- Man hält den Vortrag im Stehen, möglichst frei, ohne sich abzustützen oder die Arme zu verschränken.
- Man sucht so oft wie möglich den Blickkontakt zum Publikum.
- Die Karteikarten verwendet man als Gedächtnisstütze.
- Man sollte deutlich und langsam sprechen und ab und zu eine Pause machen.
- Das Publikum kann einbezogen werden, indem man ihm Fragen stellt.

3. Auswerten

Dem Vortragenden gibt man im Anschluss ein Feedback.

5-Schritt-Lesetechnik

Texte sind oft lang und schwer zu verstehen. Daher ist es wichtig zu wissen, wie man mit ihnen umgehen kann.

Schritt 1

Zunächst liest man den Text einmal **„überfliegend“**.

? Schritt 2

Dann überlegt man, was man zum Thema bereits weiß und was man noch wissen möchte. Man stellt **Fragen an den Text**.

Schritt 3

Jetzt folgt das **genaue Lesen**. Man unterstreicht wichtige Begriffe, unterteilt den Text in Sinnabschnitte und gibt jedem Sinnabschnitt eine eigene Überschrift.

Schritt 4

Man **schreibt** die **wichtigsten Informationen**, die der Text enthält, **heraus**.

Schritt 5

Der **Inhalt** des Textes **wird** anhand der Aufzeichnungen noch einmal **wiederholt**.

Lesepartitur

Eine Lesepartitur hilft, den Vortrag eines Textes zu gestalten. Dazu schreibt man über den Text, wie man etwas lesen möchte:

°	= betonen	˜	= langsam lesen
–	= leise lesen	|||	= schnell lesen
+	= laut lesen	↘	= tiefe Stimme
/	= Pause machen	↗	= hohe Stimme

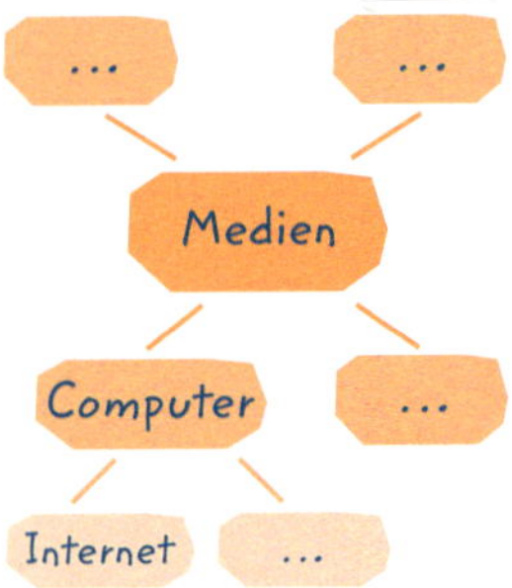

Mindmaps erstellen

- In der Mitte des Blattes notiert man das Thema und kreist es ein.
- Davon ausgehend zeichnet man in Ästen Oberbegriffe (Hauptstränge) zum Thema und setzt sie farblich voneinander ab.
- Die Äste verzweigen sich weiter zu untergeordneten Begriffen (Nebenstränge).

Mitschriften zu einem gesprochenen Text anfertigen

Wörtliche Mitschriften sind meist nicht möglich, deshalb fasst man am besten die Hauptgedanken der gehörten Texte zusammen.

1. Man lässt auf einem Blatt einen breiten Rand für spätere Ergänzungen.
2. Man schreibt erst dann etwas auf, wenn ein Satz oder ein Gedankengang beendet ist. Am besten notiert man Stichwörter oder verkürzte Sätze.
3. In eigenen Notizen kann das Wichtigste durch Unterstreichungen, Markierungen etc. hervorgehoben werden.
4. Abkürzungen, Pfeile und andere Zeichen veranschaulichen die Zusammenhänge.
5. Besondere Begriffe, Namen, Termine, Titel usw. notiert man möglichst genau.
6. Auch (kurze) Zitate können aufgeschrieben werden.

Partnerpuzzle

Vorbereitung

Für diese Arbeitstechnik sitzt man zu viert an einem Gruppentisch.

Ablauf

1. Einzelarbeit: Jeder Schüler bearbeitet die Aufgabe leise für sich.

2. Partnerarbeit 1: Besprecht euer Ergebnis mit eurem Sitznachbarn. Helft euch bei Verständnisfragen und ergänzt jeweils eure Lösungen.

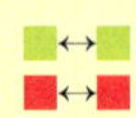

3. Partnerarbeit 2: Stellt nun jeweils eurem Gegenüber eure Ergebnisse vor. Notiert die wichtigsten Punkte und stellt Fragen, wenn ihr etwas nicht versteht.

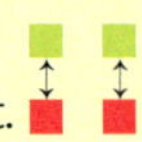

4. Partnerarbeit 3: Tauscht euch nun noch einmal mit eurem Sitznachbarn aus und vergleicht, ob ihr die Erklärungen eures Gegenübers richtig verstanden habt.

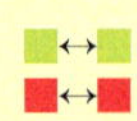

Schlussphase

5. Klärt offene Fragen in der Klasse und fasst die Ergebnisse zusammen.

Placemat

1. Vorbereiten
Ein Bogen Papier wird in vier Felder aufgeteilt. In der Mitte wird ein fünftes Feld, das sogenannte Gemeinschaftsfeld, ergänzt. In den vier Feldern werden Fragen oder auch Aufgaben notiert.

2. Durchführen
Jedes Gruppenmitglied schreibt Kommentare oder Antworten in das jeweilige Feld, das vor ihm liegt. Danach wird das Placemat im Uhrzeigersinn gedreht, bis jedes Gruppenmitglied jede Fragestellung einmal bearbeitet hat.

3. Auswerten
Anschließend werden die Ergebnisse gemeinsam besprochen. Die Gruppenmitglieder einigen sich auf die Ergebnisse zu der jeweiligen Frage und notieren diese im Gemeinschaftsfeld.

4. Präsentieren
Die Ergebnisse der Gruppen werden in der Klasse vorgestellt.

Positionslinie

Vorbereitung
Man stellt sich im Klassenzimmer eine Linie vor oder klebt eine mit Klebeband auf den Boden. Die Mitte der Linie steht für „unentschieden". Das eine Ende der Linie steht für „ja", das andere für „nein".

Durchführung
Eine Behauptung wird vorgelesen. Jeder stellt sich an der Stelle der Linie auf, die seiner Meinung am besten entspricht. Die Entscheidung wird kurz begründet.

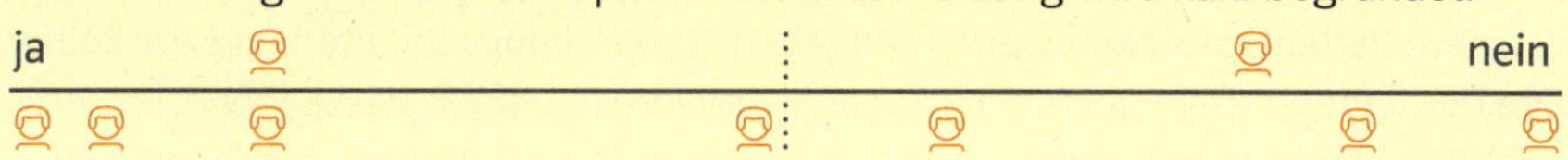

Précis anfertigen

Das Ziel eines **Précis** ist es, einen Text bis auf die wichtigsten Informationen zu kürzen, also zusammenzustreichen. Der eigentliche Text wird dabei etwa **auf ein Drittel gekürzt**, sodass man am Ende die wichtigsten Informationen in knapper Form vorliegen hat.

Vorgehen
- Zunächst werden alle unwichtigen Informationen weggestrichen. Dabei kann es vorkommen, dass Sätze nicht mehr vollständig sind.
- Aus den übrig gebliebenen Zeilen wird ein zusammenhängender Text verfasst. Dabei sollte so wenig wie möglich verändert werden.
- Der Sinn bzw. Bedeutungen dürfen dabei nicht verändert werden.
- Der Text wird nicht ergänzt oder kommentiert.

Pro- und Kontra-Debatte

Vorbereitung

Stimmt ab, wie ihr zu der kritischen Fragestellung steht. Schreibt das Ergebnis auf. Bildet Gruppen und legt fest, welche Position oder Rolle ihr in der Debatte einnehmen wollt. Bereitet euch auf die Debatte vor:

1. Formuliert Argumente und Beispiele für euren Standpunkt. Ergänzt ebenfalls Kontra-Argumente und überlegt euch Formulierungen, um diese zu widerlegen.
2. Verfasst eine kurze Einleitung, in der ihr euren Standpunkt vorstellt.
3. Wählt einen Gruppensprecher, der an der Debatte teilnimmt.

Durchführung

Ein **Moderator** begrüßt die Teilnehmer, nennt das Thema und erklärt kurz den Ablauf und die Regeln der Debatte. Während der Diskussion achtet er auf die Einhaltung der Gesprächsregeln.
Die **Gruppensprecher** halten einen kurzen Eingangsvortrag, in dem sie ihre Position darlegen. Anschließend erfolgt in Rede und Gegenrede der Austausch der Argumente und Gegenargumente. Die Debatte wird durch ein kurzes Schlussplädoyer jeder Seite abgeschlossen.

Auswertung

In einem Auswertungsgespräch werden die Überzeugungskraft der Argumente und der Verlauf der Debatte reflektiert. Abschließend findet eine zweite Abstimmung zu der kritischen Fragestellung statt. Das Ergebnis wird mit dem ersten Abstimmungsergebnis verglichen. Mögliche Gemeinsamkeiten und Unterschiede werden diskutiert.

Protokolle anfertigen

Die häufigsten Protokolle sind in **Verlaufs**- oder **Ergebnisprotokolle**.
Bei einem **Verlaufsprotokoll** werden **Angaben zu Handlungsabläufen und zur Reihenfolge** der Redebeiträge gemacht: *„Zunächst erklärte …, dann wurde abgestimmt."*
Bei einem **Ergebnisprotokoll** werden nur **wichtige Informationen, Aussagen und Beschlüsse** festgehalten, ohne die Abfolge zu benennen.

Jedes Protokoll folgt einem bestimmten Aufbau. Denn es handelt sich um ein Schriftstück, das immer die gleichen Anforderungen erfüllen muss.

1. Benennt im Protokollkopf folgende Informationen:
- Art des Ereignisses (Sitzung des Schülerrats, Rede von … anlässlich …)
- Name des Protokollanten
- Datum und Zeit des Ereignisses
- Teilnehmer/Anwesende

2. Gliedert den Hauptteil:
- Konzentriert euch auf die wichtigsten Informationen.
- Schildert die Teilergebnisse in der richtigen Reihenfolge.
- Formuliert knapp, aber genau.
- Vermeidet Unwichtiges.

3. Der Schluss muss folgende Angaben enthalten:
- Datum und Ort der Anfertigung
- Unterschrift oder Name des Protokollanten

Referate gliedern

1. **Ordnet** zunächst alle gesammelten **Informationen**. Dabei sollte auf eine sinnvolle Reihenfolge („roter Faden") geachtet werden.
2. **Gliedert** euer Referat in Einleitung, Hauptteil und Schluss.

- Überlegt euch eine **Einleitung**, die das Interesse der Zuhörer weckt, z. B. ein Zitat, ein Bild, … Benennt das Thema und stellt die Gliederung vor.
- Stellt die Informationen im **Hauptteil** geordnet dar. Gliedert diesen nach wichtigen Gesichtspunkten des Themas. Achtet auf Übergänge zwischen den einzelnen Teilen.
- Fasst im **Schluss** die wichtigsten Aussagen zusammen. Auch an dieser Stelle kann man mit etwas Besonderem abschließen. Nennt auch eure eigene Meinung.

Reziprokes Lesen

Beim reziproken Lesen erarbeiten vier Schülerinnen und Schüler einen Text gemeinsam. Dabei übernehmen sie abwechselnd für jeden Abschnitt unterschiedliche Aufgaben. Nach jedem Abschnitt werden die Aufgaben getauscht.

Schritt 1
Zuerst liest der **Vorleser** der Gruppe einen Abschnitt laut und betont vor.

Schritt 2
Danach stellt der **Prüfer** Verständnisfragen zu Textstellen und Begriffen, die nicht verstanden wurden. Die Unklarheiten werden in der Gruppe geklärt. Als Hilfe können auch Wörterbücher und das Internet genutzt werden.

Schritt 3
Der **Fragesteller** formuliert Fragen zum Inhalt des Abschnittes, die die Gruppe mithilfe des Textes beantwortet.

Schritt 4
Zum Schluss gibt der **Zusammenfasser** den Inhalt des Abschnittes mit eigenen Worten wieder.

Rollenbiografien verfassen

1. Vorbereiten
- Die Dramenszene wird von der Kleingruppe aufmerksam gelesen. Man versucht, einen ersten Eindruck von der Figur zu bekommen.

2. Schreiben
- Mit den Fragen zur Einfühlung und den Antworten der Figur wird eine stichwortartige Planung erstellt.
- Mithilfe der Planung verfasst man die Rollenbiografie.

Rollenspiele gestalten

In einem **Rollenspiel** handeln die Spieler in einer konkreten Situation und Rolle.

1. Vorbereitung

- Zuerst werden die Rollen verteilt. Jeder Spieler macht sich mit seiner Rolle vertraut, indem er sich die Situationen, Handlungen, Figuren und ihre Beziehung zueinander klar macht.
- Vorab werden Handlungsort, Gegenstände (Requisiten) und Kleidungsstücke, die für die Umsetzung benötigt werden, besprochen.
- Die Spieler erarbeiten ihre Rolle und die Szene mithilfe der vorbereiteten Fragen und Antworten.

2. Durchführen

- Die Szene wird mehrmals mit Text geübt. Die Beobachter unterbrechen, wenn Handlungen oberflächlich oder nur undeutlich ausgeführt werden.
- Die Szene wird in der Klasse möglichst frei vorgetragen.
- Anschließend wird gemeinsam über die vorgetragene Szene gesprochen.

Schreibkonferenz

1. Die Schülerinnen und Schüler bilden Gruppen.
2. Jedes Gruppenmitglied wird Experte für ein bestimmtes Thema oder Merkmal.
3. Die Gruppenmitglieder tauschen nun ihre Texte untereinander aus.
4. Jedes Mitglied liest den ihm zugeteilten Text und achtet vor allem auf den Bereich, in dem man Experte ist.
5. Jeder schreibt an den Rand, was seiner Meinung nach gut gelungen ist, wo er noch Fragen hat oder etwas verbessert werden kann.
6. Dann werden die Texte reihum weitergegeben, bis jeder Experte jeden Text bewertet hat.
7. Alle Gruppenmitglieder lesen die Rückmeldungen und fragen im Anschluss nach, wenn ihnen etwas unklar ist.
8. Zum Schluss überarbeiten alle ihren Text.

Schreibpläne erstellen

Ein Schreibplan sollte stichwortartig sein und kann in Form einer Stichwortliste, einer Tabelle, einer Mindmap, eines Clusters oder eines Flussdiagramms angelegt werden. Die folgenden Fragestellungen helfen, einen Schreibplan zu erstellen.

Thema/Aufgabenstellung
- Was ist das Thema bzw. die zentrale Aufgabenstellung?
- Adressat/Zielsetzung: Für wen schreibt man? Wozu schreibt man?

Inhalt
- Welche Informationen möchte man auf jeden Fall ansprechen?
- Was soll im Text stehen? Was ist besonders wichtig?
- Wie soll der Text geschrieben werden (ausführlich/kurz, sachlich/anschaulich, informativ/unterhaltsam ...)?

Aufbau
- Wie soll der Text aufgebaut sein?
- Welche einzelnen Textteile folgen aufeinander?

Standbilder bauen

Die Zuschauer geben während eines szenischen Spiels das Kommando „Freeze". Daraufhin verharren alle Darsteller sofort in ihrer aktuellen Position, als wären sie plötzlich eingefroren.
Die Zuschauer untersuchen und deuten Mimik, Gestik und Körperhaltung der Darsteller.

Szenisch spielen

1. Vorbereitung
- Die **Rollen** werden verteilt, ein Spielleiter wird festgelegt. Jeder macht sich die dargestellte **Situation** (Handlungen, Figuren, Beziehungen) klar.
- Der **Handlungsort** (Bühne) und die benötigten **Gegenstände** (Requisiten) werden besprochen.
- Die Szene wird mithilfe der im Text genannten Handlungen erarbeitet.

2. Durchführung
- Die Szene wird mehrfach geprobt. Der Spielleiter achtet besonders auf **Gestik**, **Mimik** und **Körperhaltung** und unterbricht das Spiel gegebenenfalls, um diese zu verbessern.

Stufen des Textverstehens

1. Stufe: Alle lesen den Text in Einzelarbeit. Im Anschluss notiert jeder zwei Fragen und die entsprechenden Antworten.
In Gruppen werden reihum die Fragen gestellt, die von den Gruppenmitgliedern jeweils beantwortet werden. Jeder darf aber nur zweimal antworten. Die Fragen dürfen nicht doppelt gestellt werden.
2. Stufe: In Einzelarbeit werden Aufgaben zur Analyse des Textes formuliert, z. B. *Was für Folgen hat …? Vergleiche das Vorhaben mit …* Auch dazu werden die Antworten formuliert.
Anschließend werden die Aufgaben in Gruppenarbeit beantwortet. Jeder darf aber nur zweimal antworten.
3. Stufe: In Einzelarbeit wird eine Frage zur Beurteilung der Information formuliert, z. B. *Wie beurteilst du den Inhalt des Textes? Gibt es etwas, dem du nicht zustimmst? Warum nicht? Was denkst du dazu?*
Anschließend werden die Fragen in Gruppenarbeit beantwortet. Jeder darf aber nur zweimal antworten.

Tandemlesen

- Zunächst teilt man den Text in etwa gleich große Abschnitte ein.
- Schüler A liest Schüler B den ersten Abschnitt leise vor.
- Schüler B erzählt das Gehörte mit eigenen Worten nach.
- Für den nächsten Abschnitt werden die Rollen getauscht.

Wandzeitungen gestalten

Schritt 1

Für eine Wandzeitung benötigt man eine Tapete, einen großen Papierbogen oder eine Pinnwand. Oben in der Mitte wird das **Thema** als **Überschrift** der Wandzeitung notiert.

Schritt 2

Zu den jeweiligen Unterthemen werden **Materialien zusammengestellt**, z. B. in Form von Texten, Bildern, Diagrammen und Schaubildern. Man sollte dabei auf ein ausgewogenes Verhältnis zwischen Texten und Bildern achten, z. B. eine Hälfte Bilder, die andere Hälfte Texte.

- Die Texte sollten kurz, gut lesbar und fehlerfrei sein. Wichtige Wörter können durch Farbe, Größe oder Unterstreichungen hervorgehoben werden.
- Die Bilder sollten ordentlich ausgeschnitten und nicht zu klein sein.

Schritt 3

Alle Materialien werden **übersichtlich** auf der Wandzeitung angeordnet.

Anhang

Lösungen

Kapitel 1

Seite 10/11
Aufg. 1: *Beispiellösung*
Familie, Geschichte, Werte, Zeit, Wechsel, Ansichten, alt, jung, Erfahrungen, Erlebnisse
Aufg. 2: *Beispiellösung*
Auf dem Bild von Gustav Klimt sind drei Frauen abgebildet, die sich in unterschiedlichen Lebensabschnitten befinden: Die erste ist noch ein kleines Kind, bei der zweiten handelt es sich um eine junge Erwachsene und die dritte scheint deutlich älter zu sein. Die junge Erwachsene hält das Kind auf dem Arm, während die ältere ihr Gesicht in ihrer Hand vergräbt.
Aufg. 3: *Beispiellösung*
Auf dem Bild sind Frauen aus drei verschiedenen Generationen abgebildet. Es könnte sich auch um dieselbe Frau in verschiedenen Altersabschnitten ihres Lebens handeln. Das Bild könnte den Kreislauf des Lebens darstellen: Vom kleinen Kind, das das ganze Leben noch vor sich hat, zur jungen Frau, die in der Mitte des Lebens steht bis hin zur alten Frau, die ihr Leben bereits gelebt hat.
Aufg. 4: *Beispiellösung*
„**Die Lebensalter**": In dem Gedicht werden den verschiedenen Abschnitten des Lebens von der Kindheit bis zum Alter bestimmte Denkweisen zugeschrieben, die für die jeweilige Generation charakteristisch sein sollen.
„**Alt geworden**": Das Gedicht handelt von einem alt gewordenen Mann, der an wichtige Orte aus seiner Kindheit und Jugend zurückdenkt und sich fragt, was aus ihnen geworden ist.
Aufg. 5: *Beispiellösung*
Alt werden, Verzweiflung, Verantwortung, Vergessen, Erinnerung, Melancholie, Fragen, verschiedene Ängste, unbeschwerte Kindheit, erste Liebe

Seite 28/29
Aufg. 1: *Beispiellösung*
Unter dem lyrischen Ich versteht man die Figur, aus deren Sicht ein Gedicht erzählt wird. Das lyrische Ich ist die Stimme oder der Sprecher eines Gedichts. Es berichtet, oftmals in der 1. Person Singular, über seine Gefühle, Sorgen oder Gedanken. Wichtig ist, dass es sich beim lyrischen Ich um eine vom Autor unabhängige Figur handelt. Beispielsweise erklärt es in Theodor Fontanes Gedicht, wie es sich tief in seinem Herzen fühlt. In dem Gedicht wendet sich das lyrische Ich an die Außenwelt/sein soziales Umfeld.
Aufg. 2: *Beispiellösung*
Das lyrische Ich erklärt in dem Gedicht „Mein Herze, glaubt's, ist nicht erkaltet", was es innerlich fühlt. Seine Außenwelt ist der Überzeugung, es habe ein kaltes Herz und wäre gefühllos geworden. Doch das lyrische Ich erklärt die Wahrheit: Nach außen hin möchte es seine Gefühle nicht mehr preisgeben, doch innerlich brennt in seinem Herzen immer noch ein Feuer.
Aufg. 3: *Beispiellösung*
Das Gedicht „Mein Herze, glaubt's, ist nicht erkaltet" besteht aus drei Strophen mit jeweils vier Versen. Beim Reimschema handelt es sich um einen Kreuzreim *abab*. Beim Metrum wechseln sich unbetonte und betonte Silben ab, daher handelt es sich um einen Jambus.
Aufg. 4:
„Mein Herze, glaubt's, ist nicht erkaltet" – Metapher. Wirkung: Jeder Leser kann sich etwas darunter vorstellen, was es bedeutet, ein kaltes oder warmes Herz zu haben. So wird das Thema des Gedichtes gleich zu Beginn veranschaulicht.
„Gemalter Schnee" – Metapher. Wirkung: Der Leser kann sich leichter vorstellen, wie das lyrische Ich nach außen auftritt. Die Kälte, die das lyrische Ich nach außen hin zeigt ist nicht echt, sie ist nur gespielt; genauso wie „gemalter Schnee" nicht in Wirklichkeit kalt ist. Im Inneren des lyrischen Ichs sieht es tatsächlich anders aus als nach außen dargestellt. Das lyrische Ich verbirgt seine wahren Gefühle absichtlich.
„Ich bin wie Wein, der ausgegoren" – Vergleich. Wirkung: Macht deutlich, dass das lyrische Ich das Feuer in seinem Herzen einst nach außen getragen hat und es nun so scheint, als wäre es erloschen so wie der Wein, der seinen guten Geschmack verliert, wenn er zu lange gärt.
Aufg. 5:

Textausschnitt	sprachliches Mittel	Funktion
A	Anapher	Steigert die Wirkung der Aussage
B	Inversion	Im Satz wird das Wichtigste vorangestellt und dadurch betont; wirkt eindringlicher
C	Ellipse	Erhöht die Lesegeschwindigkeit, stärkerer Zusammenhang zwischen Adjektiv und Subjekt
D	Parallelismus	Die Aussage und die Wechselwirkung wird verstärkt
E	Akkumulation	Verdeutlichung und verstärkt die Aussage
F	Alliteration	Verdeutlicht die Zusammengehörigkeit der Wörter
G	Oxymoron	Zieht Aufmerksamkeit auf sich, regt zum Nachdenken an
H	Hyperbel	Das Gesagte wird aufgewertet/angepriesen
I	Antithese	Betont das Hin- und Hergerissen sein des lyrischen Ichs und das fehlende Zugehörigkeitsgefühl zu einem der beiden Gefühle

Aufg. 6: *Lösungshilfe*
- Situation des lyrischen Ichs: Der Frühling beginnt und das lyrische Ich ist bereit, sich zu verlieben.
- Grundstimmung: Die Stimmung wechselt von einer anfänglich gedrückten Stimmung, die mit der Beschreibung des Winters zusammenhängt, zu einer gehobenen, heiteren Stimmung, die mit der Beschreibung der sich zum Frühling hin verändernden Natur einhergeht
- Inhalt: Der Winter ist vorbei und der Frühling kommt. Das Herz des lyrischen Ichs öffnet sich zusammen mit den Knospen der Blüten. Es nimmt die aufblühende Natur als Anlass, auf Frühlingsgefühle und eine neue Liebe zu hoffen. Auch wenn es weiß, dass seine Erwartungen nicht unbedingt erfüllt werden und der Frühling des Öfteren nicht gehalten hat, was er versprach, ist das lyrische Ich dennoch optimistisch.
- Form: Vier Strophen mit je fünf Versen, in der vierten Strophe sechs Verse. Wechselhaftes Reimschema (umarmende Reime und Kreuzreime). Versfuß: Trochäus.
- Sprachliche Gestaltung:
  - Personifikation: „Mein […] Herz blüht auf, als wüsst es nicht" (Strophe 1, Vers 3)
  - Parallelismus: „Laue Luft und blauen Duft" (Strophe 2 Vers 10)
  - Metapher: „Die Kastanien zünden feierlich ihre weißen Kerzen an" (Strophe 3, Vers 11 f.)

Kapitel 2

Seite 30/31

Aufg. 1:

Bild 1: eine große bunte Peace-Fahne, dahinter viele Menschen; Bild 2: Menschen, die sich zu einem Peace-Zeichen aufgestellt haben; Bild 3: Eine Statue: bunte Hände tragen eine Kugel, die blau mit Sternen ist (Europäische Union-Farben), auf der Kugel sitzt eine Taube; Bild 4: Kinder die Plakate mit der Ausschrift „Peace on Earth" und vermutlich „Stop the war now" halten; Bild 5: Zwei Mädchen mit „No War" auf die Wangen geschrieben

Aufg. 2:

Jeanette Rankin: Da im Krieg viele Menschen ums Leben kommen, bedeutet Krieg auch immer Verlust. Da so viele Menschen sterben, ist der Ausgang eines Krieges nie mit Gewinn gleichzusetzen; gleiches gilt für ein Erdbeben.

Henry Miller: Krieg entsteht erst, wenn die Auseinandersetzung nicht mit Verstand und Worten geregelt werden konnte. Krieg ist deshalb ein Zeichen dafür, dass der Verstand versagt hat.

Richard von Weizsäcker: Die Menschen, die Auseinandersetzungen mit Worten klären, unterstützen den Frieden. Krieg ist kein Mittel, um Frieden zu erreichen.

Hermann Gmeiner: Frieden bedeutet, dass man nicht um Dinge kämpft. Frieden bedeutet, anderen etwas von uns selbst abzugeben, um so allen ein bestmögliches Leben zu schaffen.

Aufg. 3 und 4: Individuelle Lösungsmöglichkeiten

Aufg. 5:

Streit → Menschen, die aufgrund von verschiedenen Meinungen verärgert bis aggressiv miteinander umgehen

Meinungsverschiedenheit → harmloser Streit z. B. bei einer Diskussion, wirkt eher sachlich

Auseinandersetzung → z. B. in der Politik, heftiger als Meinungsverschiedenheit

Konflikt → zwei verschiedene Interessen stoßen aufeinander, z. B. in der Politik, zwischen Ländern; verschiedene Interessen stehen gegenüber, wirkt schwierig lösbar

Differenz → politisch und privat; Unterschiede in Meinungen und Ansichten, überwindbar

Reiberei → Privates Aufeinandertreffen von Meinungen, wirkt nicht so stark wie Streit

Aufg. 6: Beispiellösung

Politiker im Fernsehen, auf Festen/Geburtstagen

Seite 56/57

Aufg. 1: *Beispiellösung*

Redner: Johannes Rau, Bundespräsident von 1999 bis 2004. Der Redner ist ein bekannter Politiker, der das höchste politische Amt in der Bundesrepublik Deutschland bekleidet, dadurch genießt er hohes Ansehen. Er hält eine Ansprache, in der er die Entwicklung der Globalisierung kritisch betrachtet.

Publikum: Deutsche Bürger, vermutlich vorwiegend Berliner. Der Redner stellt den Wettbewerbscharakter der Globalisierung als menschlichere Werte in den Mittelpunkt. Es werden Beispiele genannt, die vermutlich auch das jüngere Publikum mit einbeziehen sollen.

Kontext: Jährliche „Berliner Rede", gehalten im Museum für Kommunikation im Jahre 2002. Die „Berliner Rede" wurde von Roman Herzog begründet und soll gesellschaftliche Entwicklungen aufzeigen. Die Rede von Johannes Rau bezieht sich auf die in den letzten Jahren stark vorangeschrittene Globalisierung und die damit verbundenen Aufgaben, die an die Gesellschaft und die Politik gestellt werden.

Aufg. 2:

1. Der Mensch ist für die Globalisierung verantwortlich.
2. Profit sollte in Zeiten der Globalisierung nicht an erster Stelle stehen. Damit der Wandel nicht aus den Fugen gerät, müssen andere Werte wie Fairness und Ordnung an die oberste Stelle gesetzt werden.
3. Nur, wenn ein rasant wachsender Markt fair und durch feste Regeln gestaltet wird, kann verhindert werden, dass die einen Länder untergehen, während andere immer weiter aufstreben. Die Kultur kann nur gewahrt werden, wenn der Wunsch nach Gewinn nicht das oberste Gebot darstellt.

Aufg. 3:

Abschnitt	Inhalt	Funktion für die Argumentation
Zeile 1–4	Globalisierung als aktuelles Thema der Gesellschaft.	Einleiten, worum es in der Rede geht und betonen, warum das Thema so wichtig ist.
Zeile 5–15	Beispiele für die Auswirkungen der Globalisierung.	Deutlich machen, dass jeder betroffen ist und dass Globalisierung in sehr vielen Bereichen eine Rolle spielt.
Zeile 16–31	Globalisierung bedarf politischer Gestaltung, bei der nicht die Wirtschaftlichkeit, sondern eine ordentliche Regelung des Marktes und Fairness wichtig sein sollten.	Dem Publikum zeigen, dass der Wandel nicht den Rückgang der Menschlichkeit bedeutet. Durch richtige Maßnahmen soll es möglich sein, dass der Mensch mit seinen Werten im Mittelpunkt steht und er nicht von wirtschaftlichen Interessen unterdrückt wird. Publikum soll positiv und optimistisch in Hinblick auf den Wandel gestimmt werden.

Aufg. 4: *Individuelle Lösungsmöglichkeit*

Aufg. 5:

Anapher und **Aufzählung**: „Es hat mit Globalisierung zu tun, wenn […]" (Z. 5, 7, 10, 13) → Verdeutlicht, dass Globalisierung in vielen Bereichen ein großes und wichtiges Thema ist.

Akkumulation: „[…] von Menschen gewollt und gemacht" (Z. 16 f.) und „Gerechtigkeit […] sichern und fördern" (Z. 20 f.) → verdeutlicht die Aussage und die Wichtigkeit des Gedankens

Hyperbel: „Die Menschen überall auf der Welt müssen erleben […]" (Z. 28 f.) → Überbetonung des Gesagten, die Ziele des Redners werden verdeutlicht

Aufg. 6:

Faktenargumente:

„Vor drei Jahren hatte die Hälfte der Deutschen den Begriff Globalisierung noch nie gehört. Heute kennt ihn praktisch jeder. Keine politische Debatte […] kommt ohne dieses Wort aus" (Z. 2 ff.)

„Nein, die Globalisierung ist kein Naturereignis." (Z. 16)

Normative Argumente:

„Die Globalisierung gestalten kann nur, wer klare Wertvorstellungen jenseits des Wirtschaftlichen hat." (Z. 18 f.)

„Dem Markt einen Rahmen zu geben und den Wettbewerb fair zu organisieren, das zählt zu den großen Kulturleistungen der Menschheit." (Z. 24 ff.)

„Die Menschen überall auf der Welt müssen erleben, dass sie im Mittelpunkt stehen." (Z. 28 f.)

Aufg. 7: Lösungshilfe

1. überzeugend, weil er menschlichere Werte als die der Wirtschaftlichkeit in den Vordergrund stellt

2. nicht überzeugend, weil er zwar wichtige Werte betont, aber eine konkrete Umsetzung dieser Ideen oft schwierig ist und er hierfür keine genauen Maßnahmen nennt

Aufg. 8: *Individuelle Lösungsmöglichkeiten*

Aufg. 9:

Nicht zu weit ausholen/vom Thema abschweifen, alles vom Blatt ablesen, das Publikum nicht mit einbeziehen, zu lange Sätze verwenden, nur auf theoretischer Ebene ohne Beispiele sprechen

Aufg. 10:

Ein Sprecher kann seinen Aussagen unterschiedliche Wirkungen verleihen, je nachdem, welche Worte er verwendet. So kann man Dinge durch Euphemismen beschönigen und verharmlosen. Durch die Verwendung von Stigmawörtern kann man andere gezielt ausgrenzen.

Kapitel 3

Seite 56/57

Aufg. 1:

Bild 1: Im Gegensatz zu den anderen Bildern ist eine Figur als Schwein verkleidet; Bild 2: Auf diesem Bild sind recht viele Figuren zu sehen, die einen Mann von etwas zurückhalten; Bild 3: Auf dem Bild ist die rothaarige Frau von Bild 1 zu sehen, wahrscheinlich stammt das Bild aus der gleichen Aufführung, auf dem Bild ist ein Mann auf einem Podest zu sehen; Bild 4: Das Bild ist eine schwarzweiß Aufnahme, eine ältere Frau wird von vier Männern in Uniform in einer Sänfte getragen, diese Szene könnte aus einem Film stammen; Bild 5: Die dargestellte Szene ist unter freiem Himmel, eine Frau geht am Arm eines Mannes zusammen mit weiteren Personen eine Straße entlang, die Szene stammt wahrscheinlich aus einem Film

Aufg. 2: *Beispiellösung*

Ältere Frau stattet Bekannten einen Besuch ab, gepflegte und anmutige Frau, körperlich durch ihr Alter vielleicht eingeschränkt

Aufg. 3:

Bühnenanweisung: Angaben für die Schauspieler, die sie bei der szenischen Darstellung beachten sollen
Dialog: Gespräch zwischen zwei Personen
Requisiten: Gegenstände, die zur Gestaltung einer Theaterszene verwendet werden
Akt: Abschnitte, in die das Bühnenspiel unterteilt ist
Szene: Abschnitte, in die ein Akt unterteilt ist
Schauplatz: Ort des Geschehens
Monolog: Gespräch einer Person mit sich selbst, Gedanken der Figur werden offenbart

Seite 74/75

Aufg. 1:

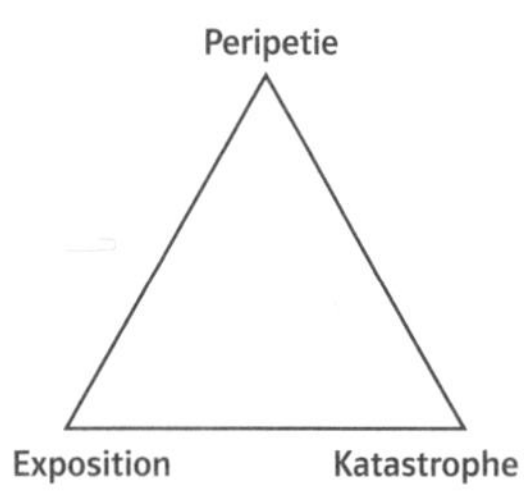

Aufg. 2:

Die Einführung in ein Drama wird **Exposition** genannt. Sie dient dazu, **die Konflikte und deren Einfluss auf die Handlung zu verdeutlichen**.
Der Konflikt entwickelt sich, bis es zu einem **Umschwung der Handlung** kommt. Dieser **Umschwung** wird **Peripetie** genannt.
In Tragödien gibt es am Schluss eine **Katastrophe**. In Komödien ein **glückliches Ende**.

Aufg. 3: *Beispiellösung*

Die Bürger der Stadt Güllen sind an Claires Geld interessiert und haben es auf die Spende abgesehen. Claire hingegen ist zurückgekehrt, um Vergeltung an Ill zu üben. Die verschiedenen Interessen führen zu einem moralischen Konflikt auf Seiten der Bürger: Moralisch vertretbar handeln oder eine Straftat begehen und dafür das Geld bekommen.

Aufg. 4:

Keine Einheit von Ort und Zeit: Handlungen, die einen kurzen Zeitraum darstellen, werden ausgedehnt aufgeführt wobei Vergangenes häufig thematisiert wird. Es finden viele Parallelhandlungen statt, in denen die Orte schnell wechseln.

Aufg. 5:

Aufg. 6: *Beispiellösung in Stichpunkten*

Claire Zachanassian

Äußeres Erscheinungsbild: Frau, 62 Jahre alt, ehemals Klara Wäscher, viele Prothesen, viele Schäden erlitten, „rothaarig, Perlenhalsband, riesige goldene Armringe, aufgedonnert, unmöglich [...] mit einer seltsamen Grazie, trotz allem Grotesken" (Seite 21 f.)
Lebensumstände: stammt aus armen Verhältnissen, musste zwischenzeitlich im Bordell arbeiten, hat dann mehrere reiche Männer geheiratet, Milliardärin, hatte mit 17 Jahren Liebesbeziehung zu Ill, wurde schwanger und dann von ihm sitzen gelassen
Äußeres Verhalten: dominant, direkt, versteckt ihre Absichten nicht, zahlreiche Verhältnisse mit Männern, glaubt mit Geld alles erreichen zu können, früher freundlich, heute gefühllos und kalt
Inneres: möchte Gerechtigkeit/Rache, nachtragend, verbittert, egoistisch, schreckt vor nichts zurück, Sprechweise spöttisch und ironisch

Aufg. 7:
Verfahren zur Überarbeitung einer Figurencharakterisierung. Fehlende Wörter und Sätze werden *ergänzt*, überflüssige hingegen muss man *streichen*. Unpassende Wörter und Sätze werden *ausgetauscht* und Wörter, Sätze oder Abschnitte werden bei Unstimmigkeiten **umgestellt**.
Aufg. 8 und 9:
Das Drama (1) **„Der Besuch der alten Dame"** wurde von (2) **Friedrich Dürrenmatt** geschrieben und im Jahr (3) **1956** veröffentlicht. Es geht darin um die Rückkehr (4) **Claire Zachanassians**, die sich an dem Dorf (5) **Güllen** für (6) **das Verhalten ihres damaligen Geliebten Ill und der Reaktion des ganzen Dorfes darauf** rächen will.
Vor über 45 Jahren hatte die damals 17jährige (7) **Klara Wäscher** in der Kleinstadt Güllen ein Verhältnis mit (8) **dem 19-jährigen Alfred Ill**. Als sie (9) **schwanger wurde**, (10) **leugnete Ill die Vaterschaft und gewann einen Gerichtsprozess gegen sie, woraufhin Claire die Stadt verlassen musste**. Nach fast fünf Jahrzehnten kehrt sie (11) **nach Güllen zurück** und (12) **setzt eine hohe Geldsumme als Kopfgeld für Ill aus**. Die Bürger (13) **sind zunächst schockiert und sehen sich dann in einem moralischen Konflikt**. Im Verlauf des Dramas (14) **beginnen die Bürger, über ihre Verhältnisse zu leben und rechnen mit Erhalt des Geldes**. Am Ende (15) **wird Ill von den Bürgern umgebracht, so wie Claire es verlangt hat**.
In dem Drama gibt es verschiedene Zeitebenen. Zum einen erfährt der Zuschauer durch Berichte Claires und durch die Gespräche Claires mit Ill viel über die (16) **Vergangenheit**. Die Vorfälle damals haben Auswirkungen auf die (17) **Gegenwart**, weil (18) **Claire nun Vergeltung üben will**.
Die Orte im Drama haben viel mit den Zeitebenen zu tun. In der Vergangenheit waren für Claire besonders die Orte (19) **Konradsweilerwald und Petersche Scheune** wichtig. Sie besucht sie in der Gegenwart noch einmal, um (20) **sich an die Vergangenheit zu erinnern**. An der Vielfalt der Orte und der unterschiedlichen Zeitebenen wird deutlich, dass sich Friedrich Dürrenmatt nicht an die klassische (21) **Einheit** von (22) **Ort** und (23) **Zeit** hält.
Der zentrale Konflikt im Drama (24) **„Der Besuch der alten Dame"** dreht sich um die Frage, ob man für Geld (25) **alles kaufen kann**. Claire macht den Bürgern Güllens (26) **ein verlockendes Angebot**, nachdem sie vorher (27) **die ganze Stadt ausgekauft und alle Bürger in den Ruin getrieben hat**. Es stellt sich die Frage, was mehr wiegt: die (28) **Moral** oder (29) **das Geld**. Dürrenmatt zeigt am Schluss des Dramas, dass (30) **die Verlockung des Geldes zu groß ist**. Allgemein zeigt das Drama, wie (31) **man Menschen in Not ausnutzen kann** und (32) **welche Macht das Geld hat**.
Insgesamt (33) *(individuelle Lösungen)*. Ich persönlich finde, (34) *(individuelle Lösungen)*.

Kapitel 4

Seite 76/77
Aufg. 1: *Beispiellösung*
Auf dem Bild ist ein Wald und ein Wasserlauf mit einem kleinen Wasserfall zu sehen. Der Wasserlauf ist von großen Steinen umgeben. Über den Bäumen sieht man den Vollmond, der aus einer Wolkenlücke hervor scheint.. Das Bild ist in bräunlich-grünen Farben gemalt.
Aufg. 2: *Beispiellösung*
Das Bild wirkt ruhig. Beim Betrachten könnte man fast das Wasser plätschern hören. Ein bisschen bedrohlich wirken die Wolken, die den Mond wieder verdecken könnten und den Wald und das Gewässer dann wieder im dunklen zurücklassen.
Aufg. 3: *Beispiellösung*
Das Gedicht „Nachts" handelt von einer nächtlichen Umgebung. Das lyrische Ich wandert durch die Nacht als der Mond hinter dunklen Wolken zum Vorschein kommt. Eine Nachtigall singt kurz, dann ist es wieder still.
Das Gedicht „Umbra vitae" handelt von Menschen, die auf der Straße stehen und in den Himmel schauen. Am Himmel ist ein Komet mit Feuernasen (vielleicht ist der Schweif des Kometen gemeint) zu sehen, der drohend auf die Türme der Stadt zukommt.
Aufg. 4: *Beispiellösung*
Zwischen dem Bild und dem Gedicht „Nachts" bestehen Gemeinsamkeiten. Beide beschreiben eine Situation in der Nacht, die still dargestellt wird. Zudem wird im Gedicht eine Wolkenhülle thematisiert, die auch auf dem Bild zu sehen ist. Sowohl das Gedicht als auch das Bild vermitteln eine Stille und Ruhe in der Nacht.
Aufg. 5: *Beispiellösung*
Unter einer literarischen Epoche versteht man einen Abschnitt der Literaturgeschichte. Man erkennt Epochen daran, dass Autoren ein bestimmtes Lebensgefühl aufgreifen und beschreiben, sich einer bestimmten Ästhetik und eines bestimmten Stils bedienen. Epochen werden oft erst im Nachhinein erkannt und bestimmt.

Seite 94/95
Aufg. 1: *Individuelle Lösungsmöglichkeit*
Aufg. 2 und 3: *Beispiellösung*

Familie	Vater Philipp Wilhelm Grimm: Anwalt und fürstlicher Stadtschreiber, früh verstorben Mutter Dorothea: hatte sechs Kinder, die ältesten (Jacob und Wilhelm) brachte die Mutter bei Fremden unter
Studium	in Marburg: Rechtswissenschaften die Bibliothek wird zum Lieblingsort
Deutsche Sprache wird Arbeitsfeld	Romantische Dichterkreise Märchen und Sagen
Erste Veröffentlichungen	im Jahr 1811 Jacob: Werk über altdeutsche Gesänge Wilhelm: Übersetze altdänische Heldenlieder und Balladen
Arbeit	1814 in Kurfürstlicher Bibliothek zu Kassel, danach in Göttingen tätig → jedoch: Rauswurf
Werke	Mitarbeit an „Des Knaben Wunderhorn" Sammlung der Texte der „Dichtung des Volkes" → alle Märchen und Sagen werden überarbeitet, erster Märchenband erschien 1812, zweiter erschien 1815 Publikumserfolg mit der „Kleinen Ausgabe" 1825 Arbeit am Wörterbuch
Göttinger Rauswurf	gehörten zu den „Göttinger Sieben", protestierten gegen Verfassungsbruch des hannoverschen Königs, werden deshalb in Göttingen entlassen
König ermöglicht Weiterarbeit an Wörterbuch	Friedrich Wilhelm IV. Berliner Akademie der Wissenschaft Arbeit am Wörterbuch: Geplant war komplette Bestandsaufnahme des dt. Wortschatzes
Lebensende	Wilhelm starb 1859 Jacob starb 1863

Aufg. 4: Beispiellösung
Die Märchensammler Grimm
Jacob und Wilhelm Grimm, die im Jahr 1785 und 1786 geboren sind, sind heute besonders durch ihre gesammelten Märchen bekannt. Neben dieser Tätigkeit sind sie aber auch durch ihre weiteren Tätigkeiten bekannt geworden.
Die Familie Grimm bestand aus Vater Philipp Wilhelm, Mutter Dorothea sowie sechs Kindern. Da der Vater, ein Anwalt und fürstlicher Stadtschreiber früh starb, brachte die Mutter Jacob und Wilhelm bei Freunden unter. Einige Jahre später studierten die Brüder Rechtswissenschaften in Marburg und wählten die Bibliothek zu ihrem Lieblingsort. Immer mehr wird die deutsche Sprache zu ihrem Arbeitsfeld. Die Brüder Grimm beschäftigen sich mit Märchen und Sagen, die besonders in der Romantik gerne thematisiert werden. Dadurch erhalten sie Zugang zu den bekannten Dichtern dieser Epoche.
Im Jahr 1811 erscheint Jacobs erstes Werk über altdeutsche Gesänge. Im gleichen Jahr erscheint auch Wilhelms Übersetzung Altdänischer Heldenlieder und Balladen. Drei Jahre später arbeiten die Brüder zunächst in der Kurfürstlichen Bibliothek in Kassel, wo sie Zugang zu zahlreichen Büchern haben. Im Anschluss daran gehen die Brüder Grimm ihren Forschungen in Göttingen nach, wo sie aber nach einem Protest gegen den hannoverischen König rausgeworfen werden. Während dieser Zeit erscheinen zahlreiche Werke, zum Beispiel die Textsammlung „Dichtung des Volkes", der erste Märchenband, in dem alle Märchen und Sagen überarbeitet wurden. Das Werk „Kleine Ausgabe" aus dem Jahr 1825 wurde ein großer Erfolg.
Als nächstes Projekt arbeiteten die Brüder an einem Wörterbuch, in dem eine komplette Bestandsaufnahme des deutschen Wortschatzes geplant war. Diese Arbeit setzen sie an der Berliner Akademie der Wissenschaft fort.
Wilhelm starb 1859 an einer Entzündung, Jacob starb im Jahr 1863 an einem Schlaganfall.
Meiner Meinung nach, haben die Brüder Grimm auch heute noch eine große Bedeutung. Neben den berühmten Märchen und Sagen, die jedes Kind und jeder Erwachsene kennt, haben sie es auch geschafft, die deutsche Sprache zu untersuchen und in einem Wörterbuch festzuhalten. Da sich die Sprache immer weiter entwickelt, haben die Brüder also den Grundstein für eine immer noch andauernde Arbeit gelegt.
Aufg. 5: Individuelle Lösungsmöglichkeit
Aufg. 6:
Möglich ist ein Info-Plakat, Overhead-Projektor Folien, eine digitale Präsentation oder ein Handout.

Kapitel 5

Seite 96/97
Aufg. 1:
Anlass: Wenn du so spät nach Hause kommst
Gefühl: mache ich mir große Sorgen und habe Angst
Begründung: es könnte dir etwas zugestoßen sein
Erwartung/Wunsch: Ich möchte demnächst wissen, wann und wie du nach Hause kommst.
Aufg. 2: Beispiellösung
Immer, wenn du mir beim nach Hause kommen so eine Standpauke hältst, fühle ich mich eingeengt und kontrolliert. Es scheint, als würdest du mir nicht vertrauen. Können wir uns nicht demnächst per Handy absprechen, damit du Bescheid weißt?

Aufg. 3:
1. auktorial, *2.* personal, *3.* indirekt, *4.* Stimmungsraum, *5.* linear, *6.* Ich-Erzähler, *7.* zeitdehnend, *8.* Innensicht, *9.* zeitraffend

Seite 116/117
Aufg. 1:

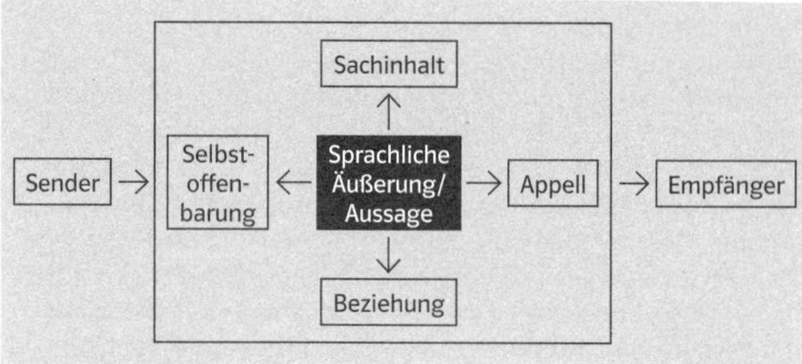

Aufg. 2: Beispiellösung
In der Geschichte könnte es um eine Person (Ich-Erzähler) gehen, in deren Leben es Tage gibt, die sehr langweilig sind. An diesen Tagen wartet und hofft sie darauf, dass eine Person oder ein Ereignis sie aus dieser Langweile befreit.
Aufg. 3 und 4: Lösungshilfe
Inhalte des Dialogs können sein: Mutter macht Vorschläge, was der Sohn/die Tochter in ihrem Leben (Beruf, Freizeit, ...) machen könnte, Mutter fragt nach der Ursache für die Antriebslosigkeit, Sohn/Tochter erklärt, warum er/sie sich so fühlt, Mutter erklärt ihre Gefühle und äußert Wünsche für die Zukunft, Sohn/Tochter äußert Ängste und Wünsche für die Zukunft
Aufg. 5: Beispiellösung
Mein Kind sitzt nur noch im Bett. Es kommt einfach nicht aus seinem Zimmer heraus. Ich habe schon so viel versucht, um es zurück in den Alltag zu holen: Pflichten, Vorschläge für die Freizeitgestaltung, Ausflüge mit mir ... nichts hat funktioniert. Was soll nur mit ihm werden? Es gab Zeiten, da war es so voller Tatendrang und hat alle anderen mit seiner Energie in den Schatten gestellt. Ich vermisse es, wie es früher war! Ich frage immerzu, ob es nicht aufstehen möchte, z. B. um mit meinem Mann fischen zu gehen. Doch ich schaffe es nicht ...
Aufg. 6: Beispiellösung
Bei meinem Text habe ich darauf geachtet, die Perspektive der Mutter einzunehmen und ihre Gefühle und Gedanken zu der Situation darzustellen. Ferner habe ich mich auf den Text „An manchen Tagen" orientiert und die darin beschriebenen Situationen an passenden Stellen in meinem Text aufgegriffen.
Aufg. 7 und 8: Lösungshilfe
Mögliche Inhalte können sein: Mutter freut sich über ihr Kind, Geschwister machen sich darüber lustig, dass er/sie endlich das Bett verlassen hat, Vater macht Angebote für die Freizeit, Kind fühlt sich überfordert und bereut die Entscheidung oder ist froh, das Zimmer verlassen zu haben und lauscht gespannt den Geschichten seiner Familie
Aufg. 9: Lösungshilfe
Einleitung: Titel: „An manchen Tagen", Autor: Nadja Einzmann, **Textsorte**: (Kurz-)geschichte, Thema: Der Ich-Erzähler/die Ich-Erzählerin hat die Lust am Leben verloren, während die Mutter sich Sorgen macht und versucht, die Situation zu ändern.
Zusammenfassung: Der Ich-Erzähler/die Ich-Erzählerin sitzt den ganzen Tag auf seinem/ihrem Bett, während die Mutter ständig anklopft, um Aufforderungen und Wünsche an ihr Kind zu richten.

Das Kind vergleicht sein Bett mit dem Rückzugsort eines Floßes. Die Mutter macht immer weiter Vorschläge und fragt sich, was nur aus ihrem Kind werden solle. Das Kind beschreibt, dass es früher ein anderer Mensch gewesen war und sich jetzt vollständig von der Welt zurückziehen möchte.
Situation: Lust am Leben verloren, antrieblos, familiäre Kontakte nur noch sehr eingeschränkt, gedrückte Stimmung, möchte nichts mehr mit der Welt zu tun haben, zurückgezogen, fühlt sich, als würde alles über ihm zusammenbrechen (Metapher: Floß und Wellengang)
Gemütszustand und sprachliche Mittel: Metapher des Bettes als Schiff oder Floß wird die Geschichte über beibehalten. Die Außenwelt ist die hohe See, gefüllt mit gefährlichen Tieren und tückischen Wellen, die für die Familie des Kindes stehen könnten. Kurzgeschichte: Geringer Textumfang, kurz erzählte Zeit, personaler Erzähler, wenige Figuren, kein Ortswechsel, Alltagssituation als Thema, unmittelbarer Einstieg ohne Einleitung, offener Schluss
Stellungnahme: Mutter könnte vorschlagen, etwas mit ihrem Kind zu unternehmen oder fragen, ob sie irgendwie helfen könnte - es bleibt aber offen, ob dies etwas ändern würde

Kapitel 6

Seite 118/119
Aufg. 1:
Bild 1: Im oberen Teil ist ein großer Tigerkopf zu sehen. In der Mitte steht der Titel „Life of Pi" im unteren Teil des Bildes sieht man ein Bott, auf dem ein Tiger sitzt, daneben ist ein Floß oder ähnliches. Darauf steht ein Junger Mann. Bild 2: Oben im Bild steht der Titel „Life of Pi", darunter ist ein Bott abgebildet, aus dem ein Tiger sitzt, im hinteren Teil des Bootes steht ein junger Mann auf einer Plane. Bild 3: Das Bild hebt sich von den anderen ab. In der linken oberen Ecke stehen der Autor (Yann Martel) und der Titel (Schiffbruch mit Tiger) sowie die Textsorte (Roman). Auf dem Bild ist eine Zeichnung vom Meer zu sehen. Darauf schwimm ein Bott mit einem großen Tiger. daneben liegt klein eine menschliche Gestalt. Am unteren Rand findet man den Hinweis auf den Fischer Verlag und ebooks.
Aufg. 2:
Auf den ersten beiden Bildern sind Fotos genutzt, um den Inhalt der Geschichte zu zeigen. Bei dem dritten Bild wird jedoch eine Zeichnung eingesetzt. Auf den Bildern 1 und 3 ist der Tiger sehr groß und mächtig gegenüber der Figur dargestellt. Auf dem zweiten Bild steht der junge Mann jedoch über dem Tiger und wirkt so gleichwertiger, allerdings reist der Tiger sein Maul auf und zeigt seine gefährlichen Zähne
Aufg. 3:
Die Bilder 1 und 2 gehören zum Medium Film. Es handelt sich dabei um die Filmplakate, die man anhand der Bilder sowie den Hinweise erkennt, z. B. Namen der Schauspieler. Das Bild 3 gehört zu einem E-Book. Dies erkennt man an der Aufmachung des Covers und den gegebenen Hinweisen.
Die Filmbilder und Buchcover unterscheiden sich darin, dass bei Filmbildern ein Standbild aus dem Film gezeigt wird, bei dem Buchcover wurden in diesem Fall Illustrationen verwendet.
Aufg. 4: Beispiellösung
Harry Potter, Der Herr der Ringe, Die Tribute von Panem

Seite 132/133
Aufg. 1: Beispiellösung
Wo und wann könnte die Handlung spielen? Welche Figuren können in dem Film mitspielen? Welche Eigenschaften können sie haben? Was könnte das Hauptthema sein?
Welche Konflikte und Probleme können auftreten?
Aufg. 2: Beispiellösung
Der Klappentext enthält Thema und Figuren sowie ein besonderes Ereignis, das in dem Film oder dem Buch eine wichtige Rolle spielt. Allerdings fehlt ein wichtiges Szenario: Der Junge überlebt und befindet sich in einem Rettungsboot mitten auf dem Ozean zusammen mit einem Bengalischen Tiger.
Aufg. 3:
A Einstellungsgröße, **B** Kameraperspektive
Aufg. 4:
A Totale; **B** Halbtotale
Aufg. 5:
C Froschperspektive: groß, überlegen; **D** Normalsicht: distanziert, gleichwertig
Aufg. 6:
Der Point of View beschreibt, ob eine Szene objektiv oder subjektiv wirkt. Auf Bild C nähert sich die Kamera den Figuren und das Geschehen wird als intensiv empfunden. Es scheint, als blickte der Zuschauer durch die Augen von einer der beiden Figuren. Deshalb handelt es sich um einen subjektiven Point of View. Auf Bild D hat der Zuschauer eine größere Distanz zu den Figuren und dem Geschehen. Er beobachtet die Situation von außen. Deshalb handelt es sich um einen objektiven Point of View.
Aufg. 7:
Bei Bild A hat der Zuschauer Distanz zur Figur, weshalb die Perspektive objektiv wirkt. Bei Bild B hingegen ist die Kamera dem Tiger angenähert. Die Perspektive wirkt subjektiv.
Aufg. 8:
Unter Fantastik versteht man Handlungen mit einem großen Anteil an Erfundenem. Beispielsweise in dem Buch „Harry Potter": Harry und seine Freunde sind Zauberschüler und können zaubern.
Aufg. 9: Beispiellösung
Die beiden Situationen können durch Computereffekte fantastisch wirken lassen. Allein das Pi mit den verschiedenen Tieren in einem Boot sitzt, zeigt die Fantastik. Die zweite Situation könnte durch stark leuchtende Farben fantastisch gestaltet werden.
Aufg. 10:
Realistisch: Tierdokumentation, Bastelanleitung, Kochrezept, Zeitungsartikel, Geschichtsdokumentation, Historienfilm
Fiktional: Actionfilm, Horrorfilm, Komödie, Roman, Märchen, Gedicht, Historienfilm
Aufg. 11:
Prägnante Überschrift, Zuordnung zu einem Filmgenre, Vergleich mit ähnlichen Filmen/Themen, Hauptaussage des Films, Empfehlung an eine Zielgruppe
Aufg. 12: Individuelle Lösungsmöglichkeiten

Liste der unregelmäßigen Verben

Grundform	Präsens	Präteritum	Perfekt
befehlen	du befiehlst	ich befahl	ich habe befohlen
beißen	du beißt	ich biss	ich habe gebissen
biegen	du biegst	ich bog	ich habe gebogen
binden	du bindest	ich band	ich habe gebunden
bitten	du bittest	ich bat	ich habe gebeten
blasen	du bläst	ich blies	ich habe geblasen
bleiben	du bleibst	ich blieb	ich bin geblieben
brechen	du brichst	ich brach	ich habe gebrochen
bringen	du bringst	ich brachte	ich habe gebracht
denken	du denkst	ich dachte	ich habe gedacht
dürfen	du darfst	ich durfte	ich habe gedurft
empfehlen	du empfiehlst	ich empfahl	ich habe empfohlen
essen	du isst	ich aß	ich habe gegessen
fahren	du fährst	ich fuhr	ich bin gefahren
fallen	du fällst	ich fiel	ich bin gefallen
fangen	du fängst	ich fing	ich habe gefangen
finden	du findest	ich fand	ich habe gefunden
fliegen	du fliegst	ich flog	ich bin geflogen
fliehen	du fliehst	ich floh	ich bin geflohen
fließen	es fließt	es floss	es ist geflossen
fressen	es frisst	es fraß	es hat gefressen
frieren	du frierst	ich fror	ich habe gefroren
geben	du gibst	ich gab	ich habe gegeben
gehen	du gehst	ich ging	ich bin gegangen
geschehen	es geschieht	es geschah	es ist geschehen
gewinnen	du gewinnst	ich gewann	ich habe gewonnen
gießen	du gießt	ich goss	ich habe gegossen
graben	du gräbst	ich grub	ich habe gegraben
greifen	du greifst	ich griff	ich habe gegriffen
haben	du hast	ich hatte	ich habe gehabt
halten	du hältst	ich hielt	ich habe gehalten
hauen	du haust	ich haute	ich habe gehauen
heißen	du heißt	ich hieß	ich habe geheißen
helfen	du hilfst	ich half	ich habe geholfen
kennen	du kennst	ich kannte	ich habe gekannt
klingen	es klingt	es klang	es hat geklungen
kommen	du kommst	ich kam	ich bin gekommen
können	du kannst	ich konnte	ich habe gekonnt
kriechen	du kriechst	ich kroch	ich bin gekrochen
lassen	du lässt	ich ließ	ich habe gelassen
laufen	du läufst	ich lief	ich bin gelaufen
lesen	du liest	ich las	ich habe gelesen
liegen	du liegst	ich lag	ich habe gelegen
lügen	du lügst	ich log	ich habe gelogen
messen	du misst	ich maß	ich habe gemessen
mögen	du magst	ich mochte	ich habe gemocht
müssen	du musst	ich musste	ich habe gemusst
nehmen	du nimmst	ich nahm	ich habe genommen

Grundform	Präsens	Präteritum	Perfekt
pfeifen	du pfeifst	ich pfiff	ich habe gepfiffen
raten	du rätst	ich riet	ich habe geraten
reißen	du reißt	ich riss	ich habe gerissen
reiten	du reitest	ich ritt	ich bin geritten
rennen	du rennst	ich rannte	ich bin gerannt
riechen	du riechst	ich roch	ich habe gerochen
rufen	du rufst	ich rief	ich habe gerufen
schieben	du schiebst	ich schob	ich habe geschoben
schießen	du schießt	ich schoss	ich habe geschossen
schlafen	du schläfst	ich schlief	ich habe geschlafen
schlagen	du schlägst	ich schlug	ich habe geschlagen
schleichen	du schleichst	ich schlich	ich bin geschlichen
schließen	du schließt	ich schloss	ich habe geschlossen
schneiden	du schneidest	ich schnitt	ich habe geschnitten
schreiben	du schreibst	ich schrieb	ich habe geschrieben
schreien	du schreist	ich schrie	ich habe geschrien
schweigen	du schweigst	ich schwieg	ich habe geschwiegen
schwimmen	du schwimmst	ich schwamm	ich bin geschwommen
sehen	du siehst	ich sah	ich habe gesehen
sein	du bist	ich war	ich bin gewesen
singen	du singst	ich sang	ich habe gesungen
sinken	du sinkst	ich sank	ich bin gesunken
sitzen	du sitzt	ich saß	ich habe gesessen
sprechen	du sprichst	ich sprach	ich habe gesprochen
springen	du springst	ich sprang	ich bin gesprungen
stechen	du stichst	ich stach	ich habe gestochen
stehen	du stehst	ich stand	ich habe gestanden
stehlen	du stiehlst	ich stahl	ich habe gestohlen
steigen	du steigst	ich stieg	ich bin gestiegen
sterben	er stirbt	er starb	er ist gestorben
stinken	es stinkt	es stank	es hat gestunken
stoßen	du stößt	ich stieß	ich habe gestoßen
streichen	du streichst	ich strich	ich habe gestrichen
streiten	du streitest	ich stritt	ich habe gestritten
tragen	du trägst	ich trug	ich habe getragen
treffen	du triffst	ich traf	ich habe getroffen
trinken	du trinkst	ich trank	ich habe getrunken
tun	du tust	ich tat	ich habe getan
vergessen	du vergisst	ich vergaß	ich habe vergessen
verlieren	du verlierst	ich verlor	ich habe verloren
verzeihen	du verzeihst	ich verzieh	ich habe verziehen
wachsen	du wächst	ich wuchs	ich bin gewachsen
waschen	du wäschst	ich wusch	ich habe gewaschen
werden	du wirst	ich wurde	ich bin geworden
werfen	du wirfst	ich warf	ich habe geworfen
wissen	du weißt	ich wusste	ich habe gewusst
ziehen	du ziehst	ich zog	ich habe gezogen
zwingen	du zwingst	ich zwang	ich habe gezwungen

Liste der Konjunktivformen

Grundform/ Infinitiv	3. Person Präsens Indikativ	3. Person Konjunktiv I	3. Person Präteritum Indikativ	3. Person Konjunktiv II	Umschreibung mit *würde*
befehlen	er befiehlt	er befehle	er befahl	er befähle	er würde befehlen
beißen	er beißt	er beiße	er biss	er bisse	er würde beißen
biegen	er biegt	er biege	er bog	er böge	er würde biegen
binden	er bindet	er binde	er band	er bände	er würde binden
bitten	er bittet	er bitte	er bat	er bäte	er würde bitten
blasen	er bläst	er blase	er blies	er bliese	er würde blasen
bleiben	er bleibt	er bleibe	er blieb	er bliebe	er würde bleiben
brechen	er bricht	er breche	er brach	er bräche	er würde brechen
bringen	er bringt	er bringe	er brachte	er brächte	er würde bringen
denken	er denkt	er denke	er dachte	er dächte	er würde denken
dürfen	er darf	er dürfe	er durfte	er dürfte	er würde dürfen
empfehlen	er empfiehlt	er empfehle	er empfahl	er empfähle	er würde empfehlen
essen	er isst	er esse	er aß	er äße	er würde essen
fahren	er fährt	er fahre	er fuhr	er führe	er würde fahren
fallen	er fällt	er falle	er fiel	er fiele	er würde fallen
fangen	er fängt	er fange	er fing	er finge	er würde fangen
finden	er findet	er finde	er fand	er fände	er würde finden
fliegen	er fliegt	er fliege	er flog	er flöge	er würde fliegen
fliehen	er flieht	er fliehe	er floh	er flöhe	er würde fliehen
fließen	er fließt	er fließe	er floss	er flösse	er würde fließen
fressen	er frisst	er fresse	er fraß	er fräße	er würde fressen
frieren	er friert	er friere	er fror	er fröre	er würde frieren
geben	er gibt	er gebe	er gab	er gäbe	er würde geben
gehen	er geht	er gehe	er ging	er ginge	er würde gehen
geschehen	es geschieht	es geschehe	es geschah	es geschähe	es würde geschehen
gewinnen	er gewinnt	er gewinne	er gewann	er gewänne	er würde gewinnen
gießen	er gießt	er gieße	er goss	er gösse	er würde gießen
graben	er gräbt	er grabe	er grub	er grübe	er würde graben
greifen	er greift	er greife	er griff	er griffe	er würde greifen
haben	er hat	er habe	er hatte	er hätte	er würde haben
halten	er hält	er halte	er hielt	er hielte	er würde halten
hauen	er haut	er haue	er haute	er haute	es würde hauen
heißen	er heißt	er heiße	er hieß	er hieße	er würde heißen
helfen	er hilft	er helfe	er half	er hälfe/hülfe	er würde helfen
kennen	er kennt	er kenne	er kannte	er kennte	er würde kennen
klingen	es klingt	es klinge	es klang	es klänge	es würde klingen
kommen	er kommt	er komme	er kam	er käme	er würde kommen
können	er kann	er könne	er konnte	er könnte	er würde können
kriechen	er kriecht	er krieche	er kroch	er kröche	er würde kriechen
lassen	er lässt	er lasse	er ließ	er ließe	er würde lassen
laufen	er läuft	er laufe	er lief	er liefe	er würde laufen
lesen	er liest	er lese	er las	er läse	er würde lesen
liegen	er liegt	er liege	er lag	er läge	er würde liegen
lügen	er lügt	er lüge	er log	er löge	er würde lügen
messen	er misst	er messe	er maß	er mäße	er würde messen
mögen	er mag	er möge	er mochte	er möchte	er würde mögen
müssen	er muss	er müsse	er musste	er müsste	er würde müssen
nehmen	er nimmt	er nehme	er nahm	er nähme	er würde nehmen

Grundform/ Infinitiv	3. Person Präsens Indikativ	3. Person Konjunktiv I	3. Person Präteritum Indikativ	3. Person Konjunktiv II	Umschreibung mit *würde*
pfeifen	er pfeift	er pfeife	er pfiff	er pfiffe	er würde pfeifen
raten	er rät	er rate	er riet	er riete	er würde raten
reißen	er reißt	er reiße	er riss	er risse	er würde reißen
reiten	er reitet	er reite	er ritt	er ritte	er würde reiten
rennen	er rennt	er renne	er rannte	er rennte	er würde rennen
riechen	er riecht	er rieche	er roch	er röche	er würde riechen
rufen	er ruft	er rufe	er rief	er riefe	er würde rufen
schieben	er schiebt	er schiebe	er schob	er schöbe	er würde schieben
schießen	er schießt	er schieße	er schoss	er schösse	er würde schießen
schlafen	er schläft	er schlafe	er schlief	er schliefe	er würde schlafen
schlagen	er schlägt	er schlage	er schlug	er schlüge	er würde schlagen
schleichen	er schleicht	er schleiche	er schlich	er schliche	er würde schleichen
schneiden	er schneidet	er schneide	er schnitt	er schnitte	er würde schneiden
schließen	er schließt	er schließe	er schloss	er schlösse	er würde schließen
schreiben	er schreibt	er schreibe	er schrieb	er schriebe	er würde schreiben
schreien	er schreit	er schreie	er schrie	er schriee	er würde schreien
schweigen	er schweigt	er schweige	er schwieg	er schwiege	er würde schweigen
schwimmen	er schwimmt	er schwimme	er schwamm	er schwämme/schwömme	er würde schwimmen
sehen	er sieht	er sehe	er sah	er sähe	er würde sehen
sein	er ist	er sei	er war	er wäre	er würde sein
singen	er singt	er singe	er sang	er sänge	er würde singen
sinken	er sinkt	er sinke	er sank	er sänke	er würde sinken
sitzen	er sitzt	er sitze	er saß	er säße	er würde sitzen
sprechen	er spricht	er spreche	er sprach	er spräche	er würde sprechen
springen	er springt	er springe	er sprang	er spränge	er würde springen
stechen	er sticht	er steche	er stach	er stäche	er würde stechen
stehen	er steht	er stehe	er stand	er stünde	er würde stehen
stehlen	er stiehlt	er stehle	er stahl	er stähle	er würde stehlen
steigen	er steigt	er steige	er stieg	er stiege	er würde steigen
sterben	er stirbt	er sterbe	er starb	er stürbe	er würde sterben
stinken	es stinkt	es stinke	es stank	es stänke	es würde stinken
stoßen	er stößt	er stoße	er stieß	er stöße	er würde stoßen
streichen	er streicht	er streiche	er strich	er striche	er würde streichen
streiten	er streitet	er streite	er stritt	er stritte	er würde streichen
tragen	er trägt	er trage	er trug	er trüge	er würde tragen
treffen	er trifft	er treffe	er traf	er träfe	er würde treffen
trinken	er trinkt	er trinke	er trank	er tränke	er würde trinken
tun	er tut	er tue	er tat	er täte	er würde tun
vergessen	er vergisst	er vergesse	er vergaß	er vergäße	er würde vergessen
verlieren	er verliert	er verliere	er verlor	er verlöre	er würde verlieren
verzeihen	er verzeiht	er verzeihe	er verzieh	er verzeihe	er würde verzeihen
wachsen	er wächst	er wachse	er wuchs	er wüchse	er würde wachsen
waschen	er wäscht	er wasche	er wusch	er wüsche	er würde waschen
werden	er wird	er werde	er ward	er würde	er würde werden
werfen	er wirft	er werfe	er warf	er würfe	er würde werfen
wissen	er weiß	er wisse	er wusste	er wüsste	er würde wissen
ziehen	er zieht	er ziehe	er zog	er zöge	er würde ziehen
zwingen	er zwingt	er zwinge	er zwang	er zwänge	er würde zwingen

Grammatische Grundbegriffe

Begriff	Erklärung	Beispiel
Adjektiv, das	Eigenschaftswort, Wiewort	klein, groß, dick
Adverbialbestimmung, die auch: Adverbial, das	Satzglied, z. B. des Ortes, der Zeit, der Art und Weise oder des Grundes, antwortet auf die Fragen „Wo?, Wohin?, Wie lange?, Wie?, Auf welche Art und Weise?, Warum?"	Er kam ***dahin.*** (Ort) Sie treffen sich ***um 9 Uhr.*** (Zeit) Es regnete ***ununterbrochen.*** (Art und Weise)
Adverb, das	unveränderliche Wortart, kann an den Anfang eines Satzes gestellt und durch W-Fragen erfragt werden	heute, immer, dort, oben, einmal
Akkusativ, der	Kasus (Fall); Wen-Fall, 4. Fall	den Nachbarn; die Nachbarn
Akkusativobjekt, das	Satzglied, antwortet auf die Frage „Wen oder was?"	Sie traf *Paul.* (Wen oder Was traf sie?)
Aktiv, das	Gibt an, dass jemand etwas tut. Die handelnde Person steht im Vordergrund.	Tom trinkt Milch.
Artikel, bestimmter	Begleiter des Nomens, Geschlechtswort	***die*** Frau, ***der*** Tisch, ***das*** Haus
Artikel, unbestimmter	Begleiter des Nomens, Geschlechtswort	***ein*** Haus, ***ein*** Stuhl, ***eine*** Frau
Attribut, das	Beifügung, nähere Bestimmung eines Bezugswortes; kein selbstständiges Satzglied; Attribute antworten auf die Fragen: Was für ein? Wessen? Attribute können die Form eines Nebensatzes haben.	Das war ein ***interessanter*** Film. Der Frosch, ***der auf dem Baum sitzt***, gehört zu den giftigen Baumsteigerfröschen.
Aufforderungssatz, der	Satz, der verwendet wird, wenn man um etwas bittet oder wenn man jemanden zu etwas auffordert; steht mit Ausrufezeichen oder Punkt am Ende	Gib den Ball ab! Lies den Text.
Aussagesatz, der	Satz, der verwendet wird, um etwas mitzuteilen	Sarah geht ins Kino.
Dativ, der	Kasus (Fall); Wem-Fall, 3. Fall	dem Nachbarn; den Nachbarn
Dativobjekt, das	Satzglied, antwortet auf die Frage „Wem?"	Sie gibt es ***ihm.*** (Wem gibt sie es?)
Deklination, die	Beugung eines Nomens	der Hund (Nominativ), des Hund*es* (Genitiv), den Hund*en* (Dativ Plural)
direkte Rede, die	wörtliche Rede	Ferhat sagt: *„Ich fahre mit dem Rad zur Schule."*
feminin	weiblich	***die*** Vase, ***die*** Frau
Fragesatz, der	Satz, der verwendet wird, wenn man etwas wissen will, vgl. W-Frage	Kommst du aus Frankreich? Wie komme ich zum Bahnhof?
Futur, das	Zeitform des Verbs zum Ausdrücken der Zukunft	ich ***werde gehen***
Genitiv, der	Kasus (Fall); Wessen-Fall, 2. Fall	des Buches; der Bücher
Genus, das	grammatisches Geschlecht	der Baum, die Mütze, das Haus
Hauptsatz, der	selbstständiger Satz, kann für sich allein stehen	Das Haus dort drüben ist rot.
Hilfsverb, das	Verb, das auch zur Bildung von Zeitformen verwendet wird	haben, sein, werden
Indikativ, der	Wirklichkeitsform	Sie ***geht*** gern ins Kino.
indirekte Rede, die	nicht wörtliche Rede	***Ferhat sagte, er käme mit dem Rad zur Schule.***
Infinitiv, der	Grundform des Verbs, ungebeugte Form des Verbs	gehen, schwimmen, spielen
Kasus, der	Fall	das Haus, des Hauses, dem Haus, das Haus
Kompositum, das (Plural: Komposita)	zusammengesetzes Wort, das aus einem Bestimmungswort und einem Grundwort besteht	Hochhaus, Backstube, Schirmmütze
Konjugation, die	Beugung des Verbs, vgl. konjugieren	
konjugieren	beugen	ich ***gehe***, du ***gehst***, …, ich ***ging***, du ***gingst***, …
Konjunktion, die	Verbindungswort, verbindet Satzteile oder Teilsätze miteinander	und, oder, aber, sondern, denn, als, bis, weil, wenn, obwohl, dass
Konjunktiv, der	Möglichkeitsform	Häuser ***könnten*** aus Bäumen ***entstehen.***
Komparativ, der	Höherstufe des Adjektivs	schöner, besser
maskulin	männlich	***der*** Hund, ***der*** Kuchen
Modalverb, das	Verben, die sagen, auf welche Art und Weise etwas geschieht	dürfen, können, müssen, mögen, sollen, wollen
Modus, der	Aussageweise des Verbs	Indikativ, Konjunktiv, Imperativ
Nebensatz, der	unselbstständiger Satz, kann nicht für sich allein stehen	Ich esse die Suppe, ***die ich gekocht habe.***
neutral	sächlich	***das*** Kind, ***das*** Haus

Begriff	Erklärung	Beispiel
Nomen, das	Substantiv, Dingwort, Hauptwort	Ankunft, Tisch
Nominalisierung, die	Bildung eines Nomens aus einer anderen Wortart, z. B. aus Verben oder Adjektiven	Die Schüler ***beobachteten*** (Verb) im Chemieunterricht ein Experiment. Das ***Beobachten*** (Nomen) des Experiments bereitete ihnen viel Spaß.
Nominativ, der	Kasus (Fall); Wer-Fall, 1. Fall	***der Mann; die Männer***
Numerus, der	Anzahl (Singular oder Plural)	das Kind, die Kinder
Objekt, das	Satzergänzung, Satzglied, vgl. Akkusativobjekt, Dativobjekt	Sie zeigen ***uns den Weg***.
Partizip II, das	Partizip Perfekt; Mittelwort der Vergangenheit, gebildet aus der Vorsilbe ge- + Verbstamm + -(e)t oder -en	genannt, geredet, geschrieben
Passiv, das	Im Passiv wird die Handlung betont. Eine Person muss nicht genannt werden.	Der Kuchen wurde besorgt.
Perfekt, das	Zeitform des Verbs zum Ausdrücken der Vergangenheit (mündlich)	Gestern ***bin*** ich ins Schwimmbad ***gegangen***.
Personalform des Verbs, die	gebeugtes Verb	Ich ***ging***. Du ***schwimmst***.
Personalpronomen, das	persönliches Fürwort	ich, du, er, sie, es, wir, ihr, sie
Plural, der	Mehrzahl	die schönen Häuser
Plusquamperfekt, das	Zeitform des Verbs zum Ausdrücken der Vergangenheit; vollendete Vergangenheit, Vorvergangenheit	Nachdem ich meine Hausaufgaben ***gemacht hatte*** (Plusquamperfekt), schaltete (Präteritum) ich den Fernseher an.
Positiv, der	Grundform des Adjektivs	schön
Possessivpronomen, das	besitzanzeigendes Fürwort	mein, deine, sein, euer, unser, ihr
Prädikat, das	zentraler Teil des Satzes; Satzaussage; kann ein- oder mehrteilig sein; antwortet auf die Frage „Was wird ausgesagt?"	Es ***regnete*** ununterbrochen.
Präfix, das	Vorsilbe, steht vor dem Wortstamm	**er**raten, **ver**hexen, **unter**schreiben
Präposition, die	Verhältniswort	für, mit, hinter, neben, bei
Präsens, das	Zeitform des Verbs zum Ausdrücken der Gegenwart	Ich ***sehe*** dich. Du liest ein Buch.
Präteritum, das	Zeitform des Verbs zum Ausdrücken der Vergangenheit	Ich ***sang***. Du ***kamst***.
Pronomen, das	Fürwort, vgl. Personalpronomen, Possessivpronomen	ich , du , er, sie, …; mein, dein, sein …
Redebegleitsatz, der	weist auf die wörtliche Rede hin, kann vor-, nach- oder innerhalb der wörtlichen Rede stehen	**Paul sagt**: „Die Suppe ist lecker." „Die Suppe ist lecker", **sagt Paul**. „Die Suppe", **sagt Paul**, „ist lecker."
Relativpronomen, das	bezügliches Fürwort	der, die, das; welcher, welche, welches
Satzgefüge, das	Verbindung aus *Haupt-* und Nebensatz (Nebensätzen)	*Ich esse die Suppe*, die ich gekocht habe. *Ich wünsche mir*, dass Paul mich heute abholt.
Satzglied, das	Teil des Satzes, der innerhalb des Satzes verschiebbar ist (Umstellprobe) und beim Umstellen zusammenbleibt; vgl. Subjekt, Prädikat, Objekt, *Adverbialbestimmung*	Ich gebe dir ***morgen früh*** Bescheid. ***Morgen früh*** gebe ich dir Bescheid.
Satzreihe, die	Verbindung aus Hauptsätzen	Paul liegt auf der Wiese und Lisa schwimmt im See.
Singular, der	Einzahl	das Haus, ein Haus
Subjekt, das	Satzglied, antwortet auf die Frage „Wer oder was?", Satzgegenstand, vgl. Nominativ	***Sie*** traf Paul. (Wer oder was traf Paul? – ***Sie***.)
Suffix, das	Nachsilbe, steht nach dem Wortstamm	Zufrieden**heit**, heil**bar**, häus**lich**
Superlativ, der	Höchststufe des Adjektivs	am schönsten
Verb, das	Tätigkeitswort, Zeitwort, Tunwort	gehen, singen, spielen, …
W-Frage, die	Fragesatz mit einem Fragefürwort (Wer? Was? Wessen? Wem? Wen? Welcher?)	***Woher*** kommst du? An ***wen*** denkst du?
Wortfamilie, die	alle Wörter mit demselben Wortstamm/Grundbaustein	Wortfamilie „fahr": ***fahr***en, ***Fahr***bahn, Ge***fähr***t
Wortfeld, das	Bedeutungsfeld: alle Wörter mit ähnlicher Bedeutung	sagen, sprechen, rufen, nuscheln, …
Wortstamm, der	Grundbaustein des Wortes	**Lieb**e, **lieb**los, Ge**lieb**te, …
Zeitform, die	siehe Tempus, das	

Liste der Sprachlichen Mittel

Begriff	Erklärung	Beispiel
Alliteration	gleichlautender Anlaut benachberter Wörter	*Müde Maus*
Akkumulation	Aneinanderreihung mehrerer Unterbegriffe zu einem (gedachten) Oberbegriff	*Mir gefallen Bäume, Wiesen, Blumen und die ganze Natur.*
Akronym	Aus den Anfangsbuchstaben mehrerer Wörter zusammengesetztes neues Wort	*AIDS = acquired immune deficiency syndrome*
Alliteration	gleichlautender Anlaut benachbarter Wörter	*Müde Maus*
Anapher	Wiederholung eines Wortes oder einer Wortgruppe am Vers- oder Strophenanfang	*Liebe macht glücklich.* *Liebe macht schön.*
Antithese	begrifflicher oder gedanklicher Gegensatz	*Der Berg ist hoch, der Graben ist tief.*
Antonym	Wörter, mit denen Gegensätze ausgedrückt werden	*hell – dunkel*
Apostrophe	Anrede an das Publikum, auch direkte Anrede von Dingen	*Oh du herrliches Publikum!*
Captatio benevolentiae	direkte Anrede, um die Gunst des Zuhörers zu erlangen	*Ich begrüße euch!* *Glaubt ihr diesen Worten?*
Chiasmus	Nach der Form des griechischen Buchstabens „X" (= Chi): Überkreuzstellung von Sinneinheiten	*von Berg zu Tal, von Tal zu Berg*
Ellipse	unvollständiger Satz, Auslassung syntaktisch notwendiger Wörter oder Satzglieder	*Erst die Arbeit, dann das Vergnügen.*
Emphase	Nachdrückliche Hervorhebung einer Aussage durch Betonung oder syntaktische Mittel	*Mein Gott!*
Enjambement	Zeilensprung: Vers geht über Zeile hinaus	*Jeder weiß, was so ein Mai-* *käfer für ein Vogel ist.*
Epipher	Wiederholung eines Satzteils am Ende eines Ausdrucks	*Doch alle Lust will Ewigkeit, will tiefe, tiefe Ewigkeit!*
Euphemismus	Beschönigende Beschreibung	*entschlafen für sterben*
Hyperbel	starke Unter- oder Übertreibung	*Er ist schnell wie der Blitz.*
Inversion	Umkehrung der üblichen Wortstellung im Satz	*Ein Lügner ist er, weiter nichts.*
Ironie	Eine Aussage, die genau das Gegenteil von dem ausdrücken soll, was sie eigentlich aussagt.	*Das wäre ja noch schöner.*
Katachrese	Bildbruch: zwei sprachliche Bilder passen nicht zueinander	*Das schlägt dem Fass die Krone ins Gesicht.*
Klimax	Steigerung	*Unser Haus, unsere Stadt und das ganze Land.*
Litotes	Untertreibung	*Die Blumen waren nicht gerade frisch.*
lyrischer Sprecher	die Stimme eines Gedichtes	*lyrisches Ich*
Metapher	bildlicher Ausdruck, bei dem die Bedeutung auf einen anderen Bereich übertragen wird	*gebrochenes Herz*
Neologismus	Wortneuschöpfung	*posten*
Onomatopoesie	Lautmalerei	*Das Wasser rauscht und schäumt und spritzt.*
Oxymoron	Verbindung zweier sich logisch ausschließender Begriffe	*schwarzer Schnee*

Begriff	Erklärung	Beispiel
Paradox	Zusammenstellung von Wörtern, die sich eigentlich widersprechen	*milde Säure*
Parallelismus	Wiederholung von Wörtern oder Satzbausteinen in zwei oder mehr aufeinanderfolgenden Sätzen.	*Es ist bitterkalt im Winter. Es ist bitterkalt in meinem Herzen.*
Parenthese	Dazwischengeschobener Satz oder Gedanke	*Kannst du – du stehst schon vor dem Schrank – mir eine Tasse geben?*
Personifikation	Gegenständen oder Naturerscheinungen werden menschliche Eigenschaften oder Handlungen zugesprochen	*Die Bäume singen ihr Lied.*
Pleonasmus	Verwendung bedeutungsgleicher Inhalte	*kaltes Eis*
Rhetorische Frage	Scheinfrage, um einer Aussage Nachdruck zu verleihen. Die Frage verlangt nicht nach einer Antwort.	*Was soll ich dazu noch sagen?*
Symbol	in einem Kulturkreis festgelegtes Zeichen/Wort, das auf etwas Allgemeines verweist	*Rose für die Liebe* *Taube für den Frieden*
Tautologie	Wiederholung von bereits Gesagtem	*voll und ganz*
Vergleich	zwischen zwei Dingen oder Bereichen wird durch ein Vergleichswort, z. B. „wie", „als ob" oder „gleich", eine Verbindung hergestellt	*unhörbar* ***wie*** *eine Katze, heldenhaft* ***als ob*** *es immer so war*
Wortspiel	Rhetorische Figur, die hauptsächlich auf der Mehrdeutigkeit, Verdrehung, Umdrehung oder auf sonstigen Wortänderungen beruht, und dem Verfasser humorvoll/geistreich erscheint, z. B. Nutzung klanglicher Ähnlichkeit	*Fairsicherung*
Zeugma	Das Verb wird für eine Satzverbindung nur einmal gesetzt.	*Ich heiße Max und auch Sie herzlich willkommen.*

Epochen und Strömungen der deutschen Literatur

Barock (1600–1720) Carpe diem (Nutze den Tag!) – Memento mori (Gedenke des Todes!)

Zeitgeschichte	Themen, Motive und Tendenzen der Literatur	Beispiele
1618–1648: 30-jähriger Krieg – Konfessionskrieg zwischen Protestanten und Lutheranern, der in Mitteleuropa wütet **1643:** absolutistische Herrschaft Ludwig XIV. („Sonnenkönig") Ausbreitung des Absolutismus nach frz. Vorbild in ganz Europa **1689:** Revolution in England „Declaration of Rights"	„Zerrissenes" Lebensgefühl: Gegensatz von Lebenslust (Carpe diem) und Todesangst (Memento mori); Bewusstsein der Vergänglichkeit im Diesseits und Hoffnung auf Ewigkeit im Jenseits	• Fleming „Wie Er wolle geküsset seyn" (Gedicht) • Grimmelshausen „Der abenteuerliche Simplizissimus" (Roman) • Gryphius „Abend", „Es ist alles eitel" (Gedichte)

↓

Aufklärung (1720–1800) „Habe Mut, dich deines eigenen Verstandes zu bedienen." (Immanuel Kant)

Zeitgeschichte	Themen, Motive und Tendenzen der Literatur	Beispiele
1755: Erdbeben von Lissabon **1756–1763:** Siebenjähriger Krieg (Preußen – Österreich, England – Frankreich) **1740–1786:** Regierungszeit Friedrichs des Großen **1768:** Erfindung der Dampfmaschine durch J. Watt; Beginn der industriellen Revolution **1789:** Französische Revolution	Vernunftorientierung; Aufklärung als Kritik an bestehender gesellschaftlicher Ordnung (Ständesystem); Erziehung zur Mündigkeit und zum kritischen Denken des Menschen; tugendhaftes Handeln	• Gellert „Die Nachtigall und die Lerche" (Fabel) • Lessing „Emilia Galotti" (Drama) • Lessing „Die Pfauen und die Krähe" (Fabel) • E. Kant „Was ist Aufklärung?" (Philosophisches Essay)

↓

Sturm und Drang (1765–1785) „Zurück zur Natur" (Jean-Jacques Rousseau)

Zeitgeschichte	Themen, Motive und Tendenzen der Literatur	Beispiele
(siehe Aufklärung – zeitgleich)	Abkehr von Vernunftsorientierung; Hinwendung zur Natürlichkeit, zum Gefühl; wichtig sind Freundschaft und Naturerlebnis; gefühlsbetonte Selbstwahrnehmung der jungen Generation, der Stürmer und Dränger; man betreibt Geniekult: herausragende Einzelpersönlichkeit, die Begeisterung für Natur, Liebe, Freundschaft und Poesie empfindet	• Goethe „Maifest" (Gedicht) • Goethe „Leiden des jungen Werthers" (Briefroman) • Lenz „Die Soldaten" (Drama) • Schiller „Kabale und Liebe" (Drama)

↓

Klassik (1786–1805) „Edel sei der Mensch, hilfreich und gut!" (Johann Wolfgang Goethe)

Zeitgeschichte	Themen, Motive und Tendenzen der Literatur	Beispiele
siehe oben: **1789:** Französische Revolution **1804–1814:** Herrschaft Napoleon I. **1815:** Wiener Kongress: Neuordnung Europas nach napoleonischer Herrschaft; Beginn der Restauration **1819:** Karlsbader Beschlüsse: Beschränkung der Presse- und Meinungsfreiheit; Auflösung der Burschenschaften	Abkehr vom Natur-, Gefühls- und Geniekult; Neuorientierung auf Bildung und Vernunft; alle menschlichen Fähigkeiten wirken harmonisch im Einklang; Veredelung des Charakters; Humanität; Verehrung des alten Griechenlands	• Goethe „Iphigenie auf Tauris" (Drama) • Goethe „Faust I" (Drama) • Goethe „Erlkönig" (Ballade) • Schiller „Maria Stuart" (Drama) • Schiller „Das Lied von der Glocke" (Ballade) • Schiller „Der Handschuh" (Ballade)

↓

Romantik (1795–1830) „Schläft ein Lied in allen Dingen, die da träumen fort und fort" (Joseph von Eichendorff)

Zeitgeschichte	Themen, Motive und Tendenzen der Literatur	Beispiele
(siehe Klassik)	Ablehnung des Rationalismus; Beschäftigung mit mittelalterlicher Literatur; Hinwendung zum Gefühl und zum Phantastischen; →	• Brentano „Wenn die Sonne weggegangen" (Gedicht) • Brüder Grimm „Die kluge Gretel" (Märchen) • Eichendorff „Neue Liebe" (Gedicht) →

	Auseinandersetzung mit Mystischem und mit Träumen; Verwandlung der Alltagswelt ins Wunderbare; intensives Naturempfinden; Themen sind immer wieder Sehnsucht, Liebe, Mond, Nacht	• Eichendorff „Meeresstille" (Gedicht) • Eichendorff „Aus dem Leben eines Taugenichts" (Novelle) • Hoffmann „Der Sandmann" (Erzählung) • Günderode „Zwei Augen wie Sterne" (Gedicht) • Mereau-Brentano „In Tränen geh ich nun allein" (Gedicht)

↓

Biedermeier (1815–1848) „Die großen Taten der Menschen sind nicht die, welche lärmen …" (Adalbert Stifter)

Zeitgeschichte	Themen, Motive und Tendenzen der Literatur	Beispiele
1830: Julirevolution in Paris – Herrschaft des „Bürgerkönigs" Louis Philippe **1832:** Hambacher Fest – Massendemonstration des liberalen Großbürgertums für politische Mitbestimmung **1844:** Weberaufstand in Schlesien **1848:** Revolutionäre Unruhen in ganz Europa; Deutsche Nationalversammlung in der Frankfurter Paulskirche **1848:** Marx/Engels „Kommunistisches Manifest"	Rückzug ins Private aufgrund obrigkeitsstaatlicher Willkür u. aufgrund von Bespitzelung u. Zensur durch absolutistische Herrscher; Häuslichkeit, Genügsamkeit, Zähmung der Leidenschaften, Unterordnung	• Droste-Hülshoff „Die Judenbuche" (Novelle) • Droste-Hülshoff „An meine Mutter" (Gedicht) • Gotthelf „Die schwarze Spinne" (Novelle) • Rückert „Ich liebe dich, weil ich dich lieben muss" (Gedicht)

↓

Vormärz und Junges Deutschland (1830–1848) „Ein Fluch dem König, dem König der Reichen" (Heinrich Heine)

Zeitgeschichte	Themen, Motive und Tendenzen der Literatur	Beispiele
(siehe Biedermeier)	Frühindustrialisierung, soziale Konflikte (z. B. Weberaufstand), Kritik an politischen und sozialen Verhältnissen; Forderung nach Freiheit und politischer Einheit; in der Lyrik: Überwindung des romantischen Tons	• Büchner „Woyzeck" (Drama) • Heine „Das Fräulein stand am Meere" (Gedicht)

↓

Realismus (1848–1890) „Realismus ist die künstlerische Wiedergabe (nicht das bloße Abschreiben) des Lebens" (Theodor Fontane)

Zeitgeschichte	Themen, Motive und Tendenzen der Literatur	Beispiele
1870/71: Deutsch-Französischer Krieg **1871:** Ernennung des preußischen Königs Wilhelm I. in Versailles zum dt. Kaiser **1871–1890:** Otto von Bismarck wird dt. Reichskanzler **1888–1918:** Wilhelm II. dt. Kaiser; Zeitalter des Imperialismus; Bemühung des Dt. Reiches um Kolonien	Der Mensch in der bürgerlichen Welt, Abwenden von politischen Themen, statt dessen werden Außenseiter und Sonderlinge oder die lokale Heimat mit ihrer bürgerlichen Lebenswelt in den Mittelpunkt gestellt; dabei Verwendung von kunstvoller Sprache; speziell in der Lyrik: ichbezogenes, also sehr subjektives, stimmungsvolles Empfinden	• Hebbel „Ich und du" (Gedicht) • Fontane „Effi Briest" (Roman) • Gottfried Keller „Kleider machen Leute" (Novelle) • Storm „Der Schimmelreiter" (Novelle) • Storm „Sommermittag" (Gedicht)

↓

Naturalismus (1880–1900) Kunst = Natur – x (Arno Holz)

Zeitgeschichte	Themen, Motive und Tendenzen der Literatur	Beispiele
(siehe Realismus)	Industrialisierung und wirtschaftlich-soziales Elend; Ablehnung des poetischen Realismus; naturgetreue, exakte Abbildung der Wirklichkeit („Schattenseiten"); Gesellschaftskritik, keine subjektive Betrachtung der Welt	• Hauptmann „Die Weber" (Drama) • Liliencron „Liebesnacht" (Gedicht)

↓

Literatur der Jahrhundertwende (1890–1920)

Zeitgeschichte	Themen, Motive und Tendenzen der Literatur	Beispiele
1914–1918: Erster Weltkrieg (Deutsches Reich, Österreich-Ungarn – Serbien, Frankreich, Russland, England) **1917:** Oktoberrevolution in Russland **1918:** revolutionäre Unruhen in Deutschland; Sturz der Monarchie **1919:** Nationalversammlung in Weimar – Weimarer Republik; Unterzeichnung des Friedensvertrags in Versailles	Sehr uneinheitliche Erscheinungen in der Literatur, aber gemeinsames Bewusstsein der Veränderung in sozialem, wissenschaftlichem und technischem Bereich, des Neuanfangs, des Umbruchs; Aufbruchstimmung, Wille zur Erneuerung, auch Erotik und Exotik sind Themen	• H. Mann „Der Untertan" (Roman) • Musil „Die Verwirrungen des Zöglings Törleß" • Rilke „LiebesLied" (Gedicht) • Rilke „Herbsttag" (Gedicht) • Ringelnatz „Über meinen gestrigen Traum" (Gedicht) • Wedekind „Frühlings Erwachen" (Drama)

↓

Expressionismus und verwandte Strömungen (1910–1925)

Zeitgeschichte	Themen, Motive und Tendenzen der Literatur	Beispiele
(siehe Jahrhundertwende)	Opposition zur bürgerlichen Welt, zur „Welt der Väter"; Weltuntergang, Krieg, Sinnkrise, Welt soll von ihrer hässlichen Seite gezeigt werden	• Ball „Seepferdchen und Flugfische" (Gedicht) • Hoddis „Weltende" (Gedicht) • Kaiser „Die Bürger von Calais" (Drama) • Kafka „Die Verwandlung" (Parabel) • Kafka „Brief an den Vater" (Brief) • Lasker-Schüler „Ein alter Tibetteppich" (Gedicht) • Schwitters „Regen" (Gedicht)

↓

Weimarer Republik (1918–1933)

Zeitgeschichte	Themen, Motive und Tendenzen der Literatur	Beispiele
1918–1933: Weimarer Republik **1923–1929:** Goldene Zwanziger **1929:** „Schwarzer Feitag" an der New-Yorker Börse; Auslöser für Weltwirtschaftskrise **1929–1933:** Weltwirtschaftskrise; Erstarken der national-sozialistischen Kräfte in Deutschland	für breite Öffentlichkeit allgemein verständliche Sprache, wirklichkeitsnahe Darstellungen; neue Sachlichkeit; viele Sachtexte	• Döblin „Berlin Alexanderplatz" (Roman) • Hesse „Der Steppenwolf" (Roman) • Kaléko „Auf einen Café-Tisch gekritzelt" (Gedicht) • Kästner „Sachliche Romanze" (Gedicht) • Th. Mann „Der Zauberberg" (Roman) • Remarque „Im Westen nichts Neues" (Roman) • Tucholsky „Herr Wendriner erzieht seine Kinder" (Satire)

↓

Exilliteratur (1933–1945)

Zeitgeschichte	Themen, Motive und Tendenzen der Literatur	Beispiele
1933: Ernennung Hitlers zum Reichskanzler; Machtübernahme der NSDAP **1939–1945:** Zweiter Weltkrieg **1945:** Atombombenabwurf auf Hiroshima	innerer Rückzug, Exil ist die Gemeinsamkeit: Gegnerschaft zu den Nationalsozialisten und Anspruch, das „andere Deutschland" zu repräsentieren; Ziel ist Aufklärung der Welt über die Nationalsozialisten und Unterstützung des Widerstands in Deutschland	• Brecht „Mutter Courage" (Drama) • T. Mann „Joseph und seine Brüder" (Roman) • Seghers „Das siebte Kreuz" (Roman) • K. Mann „Mephisto" (Roman)

↓

Nachkriegsliteratur (1945–1950)

Zeitgeschichte	Themen, Motive und Tendenzen der Literatur	Beispiele
1948: UNO Erklärung der Menschenrechte **1949:** Gründung der Bundesrepublik Deutschland (BRD) und der Deutschen Demokratischen Republik (DDR)	Kriegserfahrungen, Nachkriegssituation, Wirtschaftswunder, Alltag, Identitätskrise; einerseits Trümmerliteratur: beschäftigt sich mit den Menschen, die nach Ende →	• Eich „Träume" (Hörspiel) • Celan „Todesfuge" (Gedicht) • Zuckmayer „Des Teufels General" (Drama) • Borchert „Draußen vor der Tür" (Drama)

	des Krieges vor Trümmern stehen, vor zerbombten Häusern und vor Trümmern ihrer Beziehungen und Wertvorstellungen; andererseits gegenläufige Tendenz: der Rückzug und die Verdrängung des Erlebten	

↓

Literatur der BRD (1950–1990)

Zeitgeschichte	**Themen, Motive und Tendenzen der Literatur**	**Beispiele**
1961: Bau der Berliner Mauer **1963:** Vertrag über deutsch-französische Zusammenarbeit (Adenauer – de Gaulle) **1965:** Vietnamkrieg (am 8. März landeten die ersten regulären US-Kampftruppen in Nordvietnam) **1968:** Studentenunruhen in der Bundesrepublik **1970:** deutsch-polnischer Vertrag **ab 1985:** Liberalisierung Osteuropas (Reformprozesse in der UdSSR unter Gorbatschow) **ab 1989:** Reformprozesse auch in der DDR **1990:** 3. Oktober 1990 Deutsche Einheit	Vielfältigkeit, der Büchermarkt wird immer weiter ausgebaut, erkennbare Tendenzen sind: Kritik an der Wohlstandsgesellschaft, Interesse an der Vergangenheit, sowohl der aktuellen, aber auch der älteren Geschichte Privatleben, persönliche Träume, etc. (Neue Innerlichkeit)	• Ausländer „Der Traum hat offene Augen" (Lyrik) • Böll „Ansichten eines Clowns" (Roman) • Enzensberger „landessprache" (Lyrik) • Grass „Die Blechtrommel" (Roman) • Johnson „Jahrestage" (Roman) • Koeppen „Tauben im Gras" (Roman) • Lenz „Deutschstunde" (Roman) • Süskind „Das Parfum" (Roman)

↓

Literatur der DDR (1950–1990)

Zeitgeschichte	**Themen, Motive und Tendenzen der Literatur**	**Beispiele**
(siehe Literatur der BRD, 1950–1990 – zeitgleich)	grobe Einteilung verschiedener Phasen lässt folgende Tendenzen erkennen: Aufbauliteratur (Abwendung vom Nationalsozialismus, Hinwendung zum Sozialismus), Aufbau des Sozialismus (positiver Held im Mittelpunkt), Ankunft im Alltag (Mauerbau, Probleme in der Gesellschaft), entwickelte sozialistische Gesellschaft (kritische Auseinandersetzung mit dem Staat und seinen Lebensbedingungen)	• Becker „Jakob der Lügner" (Roman) • Kunert „Wegschilder und Mauerschriften" (Gedichte) • Kunze „Die wunderbaren Jahre" (Erzählungen) • Müller „Ödipus Tyrann" (Schauspiel) • Plenzdorf „Die neuen Leiden des jungen W." (Drama) • Reimann „Franziska Linkerhand" (Roman) • Schädlich „Apfel auf silberner Schale" (Kurzgeschichte) • Wolf „Der geteilte Himmel" (Erzählung) • Stefan Heym „Fünf Tage im Juni" (Roman) • Erwin Strittmatter „Der Laden" (Roman)

↓

Gegenwartsliteratur (ab 1990)

Zeitgeschichte	**Themen, Motive und Tendenzen der Literatur**	**Beispiele**
1991: Golfkrieg (USA – Irak) **1991:** Bürgerkrieg in Jugoslawien **seit 1991:** Zerfall des Ostblocks **1993:** Europäische Währungsunion **2003:** Irakkrieg	kaum erfassbare Fülle von literarischen Produkten; es ist schwer, zum jetzigen Zeitpunkt schon Tendenzen auszumachen	• Brussig „Helden wie wir" (Roman) • Franck „Streuselschnecke" (Geschichte) • Gernhard: Gedichte • Hermann „Sommerhaus, später" (Erzählungen) • Jelinek „Die Klavierspielerin" (Roman) • Kehlmann „Die Vermessung der Welt" (Roman) • Jagoda Marinič „Eigentlich ein Heiratsantrag" (Geschichte) • Maron „Flugasche" (Roman) • Schlink „Der Vorleser" (Roman) • Özdogan „Zuerst den Linken", (Geschichte) • Spinnen „Ente Orange (Geschichte)

Textsortenverzeichnis

Autorenverzeichnis

Sachverzeichnis

Textquellen

S. 10: Johann Gottfried Herder: Die Lebensalter. In: Karst, Theodor (Hrsg.): Generationen. Geschichten und Gedichte über Junge und Alte. Arbeitstexte für den Unterricht. Reclam, Stuttgart 1999, S. 20, Detlef von Lilienkron: Alt geworden. In: Wüstner, Andrea (Hrsg.): So jung wie die Hoffnung. Gedichte und Geschichten vom Älterwerden. Reclam, Stuttgart 2012, S. 92–93; **S. 12:** Ernst Jandl: my own song. In: Jandl, Ernst: selbstporträt des schachspielers als trinkende uhr, Gedichte. Luchterhand Darmstadt/Neuwied 1983, S. 5; **S. 13:** Die Ärzte: Junge. Text: Farin Urlaub © Edition Fuhuru bei PMS Musikverlag GmbH, Berlin. Unter: http://www.politischebildung.com/pdfs/29_lied.pdf [10.04.2017]; **S. 14:** Joachim Ringelnatz: Die sonnige Kinderstraße. Unter: http://www.gedichte-fuer-alle-faelle.de/allegedichte/gedicht_3409.html [10.04.2017]; **S. 15:** Emanuel Geibel: Mittagszauber. Unter: http://gutenberg.spiegel.de/buch/gedichte-3396/133 [10.04.2017], Klaus Groth: Heimweh II. In: Reines, Ludwig (Hrsg.): Der ewige Brunnen. Ein Hausbuch deutscher Dichtung. München: Beck 2005, S. 33; **S. 16:** Abzählverse. Unter: http://www.kidsweb.de/schule/abzaehlreime.html [11.04.2017], Julius Karl Reinhold Sturm: Ohne Titel. Unter: http://www.aphorismen.de/gedicht/74162 [11.04.2017], Hans Adolf Halbey: Trotzdem. In: Burkhardt, Benno: Jeder Tag ist Muttertag, Sanssouci Verlag, München 2006, S. 16; **S. 17:** Ernst August Friedrich Klingemann: An der Wiege. Unter: https://www.aphorismen.de/gedicht/177996 [11.04.2017], August Heinrich Hoffmann von Fallersleben: Wie ein Kind sich freuen kann! Unter: http://www.von-fallersleben.de/wie-mein-kind-sich-freuen-kann/ [11.04.2017]; **S. 18:** Elisabeth Kreisl: Frühling ist wie Jugendzeit. Unter: http://gedichte.xbib.de/Kreisl_gedicht_Fr%FChling+ist+wie+Jugendzeit.htm [11.04.2017], Mathilde von Bayern: Jugend. Unter: http://gedichte.xbib.de/Bayern,+Mathilde+von_gedicht_01.+Jugend.htm [11.04.2017]; **S. 20/21:** Johann Gottfried von Herder: Lied des Lebens. Unter: http://www.balla den.de/web/sites/balladen_gedichte/autoren.php?b05=22&b16=121 [11.04.2017]; **S. 22:** Adelbert von Chamisso: Winter. Unter: http://gutenberg.spiegel.de/buch/adelbert-von-chamisso-gedichte-761/151 [11.04.2017]; **S. 26:** Wilhelm Busch: Lebensfahrt. In: Polt-Heinzl, Evelyne, Schmidjell, Christine (Hrsg.): Poesie der Lebensalter. Reclam, Stuttgart 2008, S. 23; **S. 27:** Hermann Hesse: Stufen. In: Wüstner, Andrea (Hrsg.): So jung wie die Hoffnung. Gedichte und Geschichten vom Älterwerden. Reclam, Stuttgart 2012, S. 131; **S. 28:** Theodor Fontane: Mein Herze, glaubt's, ist nicht erkaltet. Unter: https://www.aphorismen.de/gedicht/122909 [11.04.2017], A u. D: Johann Wolfang Goethe: Vor Gericht. Unter: http://gutenberg.spiegel.de/buch/johann-wolfgang-goethe-gedichte-3670/8 [21.04.2017], B u. G: Ursula Krechel: Ebenbilder. In: Ursula Krechel: Verwundbar wie in den besten Zeiten. Gedichte. Hermann Luchter-hand Verlag, Darmstadt und Neuwied 1979, S. 79, C u. F: Franziska Holzheimer: Der Sturm. Unter: http://www.franziskaholzheimer.de/portfolio/der-sturm/ [21.04.2017], E u. H: Jakob Michael Reinhold Lenz: Lied zum teutschen Tanz. In: Jakob Michael Reinhold Lenz: Gedichte. Hellmut Haug (Hrsg.). Philipp Reclam jun., Stuttgart 1997, S. 11, I: Jakob Michael Reinhold Lenz: An das Herz. In: Jakob Michael Reinhold Lenz: Gedichte. Hellmut Haug (Hrsg.). Philipp Reclam jun., Stuttgart 1997, S. 10; **S. 29:** Mascha Kaléko: Nennen wir es „Frühlingslied". Kaléko, Mascha: In meinen Träumen läutet es Sturm. Gedichte und Epigramme aus dem Nachlass. Zoch-Westphal, Gisela (Hrsg.), München, dtv 2012, S. 65; **S. 30:** Jeannette Rankin. Unter: http://www.zitate-online.de/literaturzitate/allgemein/379/man-kann-einen-krieg-genauso-wenig-gewinnen.html [15.08.2016], Henry Miller. Unter: http://www.zitate-online.de/literaturzitate/allgemein/2380/jeder-krieg-ist-eine-niederlage-des-menschlichen-geistes.html [15.08.2016], Richard von Weizsäcker. Unter: http://www.bundespraesident.de/SharedDocs/Reden/DE/Richard-von-Weizsaecker/Reden/1985/08/19850826_Rede.html[15.08.2016], Hermann Gmeiner. Unter: http://gutezitate.com/zitat/138993 [15.08.2016]; **S. 32/33/35:** Astrid Lindgren: Niemals Gewalt! Unter: http://www.friedenspreis-des-deutschen-buchhandels.de/sixcms/media.php/1290/1978_lindgren.pdf [15.08.2016]; **S. 36:** Joachim Gauck: Festakt zum 25. Jahrestag der Deutschen Einheit. Unter: http://www.bundespraesident.de/SharedDocs/Reden/DE/Joachim-Gauck/Reden/2015/10/151003-Festakt-Deutsche-Einheit.html [15.08.2016]; **S. 37:** Die Wiedervereinigung. Unter: http://www.bpb.de/politik/hintergrund-aktuell/145440/3-oktober-tag-der-deutschen-einheit-02-10-2012 [15.08.2016]; **S. 38–41:** Joachim Gauck: Festakt zum 25. Jahrestag der Deutschen Einheit. Unter: http://www.bundespraesident.de/SharedDocs/Reden/DE/Joachim-Gauck/Reden/2015/10/151003-Festakt-Deutsche-Einheit.html [15.08.2016]; **S. 42:** Thomas Schirren: Über Joschka Fischers Rede zum NATO-Einsatz im Kosovo. In: Thomas Schirren (Hrsg.): Herrschaft durch Sprache. Politische Reden. Reclam, Stuttgart 2014, S. 157–160; **S. 42/43:** Joschka Fischer: Rede zum NATO-Einsatz im Kosovo (12. Mai 1999). In: Thomas Schirren (Hrsg.): Herrschaft durch Sprache. Politische Reden. Reclam, Stuttgart 2014, S. 160-169; **S. 46:** Kurt Tucholsky: Ratschläge für einen schlechten Redner. Unter: http://gutenberg.spiegel.de/buch/panter-tiger-und-andere-1193/52 [15.08.2016]; **S. 50/51:** Robert Birnbaum, Frank Jansen, Angie Pohlers und Ulrike Scheffer: Von Krieg will niemand reden. Unter: http://www.tagesspiegel.de/politik/einsatz-der-bundeswehr-in-syrien-von-krieg-will-niemand-reden/12665092.html [15.08.2016]; **S. 52/53:** Heiko Girnth: Sprache und Politik – Ziele der Sprachver-wendung. Unter: http://www.bpb.de/politik/grundfragen/sprache-und-politik/42691/ziele-der-sprachverwendung?p=all [15.08.2016]; **S. 54/55:** Johannes Rau: Chance, nicht Schicksal – die Globalisierung politisch gestalten. Unter: http://www.bundespraesident.de/SharedDocs/Reden/DE/Johannes-Rau/Reden/2002/05/20020513_Rede.html [15.08.2016]; **S. 55:** Zitat Martin Greiffenhagen. Unter: http://www.fr-online.de/politik/--gute-macht-geschichten--maechtige-floskeln,1472596,33966378.html [15.08.2016]; **S. 58–65, 68/69:** Friedrich Dürrenmatt: Der Besuch der alten Dame. Eine tragische Komödie. Diogenes Verlag AG, Zürich 1998; **S. 70/71:** Besuch des alten Theaters. Unter: http://www.tagesanzeiger.ch/kultur/theater/besuch-des-alten-theaters/story/13381334 [13.10.2016], Weder „tragisch" noch „Komödie". Unter: http://www.kulturradio.de/rezensionen/buehne/2016/02/hans-otto-theater-der-besuch-der-alten-dame.html [13.10.2016], Zur Verfilmung des Theaterstückes „Der Besuch der alten Dame". Unter: http://www.amazon.de/Besuch-alten-Dame-Lisa-Kreuzer/product-reviews/B001CQFNVC [13.10.2016]; **S. 72/73:** Was ist eigentlich ein Drama? Unter: http://www.br.de/telekolleg/faecher/deutsch/literatur/drama-dramatische-handlung-100.html, Komödie:Unter: http://www.br.de/telekolleg/faecher/deutsch/literatur/drama-grundformen-komoedie-100.html, Tragödie: Unter: http://www.br.de/telekolleg/faecher/deutsch/liter atur/drama-grundformen-tragoedie-102.html; **S. 76:** Joseph von Eichendorff: Nachts. Unter: http://gutenberg.spiegel.de/buch/joseph-von-eichendorff-gedichte-4294/76 [24.04.2017], Georg Heym: Umbrae vitae. Unter: http://gutenberg.spiegel.de/buch/gedichte-2980/15 [24.04.2017]; **S. 78/79:** Ausschnitte aus: Novalis Werke, Bibliothek deutscher Klassiker, Aufbau-Verlag, Berlin und Weimar 1983, S. XIV; **S. 80:** Novalis: Heinrich von Ofterdingen. Unter: http://gutenberg.spiegel.de/buch/heinrich-von-ofterdingen-5235/3 [24.04.2017]; **S. 81:** E.T.A. Hoffmann: Der goldene Topf. Unter: http://gutenberg.spiegel.de/buch/der-goldne-topf-3103/2 [24.04.2017], Joseph von Eichendorff: Mondnacht. Unter: http://gutenberg.spiegel.de/buch/joseph-von-eichendorff-gedichte-4294/46 [24.04.2017]; **S. 82/83:** Der realistische Träumer Novalis. In: Joachim Scholl: 50 Klassiker Deutscher Schriftsteller. Gerstenberg Verlag, Hildesheim 2007, S. 54–56, Arm, aber frei und vergnügt Joseph von Eichendorff. In: Joachim Scholl: 50 Klassiker Deutscher Schriftsteller. Gerstenberg Verlag, Hildesheim 2007, S. 72–73; Der fantastische Realist E.T.A. Hoffmann. In: Joachim Scholl: 50 Klassiker Deutscher Schriftsteller. Gerstenberg Verlag, Hildesheim 2007, S. 58; **S. 85:** Friedrich Schiller: Wilhelm Tell. Unter: http://gutenberg.spiegel.de/buch/wilhelm-tell-3332/15 [24.04.2017]; **S. 88:** Georg Trakl: Grodek. Unter: http://gutenberg.spiegel.de/buch/georg-trakl-gedichte-5445/82 [24.04.2017], August Stramm: Patrouille. Unter: http://gutenberg.spiegel.de/buch/august-stramm-gedichte-152/51 [24.04.2017], Alfred Lichtenstein: Punkt. Unter: http://gutenberg.spiegel.de/buch/alfred-lichtenstein-gedichte-5161/6 [24.04.2017]; **S. 89:** Ernst Toller: Masse – Mensch. Unter: http://gutenberg.spiegel.de/buch/masse-mensch-3537/5 [24.04.2017]; **S. 92:** Sophie Mereau-Brentano: In Tränen geh ich nun allein. In: Wolfgang Frühwald (Hrsg.): Gedichte der Romantik. Reclam, Stuttgart 1984, S. 94; **S. 94/95:** Die Brüder Grimm. In: Joachim Scholl: 50 Klassiker Deutscher Schriftsteller. Gerstenberg Verlag, Hildesheim 2007, S. 66–71; **S. 98/99:** Selim Özdogan: Zuerst den Linken. In: Selim Özdogan: Trinkgeld vom Schicksal. Geschichten. Aufbau-Taschenbuchverlag, Berlin 2003, S. 84/85. © Aufbau Verlagsgruppe GmbH, Berlin 2003; **S. 100/101:** Sibylle Berg: VERA sitzt auf dem Balkon. In: Sibylle Berg: Ein paar Leute suchen das Glück und lachen sich tot. Reclam Verlag, Leipzig 1997, S. 180; **S. 102/103:** Julia Franck: Streuselschnecke. In: Julia Franck:

Bauchlandung. Geschichten zum Anfassen. DuMont, Köln 2000, S. 51/52; **S. 104/105:** Burkhard Spinnen: Ente Orange. In: Burkhard Spinnen: Der Reservetorwart. Schöffling, Frankfurt a. M 2004, S. 169-171; **106/107:** Peter Bichsel: San Salvador. In: Peter Bichsel: Eigentlich möchte Frau Blum den Milchmann kennenlernen. 21 Geschichten. Walter, Olten und Freiburg i. Br. 1964, S. 35/36; **S. 108:** Daniel Kehlmann: Eine vollkommene Geschichte. In: Von Rätseln erzählen. Daniel Kehlmann über seine Auswahl von dreizehn Kurzgeschichten. Literaturen Spezial 1/2008, Friedrich Verlagsgesellschaft, Berlin, S.4/5; **S. 110/111:** Peter Bichsel: Die Tochter. In: Peter Bichsel: Eigentlich möchte Frau Blum den Milchmann kennenlernen. 21 Geschichten. Walter, Olten und Freiburg i. Br. 1964; **S. 112:** In: Gerhart Hauptmann: Bahnwärter Thiel. Philipp Reclam jun. Stuttgart, 2017, S. 114/115: Reiner Kunze: Fünfzehn. In: Reiner Kunze: Die wunderbaren Jahre. S. Fischer, Frankfurt a. M. 1976; **S. 116/117:** Nadja Einzmann: An manchen Tagen. In: Nadja Einzmann: Da kann ich nicht nein sagen. Geschichten von der Liebe. S. Fischer, Frankfurt a. M. 2001, S. 41/42; **S. 121:** Yann Martel: Schiffbruch mit Tiger (Klappentext). Limitierte Sonderausgabe. Aus dem Engl. von Manfred Allié und Gabriele Kempf-Allié. Frankfurt/Main: Fischer Taschenbuch Verlag 2006, Life of Pi. Schiffbruch mit Tiger (Klappentext DVD, 2012) © Twentieth Century Fox of Germany GmbH; **S. 126–129:** Yann Martel: Schiffbruch mit Tiger. Übers. v. Manfred Allié und Gabriele Kempf-Allié. Fischer Taschenbuch Verlag, Frankfurt a.M. 2003; **S. 130/131:** Andreas Fischer: Life of Pi. Schiffbruch mit Tiger – Des Lebens Möglichkeiten. Unter: http://radiokoeln.de/koeln/rk/13978/kino/kritik?item=268867 [19.04.2017]; **S. 132:** Unter: https://store.maxdome.de/life-of-pi-schiffbruch-mit-tiger-2903830.html [19.04.2017]; **S. 137/138:** Energie-Drinks – Riskanter Koffein-Kick. Unter: https://www.test.de/Energy-Drinks-Riskanter-Koffein-Kick-4573293-0/ [27.07.2016]; **S. 140/141:** Markus Pilzweger: Sinnvoll oder übertrieben? Unter: http://www.sueddeutsche.de/digital/verbot-von-killerspielen-sinnvoll-oder-uebertrieben-1.612664 [19.04.2017]; **S. 141–145: Text A u. B:** Unter: http://www.film-lexikon.de/Steven_Spielberg [19.04.2017], Text C: Unter: http://www.zeit.de/2004/36/InterviewSpielberg [19.04.2017]; **Text D:** Unter: http://www.film-lexikon.de/Steven_Spielberg [19.04.2017]; **Text E:** Unter: http://www.ndr.de/kultur/film/Film-BFG-Big-Friendly-Giant,bigfriendlygiant100.html [19.04.2017], Text G: Unter: http://www.filmtabs.de/ft/2016/07/18/bfg-big-friendly-giant/ [19.04.2017]; **Text H:** Unter: http://www.stuttgarter-zeitung.de/inhalt.steven-spielberg-im-interview-manchmal-vermisse-ich-das-tuefteln.0e16cadd-bd18-41d9-8acb-dda6384bc478.html [19.04.2017]; **S. 146/147:** Friedrich Schiller: Wilhelm Tell. Reclam, Stuttgart 2000; **S. 149/150:** Magret Steenfatt: Im Spiegel. In: Hans-Joachim Gelberg (Hrsg.): Augenaufmachen. Siebtes Jahrbuch der Kinderliteratur. Belz & Gelberg, Weinheim, Basel, 1984, S. 218; **S. 151:** Karl Mickel: Kindermund. In: Karl Mickel: Eisenzeit. Gedichte. Halle/Saale: Mitteldeutscher Verlag 1975; **S. 153:** Jagoda Marinic: Ausgestochen. In: Jagoda Marinic: Eigentlich ein Heiratsantrag. Geschichten. Suhrkamp, Frankfurt a. M. 2001; **S. 155/156:** Die Basis: Ich will euer Leben nicht. text: Bricassart, Vera Holthaus © SMV Schacht Musikverlage GmbH, Hamburg. Unter: https://www.lyrix.at/t/die-basis-ich-will-euer-leben-nicht-c18 [19.04.2017]; **S. 159/160:** Der Maler Franz Marc. Unter: http://www.kochel.de/index.php?id=214,129&suche=lebenslauf+Franz+Marc [20.04.2017]; **S. 161: Text A:** In: Ricarda Dick (Hrsg.) Else Lasker-Schüler – Franz Marc. Eine Freundschaft in Briefen und Bildern. Prestel, München, London, New York 2012, S. 6; **Text B u. C:** In: Ricarda Dick (Hrsg.) Else Lasker-Schüler – Franz Marc. Eine Freundschaft in Briefen und Bildern. Prestel, München, London, New York 2012, S. 7-9; **S. 164:** Gutmensch. Unter: http://www.unwortdesjahres.net/index.php?id=49 [20.04.2017], Sozialtourismus. Unter: http://www.unwortdesjahres.net/index.php?id=47 [20.04.2017]; **S. 168/169:** Karl Valentin: Im Hutladen. © Anneliese Kühn, Planegg. Karl Valentin: Sämtliche Werke in 8 Bänden. Bd. 4: Dialoge. Hrsg. v. Manfred Faust u. Andreas Hohenadl. München: Piper 1996; **S. 173–175: Text A, B u. C:** Unter: http://www.ndr.de/kultur/geschichte/koepfe/Caspar-David-Friedrich-Poet-der-Landschaftsmalerei,friedrich482.html [20.04.2017]; **S. 179:** Pea Fröhlich: Der Busfahrer. In: Pea Fröhlich: Zwei Frauen auf dem Weg zum Bäcker. Bilder-Geschichten. DuMont, Köln 1987; **S. 181–184:** Friedrich Dürrenmatt: Der Besuch der alten Dame. Eine tragische Komödie. Diogenes Verlag AG, Zürich 1998; **S. 186:** Ulla Hahn: Mit Haut und Haar. In: Ulla Hahn: Herz über Kopf. Deutsch Verlags-Anstalt, München 1981, S. 23; **S. 192/193:** Friedrich Dürrenmatt: Der Besuch der alten Dame. Eine tragische Komödie. Diogenes Verlag AG, Zürich 1998; **S. 195–197:** Reiner Kunze: Clown, Mauerer oder Dichter. In: Reiner Kunze: Die wunderbaren Jahre. Frankfurt: Fischer Verlag 1978, S. 18–20; **S. 199:** Bas Böttcher: Kaffeehaus. Unter: http://www.lyrikline.org/de/gedichte/kaffeehaus-10657#.WP3iO3qUIYQ [24.04.2017]; **S. 202:** Zeitungsartikel: Unter: http://www.spiegel.de/politik/deutschland/rede-in-berlin-obama-draengt-auf-globale-abruestung-a-906684.html [24.04.2017]; **S. 203–205:** Barack Obama: Rede am Brandenburger Tor in Berlin, 19. Juni 2013. Unter: http://www.tagesspiegel.de/politik/der-us-praesident-in-berlin-den-klimawandel-verlangsamen/8384644-2.html [24.04.2017]; **S. 215/216:** Zitate aus: Peter Bichsel: Die Tochter. In: Peter Bichsel: Eigentlich möchte Frau Blum den Milchmann kennenlernen. 21 Geschichten. Walter, Olten und Freiburg i. Br. 1964; **S. 220:** Detlef von Lilienkron: Alt geworden. In: Wüstner, Andrea (Hrsg.): So jung wie die Hoffnung. Gedichte und Geschichten vom Älterwerden. Reclam, Stuttgart 2012, S. 92–93; **S. 221:** Friedrich Dürrenmatt: Der Besuch der alten Dame. Eine tragische Komödie. Diogenes Verlag AG, Zürich 1998; **S. 222:** Patrick Süskind: Das Parfum. Die Geschichte eines Mörders. Diogenes Verlag, Zürich 1994, S. 190/191; **S. 224:** Heilige Kühe. Unter: www.planet -wissen.de, Autoren: Lene Kemling/Jürgen Dreyer [01.06.2006]; **S. 226:** Die Serie „Sherlock". Unter: www.das erste.de/unterhaltung/film/sherlock/sendung/der-blinde-banker-110.html [26.02.2015].

Bildquellen

Coverbilder: W (li.): Avenue Images GmbH (Alamy / Steve Nudson), Hamburg; **W (mi.):** Mauritius Images (Rainer Mirau), Mittenwald; **W (re.):** Avenue Images GmbH (PhotoAlto / Isabelle Rozenbaum), Hamburg; **Junge am Monitor:** Avenue Images GmbH (moodboard / James Lauritz), Hamburg; **Buchrücken:** Punkt: Getty Images (Chris Stein), München; **„ch“:** Alamy stock photo (PSL Images), Abingdon, Oxon; **S. 11** Alamy stock photo (Peter Horree), Abingdon, Oxon;

S. 14 li. © Rosenheimer Verlagshaus GmbH & Co. KG, Rosenheim, 2010; **S. 14 re.** Artothek (Hans Hinz), Weilheim; **S. 26** akg-images, Berlin; **S. 30 li.** Alamy stock photo (Victor de Schwanberg), Abingdon, Oxon; **S. 30 re.** Picture-Alliance (ZB – Fotoreport), Frankfurt; **S. 31 li.** Alamy stock photo (Peter Cavanagh), Abingdon, Oxon; **S. 31 re. o.** Alamy stock photo (Jim West), Abingdon, Oxon; **S. 31 re. u.** Picture-Alliance (dpa / Boris Roessler), Frankfurt; **S. 36 li.** Picture-Alliance (bild pressehaus), Frankfurt; **S. 36 re.** Picture-Alliance, Frankfurt; **S. 42** Picture-Alliance (Gero Breloer), Frankfurt; **S. 48 li.** Fotolia.com (.shock), New York; **S. 48 re.** ATELIER-KÖTTER (Manfred Kötter), Frankfurt am Main; **S. 52 li. o.+u. Heising, Elvira, Leipzig; S. 52 li. mi.** iStockphoto (TheKoRp), Calgary, Alberta; **S. 52** (Raupe): Picture-Alliance (ROPI), Frankfurt; **S. 52 re. o. + u.** iStockphoto (drbimages), Calgary, Alberta; **S. 52 re. mi.** iStockphoto (Yuri_Arcurs), Calgary, Alberta; **S. 56 li.+re./S. 57 li. o.** © Schauspielhaus Zürich, Toni Suter / T+T Fotografie; **S. 57 li. u.** Picture-Alliance (dpa), Frankfurt; **S. 57 re.** Dürrenmatt, Der Besuch der alten Dame, R: Bernhard Wicki, 1963 © Alamy Images (Photo 12), Abingdon; **70** © Schauspielhaus Zürich, Toni Suter / T+T Fotografie; **S. 77** akg-images, Berlin; **S. 78** BPK (Nationalgalerie, SMB/Jörg P. Anders), Berlin; **S. 82 o.** akg-images, Berlin; **S. 82 u.** BPK, Berlin; **S. 83** iStockphoto, Calgary, Alberta; **S. 84** akg-images, Berlin; **S. 87** © Ludwig Meidner-Archiv, Jüdisches Museum der Stadt Frankfurt am Main; **S. 92** BPK (Hamburger Kunsthalle / Elke Walford), Berlin; **S. 94** Alamy stock photo (Arco Images GmbH), Abingdon, Oxon; **S. 118** Life of Pi: Schiffbruch mit Tiger, R: Ang Lee, USA 2012 © Alamy Images Ltd. (Photo 12/20th Century Fox), Abingdon; **S. 119 li.** Life of Pi - Schiffbruch mit Tiger, R: Ang Lee, USA 2012 © Alamy Images Ltd. (20th Century Fox), Abingdon; **S. 119 re.** S. Fischer Verlag GmbH, Frankfurt am Main; **120** Life of Pi: Schiffbruch mit Tiger, R: Ang Lee, USA 2012 © Alamy Images Ltd. (Photo 12 / 20th Century Fox), Abingdon; **S. 122 A/B/C** Life of Pi: Schiffbruch mit Tiger, R: Ang Lee, USA 2012 © Alamy Images Ltd. (Moviestore collection Ltd), Abingdon; **S. 122** D Life of Pi: Schiffbruch mit Tiger, R: Ang Lee, USA 2012 © ddp images GmbH (Twentieth Century FOX), Hamburg; **S. 123** E/F/G Life of Pi: Schiffbruch mit Tiger, R: Ang Lee, USA 2012 © Alamy Images Ltd. (Moviestore collection Ltd), Abingdon; **S. 124 B Life of Pi:** Schiffbruch mit Tiger, R: Ang Lee, USA 2012 © Alamy Images Ltd. (Photo 12 / 20th Century Fox), Abingdon; **S. 124 A + S. 125 C/D Life of Pi:** Schiffbruch mit Tiger, R: Ang Lee, USA 2012 © Alamy Images Ltd. (Moviestore collection Ltd), Abingdon;

S. 126/S. 127 Life of Pi: Schiffbruch mit Tiger, R: Ang Lee, USA 2012 © Alamy Images Ltd. (Moviestore collection Ltd), Abingdon; **S. 132 A+D** Life of Pi: Schiffbruch mit Tiger, R: Ang Lee, USA 2012 © ddp images GmbH (Twentieth Century FOX), Hamburg; **S. 132 B+ Life of Pi:** Schiffbruch mit Tiger, R: Ang Lee, USA 2012 © Alamy Images Ltd. (Moviestore collection Ltd), Abingdon; **S. 132 C** Life of Pi: Schiffbruch mit Tiger, R: Ang Lee, USA 2012 © Alamy Images Ltd. (Photo 12/ 20th Century Fox), Abingdon; **S. 144 re.+li.** The Big Friendly Giant, R: Steven Spielberg, 2016 © Alamy Images Ltd. (Photo 12 / Walt Disney/ Amblin Entertainment), Abingdon; **S. 174** akg-images, Berlin; **S. 202 li.** Picture-Alliance (dpa / Wolfgang Kumm), Frankfurt; **S. 202 re.** Picture-Alliance (AP Photo/Jens Meyer), Frankfurt; **S. 224** Klett-Archiv (Högner, Sindelfingen), Stuttgart;

Sollte es in einem Einzelfall nicht gelungen sein, den korrekten Rechteinhaber ausfindig zu machen, so werden berechtigte Ansprüche selbstverständlich im Rahmen der üblichen Regelungen abgegolten.

Online-Bereich (Codes)

	Seite	Beschreibung	Bezeichnung im Buch	Code
Kapitel 1	12	Die Ärzte: Junge	Surftipp	c5ap4j
	15	Emanuel Geibel: Mittagszauber; Klaus Groth: Heimweh II	Material	8v3a99
	18	E. Kreisl: Frühlingszeit ist wie Jugendzeit	Hörverstehen	62mt37
	18	M. von Bayern: Jugend	Hörverstehen	p2cb5i
	21	Johann Gottfried Herder: Lied des Lebens	Material	7x39me
	22	Schreibplan: Gedichtinterpretation	Material	6ei3ki
	23	Checkliste: Eine Gedichtinterpretation schreiben	Material	8mu2wu
	27	Wilhelm Busch: Lebensfahrt	Material	bp4hs4
Kapitel 2	37	Festakt zum 25. Jahrestag der Deutschen Einheit	Surftipp	9m454d
	39	Joachim Gauck: Festakt zum 25. Jahrestag der Deutschen Einheit (Ausschnitt 2)	Material	yi33g4
	43	Joschka Fischer: Rede zum Nato-Einsatz im Kosovo (12. Mai 1999)	Surftipp	r87x7s
	47	Beobachtungsbogen Rede	Material	p5n42f
	48	Johannes Rau: Berliner Rede	Hörverstehen	e2q36n
	51	Beobachtungsbogen Talkshow	Material	nk8a7b
Kapitel 3	73	So erstellt ihr eine Power-Point-Präsentation	Material	4vg6kp
Kapitel 4	85	Friedrich Schiller: Der Handschuh	Surftipp	8c3e26
	87	So erstellt ihr eine Power-Point-Präsentation	Material	4vg6kp
Kapitel 5	102	Julia Franck: Streuselschnecke	Hörverstehen	5e2up8
	111	Peter Bichsel: Die Tochter	Material	37f3vk
	112	Kurze Erzählung	Hörverstehen	c2sg2j
	113	Beobachtungbogen für mündliche Erzählungen	Material	7wc2ut
	114	Reiner Kunze: Fünfzehn	Hörverstehen	a8m7du
Kapitel 6	123	Beispiele für ein Storyboard	Material	5wf9cs
	126	Yann Martel: Schiffbruch mit Tiger	Hörverstehen	h352t4
	131	Andreas Fischer: Life of Pi. Schiffbruch mit Tiger – Des Lebens Möglichkeiten	Material	ta74y2
Prüfungstraining	134	Übersicht Operatoren/Textsorten	Material	x9w589
	139	Texte lesen und auswerten	Beurteilungsbogen	954et6
	141	Einen argumentierenden Text verfassen	Beurteilungsbogen	e4n5q3
	145	Einen informierenden Text verfassen	Beurteilungsbogen	8gj9tb
	148	Einen Dramenausschnitt analysieren und interpretieren	Beurteilungsbogen	38wx58
	150	Eine Kurzgeschichte analysieren und interpretieren	Beurteilungsbogen	a35g8i
	152	Ein Gedicht analysieren und interpretieren	Beurteilungsbogen	g5zz7t
	154	Eine Kurzgeschichte produktiv erschließen und reflektieren	Beurteilungsbogen	jb3xf4
	156	Ein Gedicht produktiv erschließen und reflektieren	Beurteilungsbogen	p2h8yu
Trainingsstation 1	157	T1 Lösungen	Lösungen	u2f8zk
	162	Beobachtungsbogen für ein Referat	Material	ru94uf
	164	Unwort des Jahres	Surftipp	s6gn8a
	166	Eine Redeeinleitung untersuchen	Hörverstehen	de4j2y
Trainingsstation 2	171	T2 Lösungen	Lösungen	4ds2mz
Trainingsstation 3	190	T3 Lösungen	Lösungen	aa94wk
Trainingsstation 4	212	T4 Lösungen	Lösungen	8v54mf